文化中国书系
中国社会科学院中国文化研究中心

总主编◎王立胜　李河

市场的力量
文化与中国发展研究

惠鸣◎著

中国书籍出版社
CHINA BOOK PRESS

图书在版编目（CIP）数据

市场的力量：文化与中国发展研究/惠鸣著. -- 北京：中国书籍出版社，2022.4
（中国社会科学院中国文化研究中心/王立胜，李河总主编.文化中国书系）
ISBN 978-7-5068-8967-4

Ⅰ.①市… Ⅱ.①惠… Ⅲ.①文化市场—发展—研究—中国 Ⅳ.①G124

中国版本图书馆CIP数据核字(2022)第049090号

市场的力量：文化与中国发展研究
惠 鸣 著

责任编辑	杨铠瑞
项目统筹	惠 鸣 孙茹茹
责任印制	孙马飞 马 芝
封面设计	程 跃
出版发行	中国书籍出版社
地 址	北京市丰台区三路居路97号（邮编：100073）
电 话	（010）52257143（总编室）（010）52257140（发行部）
电子邮箱	eo@chinabp.com.cn
经 销	全国新华书店
印 刷	三河市顺兴印务有限公司
开 本	787毫米×1092毫米 1/16
字 数	280千字
印 张	16.25
版 次	2022年4月第1版
印 次	2022年4月第1次印刷
书 号	ISBN 978-7-5068-8967-4
定 价	58.00元

版权所有 翻印必究

文化中国书系编委会
（以姓氏笔画为序）

王　平　王立胜　牛　超　刘向鸿　刘建华
李　河　吴尚民　张晓明　章建刚　惠　鸣

序言：以市场的力量释放中华民族文化创造力

建设社会主义文化强国，关键是增强全民族文化创造活力。改革开放40多年来中国文化领域改革发展的历程证明，坚持党对文化领域和意识形态领域的领导权，是抵制文化领域和平演变，不走歪路邪路的保障；而坚持以市场的力量释放全民族的文化创造力、推动文化事业繁荣和文化产业发展则是提升国家文化软实力、坚定中华民族文化自信、推动中华优秀传统文化创造性转化和创新性发展、建设社会主义文化强国的强大动力。

改革开放以来，文化领域不断深入的思想解放进程以及文化体制改革的全面深化为我国社会主义文化繁荣发展奠定了思想前提和有利的制度环境，推动我国文化发展的最主要动力则是市场的资源配置力量。市场的资源配置力量是从计划经济体制下的文化管理体制逐渐松动和改革过程中释放出来的。这一过程大体可分为三个阶段。第一个阶段是20世纪80年代到90年代，我国文化娱乐消费市场在市场经济中逐渐壮大，广告、传媒、娱乐、演艺、影视等领域民营文化企业逐渐生产。同时，国有文化机构经历了演艺院团承包制和双轨制改革、影视制作领域向民营机构开放等改革措施，文化领域初步形成国有文化机构与非国有文化企业并在的市场格局，人民群众的精神文化消费空间得到极大拓展。第二个阶段是20世纪90年代以来到21世纪初，随着互联网的兴起和普及，以及全球范围内媒介汇流的历史趋势，一大批非国有资本背景的互联基因的文化公司创立，网络文学、网络音乐、网络游戏、网络影视等新型文化产品大量出现，大批普通消费者成为文化内容的生产者，而大批国有出版传媒机构则面临互联网挑战和消费者分流带来的生存困境，这是我国文化市场遭遇的重大变局。第三个阶段是21世纪初以来，随着移动网络技术和数字文化科技的不断进步，全国网络文化产业规模急剧扩张，数字文化产业快速发展，文化产业与国民经济全面融合发展。各类民营资本大量进入文化产业领域，民营文化企业获得极大发展，文化发展领域形成了百度、腾讯、阿里巴巴、字节跳动等具有全球影响力的互联网平台型文化巨头。这些企业各自拥有体量巨大的长短视频、文学、音乐、游戏等内容产业，成为中国文化对外贸易、传播的重要平台。这一时期，国家大力推动国有文化机构的管理体制和运营机制改革，按照政企分开、政事分开原则，推动政府部门由办文化向管文化转变，党政部门与其所属的文化企事业单位进一步理顺关系。经过这一阶段文化体制改革，我国文化领域形成了以国有文化企业为主体，民营文化企业活力充沛，部分领域对外资开放的多种所有制企业共同发展、统一开放、竞争有序的新局面。

在市场力量的推动下，我国文化产业连续多年持续高速增长。根据国家统计局发布的数据，2019年，中国文化及相关产业增加值为44363亿元，占GDP比重的4.5%。商贸部发布的数据表明，同年，我国文化产品进出口总额1114.5亿美元，其中，包括出版物在内的文化产品出口998.9亿美元，贸易顺差883.2亿美元。从就业看，截止到2018年年末，我国文化产业从业人员数达2789.3万人，其中，文化法人单位从业人员2055.8万人，文化个体经营户从业人员733.5万人。文化产业已经成为推动国民经济融合发展和提升我国文化软实力的重要行业。

在我国文化产业的快速发展过程中，文化科技进步和全社会文化创造力的充分涌流发挥了至为重要的作用。就科技进步因素而言，移动互联网、5G、区块链技术、人工智能、虚拟现实技术（VR）、增强现实技术（AR）、混合现实技术（MR）等技术不仅促成我国数字文化产业极大繁荣，而且给我国文化产业国际竞争力提升插上了技术翅膀。就文化创造力的释放而言，网络时代我国文化产业发生的一个重大变化就是大量普通消费者也同时成为文化内容的生产者和创造者。数量庞大的用户生产内容（UCG）和专业生产内容（PCG）一起，极大丰富了文化内容的供给总量。仅以网络文学为例，公开数据表明，至2017年，全国网络签约作者就达60万人，600万人定期更新小说，日更新超过1.5亿字。根据站长之家（Chinaz.com）2018年统计，中国境内PC端中文文学网站共1138家，移动端文学网站共311家；全国有超过1400万的网络文学作者，累计创作网络文学作品超过1600万部（种），读者规模突破4亿人。

同时，我国文化产业的发展也极大地受益于文化资本市场的发育。文化领域的改革开放使大量国有和社会资本进入文化经济领域，直接推动了文化产业的繁荣。根据网上公开的数据，2012年到2016年期间，我国文化产业基金支数和募集规模呈全面增长，文化产业投资基金总规模突破千亿元。2016年，我国文化产业固定资产投资规模达33713亿元，占全社会固定资产投资总规模的5.7%。2020年，中宣部和财政部共同发起设立了目标规模为500亿元中国文化产业投资母基金。大量资本的进入为文化企业技术升级、兼并重组和市场开拓提供了资金保障，极大促进了文化产业繁荣发展。根据国家统计局公布的数据，2020年年末，仅全国文化及相关产业法人单位就拥有资产27.4万亿元。

在多种市场力量的协同推动下，我国文化产品的制作水平、质量得到极大提高，逐步走向世界市场。近年来，我国不少纪录片运用先进的影视科技，以中国丰富的自然、文化遗产和现代科技进步发展作为内容，通过生动感人的方式讲述中国故事，受到中外受众的普遍好评。21世纪以来的20多年中，中国电视剧在海外取得不俗反响，已出口到全球200多个国家和地区，从东南亚国家、韩国、日本到阿拉伯地区、非洲、澳洲，都有本地电视台播放中国电视剧。中国电视剧还通过互联网和社交媒体平台赢得了全球观众的青睐。美国流媒体平台Netflix、YouTube、Hulu，以及播放大量亚洲节目的视频网站Viki上，都有为数不少的中国电视剧。在海外热播的中国电视剧中，有不少被翻译成十几种国外语言，以适应不同国家观众。活跃于各国的本地字幕组是中国电视剧海外播放的助力者。一些热门中国电视剧，还出现海外翻拍版本。从题材看，在海外热播的中国电视剧包含了古装历史剧、玄幻仙侠剧、悬疑犯罪剧、都市爱情剧、家庭伦理剧、职场奋斗剧等各种类型。

近10多年来，我国网络游戏产业抓住从互联网到移动网络转型的技术革命，实现了在全球网络游戏竞争领域地位的突破性提升。根据谷歌等专业机构的估算，2021年上半年，中国游戏在海外市场获得81亿美元收入，增速达到47%，接近海外整体游戏大盘增速的两倍。同期，中国开发者的海外手游市场份额占比达到23.4%，为全球第一。近年来，众多由中国企业原创的游戏在欧、美、日、韩、东南亚等国家和地区获得市场认可。

回顾文化领域40多年改革开放的伟大实践，可以深刻感受到，正是在文化市场不断开放中成长壮大的文化产业直接推动了我国文化生产力的解放和全民族文化创造潜力的释放和提升，实现了全民族精神内涵的不断丰富。可以说，没有改革开放40多年来中华民族伟大创造精神的释放和文化创造活动的极大繁荣，就没有如今中华民族坚定的文化自信，也不会有中华文化日益增长的全球影响力。

然而，改革开放40多年的中国文化发展历程并非一曲完美的市场力量赞歌。相反，市场除了展现对文化繁荣的巨大推动力量，还展现了迎合低俗趣味、娱乐至死、一味追逐利润的资本本性。近年来，充斥大小屏幕的流量明星群体所暴露出的颇为不堪的专业素养和道德水平、"饭圈"文化中庸俗狭隘甚至反智的倾向、娱乐圈某些畸形审美取向，都充分证明了进入文化领域的资本追求的首先是流量数据所代表的经济收益。缺乏必要约束的资本力量不惜降低影视剧制作品质、破坏文化生产的基本规则，也要坚持为流量明星开出天价片酬，以便与流量明星相互绑定，最大可能地获取流量明星带来的经济收益。

由资本力量把持和操纵的影视制作圈，还制造了诸如"悬浮剧"这样的屏幕"新物种"。在"悬浮剧"中，普通百姓日常生活的愁苦、艰辛、操劳和矛盾全然消失，剧中主角个个俊美飘逸，富有金钱、身份鲜亮，住宽敞的房子，用品讲究，几无经济压力。剧中的普通人无法理解富人的烦恼，他们的出场只是为了陪衬富有的主角们的美好生活。"悬浮剧"这种在人民的痛苦和真实生活面前转过脸去、视而不见、给现实生活和人物命运的真实性打上"美颜滤镜"的做法，并非为追求某种独特艺术风格，而是资本为实现收益最大化而向特定受众群体的收视偏好投降的产物。在影视圈，资本力量还发明了收视率造假等不正当手段，严重扰乱市场公平，对影视剧制作方进行额外压榨。

利用媒介迭代和数字文化兴起的历史性机遇，文化资本在国有文化资产主导的上一代文化生产体系（电影、广播电视、图书出版、演艺等）之外，利用技术优势和中国文化市场巨大的规模优势，建立了一个个巨型互联网文化生产平台。为追求垄断利润，这些平台往往不惜以"烧钱"模式击垮或吞并竞争对手、培养用户黏着性和用户规模，一旦建立起垄断优势，就通过算法、会员身份、优先点播等各种方式谋利。在生产端，面对一个个力量弱小的签约作者，平台可以毫无顾忌地修改、制定网络文学作品的版权规则、收益分享规则，把对平台签约作者的利益剥削进行到底。在某些公开上映的影视剧中，文本创作者的署名权都已经难以保证，被"改编自某江文学城小说《开端》"这样的字样代替。这意味着原本依赖文本原创者的生产性活动而诞生的平台，为了资本的利益，已经开始反噬文化生产者，试图建立对文化生产者的统治权。多年来，中国学术文化领域的垄断平台中国知网（CNKI）因其对个人用户和团体用户高额收费，和对学术成果作者利益屡屡侵犯，不断引起媒体和社会各方的尖锐抨击。知网的行为让人们看到，在资本的逐利本性面前，如果缺乏必要的制约，国家知识传播利益、人民的知识获取权益、作者的版权利益，都可能成为侵害对象。

种种乱象表明，文化市场中的资本力量本身不会成为人民文化权益和国家文化利益自觉维护者。在约束机制不完善的文化市场中，资本出于逐利本性，往往不惜偏离以人民为中心的文艺创作导向、文化生产导向，甚至对社会主义核心价值观的传播虚与委蛇。充分肯定改革开放40多年来市场力量对推动中国文化繁荣、提升国家文化软实力巨大提升作用和对中华民族文化创造空前释放作用的同时，也应该清楚地认识到，中国当代文化市场建构，也需要给资本力量戴上文化市场制度规范的笼头，使之更加规范地服务于中国特色社会主义文化繁荣发展和以人民为中心的文化生产与传播体系。

面对全球文化竞争，还应该清醒地认识到，提升全面民族文化创造活力的核心是激发和保护全民族的思想创造活力，只有充分保护思想原创产品的现代文化市场体系，才能够推动中国特色哲学社会科学学科体系、学术体系、话语体系的加快建立，也才能在思想认识上夯实全民族对中国特色社会主义的道路自信、理论自信、制度自信和文化自信。只有全民族拥有强大的学术思想、文化思想、艺术思想创造力，中华民族才能为人类提供丰富的思想与学术资源，为人类创造更多的可分享价值，中华民族的伟大复兴才能开创人类文明形态。

改革开放40多年的实践启示我们，创新是改革开放的生命线。我国文化领域的改革发展依然任重道远。在新时代实现第二个百年奋斗目标的历史进程中，我们依然需要保持勇立潮头、奋力搏击的气概，坚持不懈地推动中国特色现代文化市场体系的建构进程，深入洞察数字文化时代文化生产的内在规律，不断完善文化市场制度设计，为提升国家文化软实力和建设文化强国创造更加优良的发展环境。

目 录

序言：以市场的力量释放中华民族文化创造力 / 1

第一编 现代文化市场研究

第一章 建立健全现代文化市场体系研究 / 2

一、现代文化市场体系的构成和要素 / 2

二、政府在文化市场中的角色及文化市场监管形式 / 5

三、我国现代文化市场体系建设回顾 / 11

四、面向"十三五"：我国新一轮现代文化市场体系建设的背景 / 15

五、我国新一轮现代文化市场体系建设中面临的突出问题 / 22

六、对我国新一轮现代文化市场体系建设的若干建议 / 30

第二章 实现文化贸易、文化传播和文化交流的融合推进 / 35

一、文化贸易、文化传播和文化交流的当代趋势 / 35

二、我国对外文化贸易、文化传播和文化交流领域存在的问题 / 39

三、实现对外文化贸易、文化传播和文化交流融合推进的对策 / 43

第三章 推动文化与旅游高质量融合发展 / 47

一、推动文化与旅游高质量融合发展 / 47

二、如何提升红色文创产品的魅力 / 50

三、旅游文创产品的困境与突破之道 / 56

第二编 文化软实力与中国发展研究

第四章 建设面向中华民族伟大复兴中国梦的体育文明
——体育文化的时代内涵和实现路径 / 64

一、体育文化的定义 / 65

二、现代体育文化的历史与内涵 / 67

三、现代体育文化的内在矛盾与发展趋势 / 90

四、我国体育文化的历史建构 / 99

五、我国体育文化的时代内涵 / 106

六、我国体育文化时代内涵的实现路径 / 107

第五章 建构新时代中国特色工业文化 / 113

一、工业文化的时代内涵 / 113

二、建设世界工业强国要高度重视工业文化的基础性作用 / 116

三、我国工业文化的认知和建设现状 / 117

四、建构新时代中国特色的工业文化 / 119

第六章 文化赋能制度创新：国家创新体系的新内涵 / 122

一、我国国家创新体系建构的路径与成就 / 122

二、人文社会科学在国家创新体系中的重要地位 / 125

三、重塑我国国家创新体系 / 129

第三编 区域与乡村文化发展研究

第七章 浙江文化建设的创新与突破 / 134

一、建构市场伦理：浙江经济增长的文化动力 / 134

二、创新与突破：浙江文化建设的本土路径 / 140

三、浙江启示：通向文明典范的文化治理 / 147

第八章　文化郑州：城市文化软实力建设的路径选择 / 151

一、文化郑州：寻求中原本土特色文化建设之路 / 151

二、内聚人才：提升郑州城市文化软实力的当务之急 / 162

三、重塑传播力：郑州文化软实力提升的必由之路 / 171

四、"五个郑州"：文化郑州的多样面孔 / 181

第九章　地域特色文化产业与旅游业融合发展的创新与探索
——大理-丽江地区和黔东南州调研报告 / 191

一、大理-丽江地区和黔东南州文化旅游业融合发展的现状与特点 / 192

二、文化产业与旅游业融合发展对当地民族文化传承发展的影响 / 202

三、大理州、丽江市和黔东南州各民族地区文化产业和旅游产业融合发展中存在的突出问题 / 204

四、对促进民族地区文化产业和旅游产业融合发展的政策建议 / 208

第十章　2019—2020年中国乡村文化振兴报告 / 211

一、优秀传统文化传承保护体系化推进，成为文化自信的源泉 / 211

二、传统村落保护工作持续推进，中国经验走向世界 / 216

三、文明乡风建设与时俱进，推动乡村走向文化自觉 / 218

四、乡村公共文化服务体系进一步完善，文化治理水平普遍提升 / 221

五、乡村旅游增长旺盛，成为重要的经济增长点 / 225

六、乡村教育资源进一步优化，城乡之间的教育公平问题受到重视 / 227

结语 / 229

附录一　创新推动现代文化市场体系建设 / 230

附录二　中国流行文化产品：如何更好地"走出去" / 235

附录三　全民族精神富裕与公共文化服务提升 / 241

后　记 / 246

第一编 现代文化市场研究

第一章　建立健全现代文化市场体系研究 *

现代文化市场体系建设是我国现代市场体系建设的重要组成部分，其核心是发挥市场在文化资源配置中的基础性作用。"统一、开放、竞争、有序"是我国现代文化市场体系的根本特征。本文立足于改革开放以来我国文化市场演进发展的历史进程和改革创新实践，在广泛吸收已有研究成果的基础上，就现代文化市场体系建设的理论和框架进行了探讨，并就"十三五"期间我国现代文化市场体系建设的环境和条件进行了重点分析，提出了若干对策建议。

一、现代文化市场体系的构成和要素

（一）市场的含义与特征

经济活动建立在资源和商品的稀缺性基础上。资源的稀缺性决定了社会生产过程是对稀缺性资源进行配置的过程。对稀缺性资源进行配置以满足社会需求的方式有计划经济和市场经济两种方式。计划经济中，政府通过复杂的计算手段，以集中方式对生产要素进行配置，满足社会需求。市场经济中，企业和市场参与者在各自对市场信息有限掌握的情况下，进行分散决策，从而完成市场对稀缺资源的配置。从长期均衡的角度，分散化决策比集中决策更加有利于提高稀缺资源的配置效率。改革开放以来，我国从计划经济逐步转型，把建构现代市场体系作为经济

---

* 本章由笔者与中国社会科学院中国文化研究中心张晓明研究员合作完成于 2015 年，收入本书时进行了局部修改。本章部分内容以《寻求现代文化市场体系建设的突破口》为标题，发表于《中国社会科学报》2017 年 2 月 16 日第 6 版。

体制改革的重要目标,正是基于市场在长时段中能够以更高的效率配置稀缺资源这一基本认识。

市场是依据供需关系决定资源配置的手段或方式。市场又是从生产到再生产的经济活动过程。合理的市场体系能够充分保障生产要素的自由流动,并尊重企业家出于追逐利润而表现出的创造性精神。市场通过提高资源在生产过程中配置效率实现有效供给和有效需求之间的撮合,促进社会福利的最大化。

分散化配置资源、充分竞争是市场最根本的特征,但是市场竞争本身并不能够保证竞争的充分性。商品的外部性、市场垄断和信息不对称都会造成市场失灵,从而影响市场竞争的效率,降低社会总体福利。为弥补市场失灵(效率问题)和维护公平竞争,政府对市场的监管、规范和相应的公共政策成为市场体系的重要组成部分。

(二)现代文化市场体系

文化市场是从文化生产到文化再生产过程的整体机制,市场的主体是文化产品的卖方、买方和市场中介方共同组成的群体。现代文化市场体系,是指文化产品和各种文化要素市场在相互作用中形成的有机整体。从市场建设和市场监管的角度,现代文化市场体系包括文化产品体系、文化生产要素体系、文化市场中介体系、文化市场监管体系、文化市场调控体系等组成部分。

文化市场产品体系: 文化市场产品体系包括各类文化产品与服务(如出版业、广播电影电视、动漫游戏、演艺、艺术品、网吧、娱乐、网络音乐等),是支撑现代文化市场的基础。文化产品供给取决于文化市场中企业和个人的生产能力。培育文化市场产品体系的核心是培育合格的市场主体,激励原创,鼓励竞争,充分开放市场准入,为所有生产主体提供公平竞争的市场条件。

文化生产要素体系: 文化生产要素市场包括文化企业的资产、版权、各类文化资源、文化市场的资本、科技、人才等多种要素。建立科学的文化资源和资产评估与交易体系，以及发达的文化市场投融资体系，推动文化生产与科技的充分整合，不断提高文化市场人力资源的整体水平，是文化市场要素体系建设的重要内容。

文化市场中介体系：中介体系是市场自我监管、自我调适的重要机能。中介体系也是推动市场诚信体系形成的重要力量。文化行业组织与中介体系建设是现代文化体系的重要组成部分，也是实现文化市场充分发育，提高文化市场自律和自我规范的重要途径。文化市场中的中介机构三种类型，一是市场要素配置和交易中介，如拍卖行、版权交易所、会计事务所、文化基金、经纪公司、票务公司、画廊、博览会、策展机构、调查与数据服务机构、市场风险评估服务机构等；二是市场自律中介组织，如专业学会、行业协会、从业者联合会等；三是意义评价中介，如各类艺术奖、影视节、戏剧节、作品评奖委员会、专业评论机构、文艺评论体系、专业评论杂志、用户评分平台等。在文化市场中，发达的中介体系对于优化内容监管、维护市场诚信、促进市场要素配置都具有重要意义。促进文化市场发展，就必须着力培养文化领域的市场中介组织并发挥它们在市场自律和市场治理方面的作用，提高市场交易的效率。

文化市场监管体系：文化市场监管体系是通过法律、法规及行政手段，对文化市场的竞争行为、内容传播等进行有效管理，以创造规范、有序公平的市场环境的体系。文化市场监管的核心目标是有效抑制文化产品流通中的负外部效应，保护和促进文化创造性，促进国家文化产业竞争力。

文化市场调控体系：文化市场调控体系是国家通过财政、税收、法律等手段，对文化市场进行促进或调节的体系。文化市场调控是运用国家力量对文化市场发展过程进行干预，纠正市场失灵或市场发育不足，使市场健康发展。现阶段，我国文化市场调控的目标主要是通过产业促进和市场环境优化来促进市场的整体发育。

二、政府在文化市场中的角色及文化市场监管形式

（一）市场失灵与政府的干预

市场失灵是市场本身不能有效配置资源的情况。外部性、市场垄断和信息不对称是市场失灵的三种典型表现。

（1）外部性：在市场中，普遍存在着外部性问题。根据经济学原理，外部性是指一个人的市场行为对旁观者福利的影响。外部性来自生产过程或产品本身。对旁观者的福利产生有利的影响，外部性就是正值，对旁观者福利产生不利影响，外部性就是负值。就文化市场而言，文化产品是具有强烈外部性特征的产品。传递正外部性的作品，有利于传播文化产品的多样价值，如存在价值、象征价值、多样性价值、历史价值，审美价值等；而传递负外部性的产品，则可能有损社会主流价值观，如色情、暴力内容和网络游戏成瘾机制对未成年人带来伤害，文化产品的内容引发不同社会群体之间的冲突等。因此，文化市场需要通过政府干预抑制负外部性影响。

（2）市场垄断或不完全竞争：在市场中，垄断或不完全竞争会造成效率不足，引起消费成本上升（消费者利益受损和社会总体福利下降，社会总成本上升）和经济福利减少。而且，在垄断状态下，经济福利的减少和企业的垄断利润来源都转嫁给了消费者，造成低效率和不公平。在文化市场中，消除垄断或不完全竞争对于促进市场充分竞争、提高文化产品与服务的质量和数量，以及提高消费者的选择机会都具有重要意义。

（3）信息不对称问题：信息不对称是指市场参与各方对市场信息掌握不均衡，造成生产者之间、生产者与消费者之间占有信息优势的一方在竞争或交易中获取较多的剩余。市场参与者之间的信息力量对比过于悬殊，可能导致市场的逆向淘汰，或利益分配严重失衡的情况。由于高度集中的信息传播（即信息资源配置）的效率较低，所以推动信息资源配置的化，建立由多层次、多主体的信息传播机制，实现按市场经济

的规律进行社会信息资源配置才符合社会整体福利最大化的要求。在文化市场中，通过加强市场竞争主体和产品信息披露，如产品的内容特点、产品的生产标准和特征、市场供给与需求、消费者评价、产业政策导向等信息，能够有效提高市场竞争和交易的公平性，从而保证全社会文化福利的最大化。

（二）政府在现代文化市场体系中的职能

文化产品的外部性特征和市场失灵是政府履行文化市场监管职能的前提。从政府与市场的关系来看，在充分考虑文化产品的外部性特征的情况下，在推进现代文化市场体系建构过程中，政府的作用主要体现在两个方面，即促进作用和监管作用（如图1.1所示）。

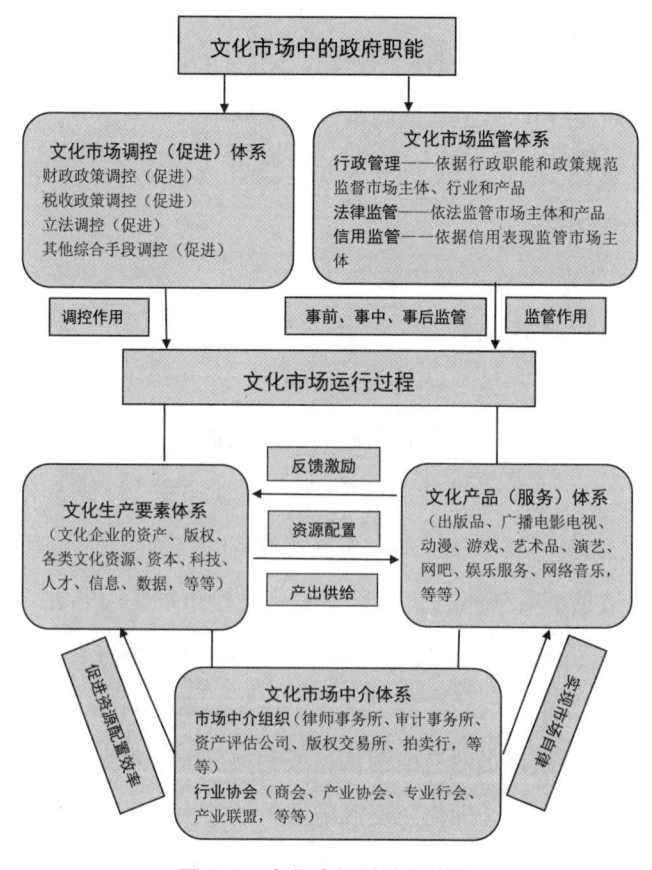

图1.1 文化市场结构示意图

（1）促进作用：促进作用是政府运用法律、财政、税收、信息、技术标准等方式，维护市场公平，促进市场发育。在文化市场发育水平较低时期，促进作用对推动产业振兴具有重要作用。促进作用的实现方式包括以下内容。

——制定法律、法律，保障市场的统一、开放和公平竞争环境，为文化市场繁荣发展提供必要的法律环境；

——创造必要的财经、税收环境，为文化市场发展提供有利的财经和金融环境，推动产业振兴；

——促进产业标准（产品标准、技术标准、劳动者专业技能等级标准等）的形成，为文化市场提供必要的技术与标准支持，促进产业升级，提升产业的国际竞争力；保障市场信息公开、透明，消除消费者的信息对称不对称，使消费者更加放心地消费，从而提升社会总体文化福利；

——促进市场诚信和市场自我组织能力的形成。

（2）监管作用：监管作用是政府依据行政职能和法律法规，对文化市场运行进行监管，以保障市场公平，维护社会公民文化权利，增进社会总体文化福利。

（三）政府对文化市场进行监管的方式

政府对文化市场监管可以从不同角度进行划分。从监管对象分，可分为市场主体监管和产品监管；从监管手段分，可分为法律监管、行政监管和信用监管；从监管介入的环节分，可分为事前监管、事中监管和事后监管。有机的市场监管是上述监管形式的综合运用。

1. 从监管对象分

（1）市场主体监管：市场主体监管是对市场主体（企业和从业者）的行为和诚信进行监管，包括预防和纠正市场垄断，促进市场良性竞争，以及建构市场诚信等。

（2）产品监管：产品监管针对产品的质量、内容进行监管，使之符合消费者利益和国家利益。内容监管是文化市场监管的难点和重点。

内容监管的制度设计从根本上决定着不同国家文化市场监管体系的差别。以行政审批制和特许经营制（牌照）为内容监管的防火墙，以事前监管（内容审查）与事后监管（内容违法负责追究）相结合为基本手段，以全面内容监管为核心目标，是我国现行文化市场监管体系的基本特征。

2. 从监管手段分

（1）法律监管：法律监管是通过事先立法的方式，运用文化法律、法规对市场主体的行为进行约束与管理，以保障市场公平竞争和社会文化福利的最大化。

（2）行政监管：行政监管是政府部门运用行政力利对市场行为进行约束和制裁的监管方式。行政监管是对法律监管的补充。在文化立法不足的情况下，行政监管对于维护市场公平竞争，促进市场健康发展具有重要作用。相对于法律监管，行政监管过程中可能会出现裁量过程主观性强，监管标准的法律权威性不足等问题。

（3）信用监管：信用监管是运用信息公示、信息共享、大数据等手段，促进各类市场主体守合同、重信用，营造诚实、自律、互信的市场信用环境的监管方式。信用监管的关键是充分掌握市场主体的信用信息。监管部门根据信用状况对市场主体实行分类分级、动态监管，并通过建立经营异常名录制度、黑名单制度等方式，对不正当竞争和侵犯消费者、劳动者合法权益和公共利益的市场主体进行惩戒，以提高市场自我约束程度，达到市场监管目的。

3. 从监管环节分

（1）事前监管：事前监管是从文化产品的外部性特征出发，在文化产品进入市场之前对产品可能的负外部性影响进行预防的监管方式。出版、传媒等领域的内容审查是典型的事前监管方式。文化市场准入机制中审批制、核准制、特许经营制都属于事前监管制度。事先监管能够避免某些文化产品对社会利益造成负的外部性损害，但也可能会对市场中文化内容的创造性造成某种程度的抑制（如表1.1所示）。

表 1.1 三个监管环节的特点与市场影响比较

介入环节	前提条件	监管手段	主要形式	效果特点	市场影响
事前监管	立法规范	审批制、特许经营、内容审查制度	书报、媒体、内容出版的事先审查	利：能够有效控制内容传播，保证内容传播的思想健康、政治正确，有利于促成正面舆论导向等 弊：可能抑制思想和内容的原创性，不利于优秀原创性文化内容的充分涌流	政府对市场干预度较深，甚至全面决定市场内容表达的取向
事中监管		市场开放与负责清单基础上的后台数据实时监控、抽查巡视、用户即时举报等	内容生产的事中监管，动态指导与规范，引导市场健康发展	利：有利于发挥市场的创造性 弊：事中监管具有范围上的局限性，需要以事后追惩为保障	市场自律与政策监管结合，对文化内容原创性的影响相对较小
事后监管		备案制、注册制；"市场开放+负面清单"基础上的违法追责制度	影视、动漫、游戏内容分级制度；行业自律（市场主体伦理自律、行业协会自律等）	利：有利于思想和原创内容的繁荣 弊：某些思想、道德、价值观有争议的产品可能进入市场，造成负面效应	法律保障下的市场自律，对文化内容原创性的干预和影响最小，有利于文化创造性的充分实现

（2）事中监管：事中监管是在文化市场运行过程中对市场主体的行为进行监管，以维护市场的公平竞争和正常秩序、及时发现并防止文化产品负外部性对公共利益危害的扩大。在文化市场简政放权，减少行政审批制度，开放市场准入和大面积实现负面清单的背景下，及时建立事中监管体系，不仅有利于维护市场的规范运行和公平竞争，也有利于预防市场中负外部性的影响。加强事中监管是文化市场进一步开放的必然要求。在大数据时代，与大型平台型公司、大型内容服务商合作，通

过大数据和云计算等手段,建立大数据监管平台,运用内容流量侦测、用户实时举报等方式对文化内容服务供给主体等进行实时、动态监管,都是内容传播事中监管的选项。

（3）事后监管：事后监管是在文化产品进入市场后,根据法律法规对市场违法行为进行追惩的监管制度。充分的文化立法是事后监管的基础。事后监管有利于保护公民的文化表达权利,能够促进原创性思想内容的生产。逐步建立以文化立法、内容分级制、市场自律等制度安排为基础的事后监管制度应是我国现代文化市场体系建设的重要目标。

（四）内容监管与文化市场监管的特殊性

内容监管是文化市场监管的核心。其目的是对内容和思想的市场传播进行约束,防止文化产品负外部性传播对社会主流价值观的侵蚀和颠覆以及对市场参与者的损害。市场准入制度（特许经营）、对表达权力立法规范、文化法律和法规、内容分级制、事前、事中及事后监管制度、市场自律制度（行业自律）等,都是内容监管的方式。文化市场的特殊性正在于内容监管的必要性。

从思想产品的角度看,文化市场是思想的生产、传播、消费和再生产的过程。因而,文化市场的内容监管也是对"思想产品"的监管。"思想产品"的复杂性和特殊性决定了内容监管需要采取更为复杂的、多层次的体制设计,以激发"思想产品"生产的活跃性,为社会提供创造性的"思想盛筵"。而传统上对"思想产品"事前监管（内容出版预审制、特许经营制等）,是一种对思想资源的集中化配置方式,不利原创思想的充分涌流。面对全球文化软实力的竞争和数字文化时代文化市场开放性不断增加的趋势,政府需要努力促进开放的多层次、多环节的"思想产品"评价、讨论、传播空间的形成,减少代替市场进行直接评价和仲裁的作法。文艺评论、专业性评价、消费者意见表达(如视频"弹幕""豆瓣评分")、媒体讨论、内容分级等市场形式都是思想市场的重要组成部分。政府的职责就是促进这些"思想市场中介"和内容评价工具的发育和完善。

三、我国现代文化市场体系建设回顾

（一）"现代文化市场体系"的提出及其内涵

早在20世纪80年代早期，我国文化部门就已经着手对文化市场的监管研究。我国全面进行现代文化市场体系建设始于2003年党的十六届三中全会通过《中共中央关于完善社会主义市场经济体制若干问题的决定》之后。2003年，文化部《2003—2010年文化市场发展纲要》提出，力争到2010年，初步建成一个市场门类齐全，结构合理，供求关系均衡，政府调控与市场机制相结合，统一、开放、竞争、有序的社会主义文化市场体系。2006年，中共中央、国务院《关于深化文化体制改革的若干意见》提出深化文化体制改革的目标之一是形成统一、开放、竞争、有序的文化市场体系，更大程度地发挥市场在文化资源配置的基础性作用。2011年，党的十七届六中全会《中共中央关于深化文化体制改革、推动社会主义文化大发展大繁荣若干重大问题的决定》指出，促进文化产品和要素在全国范围内合理流动，必须构建统一、开放、竞争、有序的现代文化市场体系。2012年，《国家"十二五"时期文化改革发展规划纲要》提出，加快发展各类文化产品和要素市场，打破条块分割、地区封锁、城乡分离的市场格局，构建统一、开放、竞争、有序的现代文化市场体系，促进文化产品和要素在全国范围内合理流动。

2013年，党的十八届三中全会就建设现代文化市场作出更为明确的部署，要求完善文化市场准入和退出机制，鼓励各类市场主体公平竞争、优胜劣汰，促进文化资源在全国范围内流动。继续推进国有经营性文化单位转企改制，加快公司制、股份制改造；对按规定转制的重要国有传媒企业探索实行特殊管理股制度；推动文化企业跨地区、跨行业、跨所有制兼并重组，提高文化产业规模化、集约化、专业化水平。

2014年，《国务院关于促进市场公平竞争维护市场正常秩序的若干意见》进一步提出了简政放权、依法监管、公正透明、责权一致、社会共治等指导现代市场体系建设的基本原则，并从市场准入、市场监管、改进执法、建设市场信用、改进执法、健全社会监督等七个方面进行全面部署，提出了27条具体意见措施，为进一步完善我国建设统一开放、竞争有序、诚信守法、监管有力的文化市场监管体系提供了制度设计依据和认识基础。

（二）我国现代文化市场建设的主要阶段

20世纪50年代我国社会主义改造完成之后，党全面领导下社会主义文艺体制全面建立，供给制的文化生产体制逐步形成，国家成为文化产品垄断性的生产者和提供者，竞争性文化市场不复存在。改革开放以来，我国文化市场逐渐兴起，现代文化市场体系建设随着改革开放不断深化而不断推进。这一过程可分为三个前后相继的阶段。

第一阶段：文化市场的兴起与双轨制的形成阶段（1979—1991）。这一阶段是我国文化市场开始兴起的阶段，文化市场中形成了存量资源与增量资源平行发展的格局。"双轨制"是这一时期文化市场上的重要现象，包括产品和服务提供及其价格的双轨制、文化单位管理运营方式双轨制、文化单位经费来源的双轨制等。这一阶段，文化市场建设突破传统的认知障碍，逐渐从以抵制和防范"有害"文化现象为文化市场监管的主要任务，走向市场制度规范和监管规范等文化市场制度建设。

第二阶段：文化市场的逐步开放与壮大阶段（1992—2002）。这一阶段是我国文化市场逐步开放与壮大时期。这一时期，文化市场准入不断扩大，广告业、电影业、报业、电视业等先后分别以不同的方式对社会资本开放。随着市场定价机制逐步开放，图书出版业和电影业成为这一阶段开放市场化定价机制的最大受益产业。世纪之交，面对加入WTO的挑战，我国文化部门通过组建文化企业集团、提高市场集中度和文化企业竞争力来积极应对。这一时期，我国文化建设的观念获得重大突破,"文化产业"获得合法性认可。"公益性文化事业"和"经营性文化产业"的区分为文化体制改革和文化市场的繁荣提供了重要的理论基础①。

在市场准入开放、定价机制开放和互联网崛起的共同冲击下,文化市场主体构成格局发生了巨大变革。文化市场中新兴业态蓬勃发展,以公有制为主体,多种所有制共存的文化市场主体格局初步形成。

在文化经济政策领域,面对文化市场开放程度有限、市场竞争整体发育水平不高的实际情况,国家采取了加快市场开放进程和加大对文化部门财政补贴的"双轨并举"策略,由此形成了这一时期的文化经济政策。在文化市场监管领域,文化市场稽查体系的建立使市场监管走上了制度化、法治化的道路。在文化立法领域,全国人大、国务院和文化主管部门都加快了文化立法进程。文化领域初步建立了由宪法、文化法律、文化法规组成的法律体系,文化立法与文化市场建设形成良性循环。

第三阶段:文化市场的整体建构阶段(2003—2014)。

2003—2014年间,我国文化市场发展进入全面建构现代文化市场体系的新阶段。这一时期,我国现代文化市场体系建设的理念日益成熟,目标不断明晰,动力更加强劲,途径和方式更加综合和科学。

2003年6月,我国开始文化体制改革试点。在新的文化发展观的指引下,文化体制改革围绕重塑文化市场主体、完善市场体系、改善宏观治理、转变政府职能这四项任务,按照区别对待、分类指导、循序渐进、逐步推开的原则逐步展开,经历了四个发展环节。第一环节是试点阶段(2003年6月—2005年12月),改革的重点是重塑市场主体,即推进经营性文化单位脱离事业单位性质转为企业,成为文化市场竞争主体。第二环节(2005年12月—2009年8月),改革的主要目标是在转

---

① 张晓明、惠鸣:《全面构建现代文化市场体系》,社会科学文献出版社,2014,第154页。

企改制的基础上，建立"产权清晰、权责明确、政企分开、管理科学"现代企业制度、推进联合重组，加快培育骨干企业和战略投资者。第三环节（2009年8月—2014年3月），改革的重点是以打造合格市场主体为目标，对国有文化机构进行股份制改造，建立现代企业制度和产权制度，培养自主经营、自我发展、自我约束的合格文化主体，推动跨地区、跨行兼并重组，全面盘活国有文化资产。出版发行、电影、文艺演出院团和非时政类报刊这几大行业是这一阶段文化体制改革的重点。第四个环节（2014年3月起），改革强调文化体制改革是"五位一体"全方位改革的重要内容，要求注重与其他各领域改革的统筹协同，进一步深化文化体制改革与经济体制改革、行政体制改革以及社会体制改革的相互衔接。至此，文化体制改革驶向深水区[1]。

在文化体制改革的推动下，我国文化市场中的生产要素体系、文产品体系、市场流通体系、市场中介体系、市场监管体系各领域都取得新发展，文化市场的规模迅速扩张。根据国家统计局历年发布的数据，从2004年到2012年，我国文化及相关产业法人单位数从31.79万个增加到66.30万个；文化产业法人单位的增加值从3100亿元增长到1.8万亿元，占我国GDP的比例从1.94%增长到3.48%，年均增长24.6%。2013年，我国文化产业增加值达到2.1万亿元，占到GDP的3.77%。这一时期，文化产业增长速度远超同期我国经济总体增长速度，成为推动"五位一体"、协调发展的重要引擎。

新世纪以来我国文化发展改革发展历程中，新的文化发展观在思想上打开了文化体制改革的"总开关"，"转企改制、重塑文化市场主体"扮演了"总抓手"的角色。"转企改制、重塑文化市场主体"不仅向文化市场释放了大批合格的生产主体，极大地解放了文化生产力，而且撬

---

[1] 参阅张晓明、惠鸣：《全面构建现代文化市场体系》，社会科学文献出版社，2014，第六、七、八章。

动了文化管理体制其他环节的变革,进而推动文化体制改革由点及面、由局部到整体、由微观到宏观、由文化单位运行机制到国家宏观管理体制、由文化市场体系建设到政府职能转变的一系列连续变革。我国现代文化市场体系正是在这一系列连续变革中逐步建构起来的。

经过改革开放30多年的不懈努力,我国初步建立了一个与建设社会主义文化强国宏伟目标相一致的现代文化市场。面向"十三五"时期我国文化繁荣发展的新要求,我们需要充分认识我国现代文化市场体系建设所面临的问题和挑战,不断解放思想、不断深化对当代文化发展规律的深刻认识,不断深入推进文化体制改革,继续推进我国现代文化市场体系建设的步伐。

四、面向"十三五":我国新一轮现代文化市场体系建设的背景

(一)"十三五"期间我国文化市场建设的宏观背景

"十三五"期间是我国完善和发展中国特色社会主义制度、推进国家治理体系和治理能力现代化、全面建成小康社会、大力推进"创新""协调""绿色""开放""共享"这"五个发展"的关键时期。在这一背景下,进一步解放文化生产力,坚定全民族文化自信,以及全面提升国家文化软实力和国际影响力,都需要发达的现代文化市场体系提供支撑。

1. 全面建构现代文化市场体系是进一步发展和解放文化生产力的要求

党的十八届三中全会提出,全面建成小康社会,进而建成富强民主文明和谐的社会主义现代化国家、实现中华民族伟大复兴的中国梦,必须在新的历史起点上全面深化改革,进一步解放思想、进一步解放和发展社会生产力、进一步解放和增强社会活力。正如习近平总书记指出的:

"全会决定提出的这'三个进一步解放'既是改革的目的,又是改革的条件。解放思想是前提,是解放和发展社会生产力、解放和增强社会活力的总开关。"①

在当代,文化产业和创意经济的崛起已经深刻改变了社会生产力的构成方式。通过创造文化价值和意义,文化产业不仅成为绿色 GDP 的重要来源,而且对传统产业进行文化赋值,极大地提升传统经济活动的内涵与价值。在文化与科技融合发展的推动下,文化生产力已经成为促进全社会思想解放的重要动力和社会生产力中极具创造性的增长点。面对"十三五"时期我国全面深化改革和社会主义建设事业的新要求,我们必须把进一步解放文化生产力作为实现"五位一体"发展的重要目标。

进一步解放文化生产力需要充分发育的现代文化市场,从根本上解决文化生产过程中资源配置的效率问题,从而全面提升我国文化产业的竞争力。文化体制改革的主要目标之一,就是打造一个与我国文化生产力发展相适应的现代文化市场体系,激发全民族文化创造力。

2. 全面建设现代文化市场体系是坚定全国人民"四个自信"的需要

习近平总书记指出,"坚持不忘初心、继续前进,就要坚持中国特色社会主义道路自信、理论自信、制度自信、文化自信,坚持党的基本路线不动摇,不断把中国特色社会主义伟大事业推向前进"②。在实现中华民族伟大复兴的过程中,"四个自信"是鲜活的时代精神与人民群众首创精神的结合的过程,是实践创新和思想创新对中国特色社会主义道路、理论和制度从内涵上不断丰富与创造的过程。坚定全国人民的"四个自信",不能仅仅依靠党报党刊和新闻媒体的反复宣传教育,还必须

---

① 习近平:《关于〈中共中央关于全面深化改革若干重大问题的决定〉的说明》,《人民日报》,2013 年 11 月 16 日第 1 版。
② 习近平:《在庆祝中国共产党成立 95 周年大会上的讲话》,《人民日报》,2016 年 7 月 2 日第 2 版。

依靠现代文化市场的内生性力量。要让立足我国社会主义建设伟大实践，反映中国特色社会主义道路、理论和制度的丰富内涵及最新成就的文艺作品和思想产品在现代文化市场中不断涌流。同时，要让这些不断涌流的、弘扬社会主义核心价值观文艺作品和思想产品通过文化市场所提供的开放性评价机制，在交流、对话、争鸣的过程中扎根人民心中，获得强大的生命力。

从文化生产力的角度看，在互联网时代，主流社会价值的传播不再由国家控制的关键媒体和机构所垄断。网络媒体的开放性使传播过程更加透明，消费者的信息选择权利得到巨大提升，但也使社会主流价值观的传播和接受过程更加分散化。这就要求主流媒体要坚持和巩固党对意识形态工作的领导，把意识形态的主导权牢牢抓在手中。同时，也需要高度重视并利用分散化的商业媒体、自媒体传播社会主义核心价值观和社会主流价值。

正如习近平总书记在文艺工作座谈会上的讲话中指出的，"要坚持百花齐放、百家争鸣的方针，发扬学术民主、艺术民主，营造积极健康、宽松和谐的氛围，提倡不同观点和学派充分讨论，提倡体裁、题材、形式、手段充分发展，推动观念、内容、风格、流派切磋互鉴"[①]。只有通过充分利用市场化的传播、批评和接受过程，"四个自信"才能以润物无声的方式进入人民群众的心灵深处，不断得到强化。

3. 全面建构现代文化市场体系，是全面提升国家文化软实力和国际影响力的要求

现代文化市场体系建设是实现中华民族伟大复兴中国梦的重要组成部分。全面建成小康社会，进而建成富强民主文明和谐的社会主义现代化国家、实现中华民族伟大复兴中国梦，是实现中国人民的物质富裕、

---

① 习近平：《在文艺工作座谈会上的讲话（2014年10月15日）》，《人民日报》，2015年10月15日第2版。

精神富有的过程,也是中国人民与世界人民一起分享当代中国文明和当代中国学术思想创造成果的过程。

改革开放以来,中国文化"走出去"的成果很大程度上局限于传统文明与文化,以及艺术传播领域,对提升国家文化软实力最为关键的当代学术思想产品的生产,我们依然处于弱势。因此,我国现代文化市场体系建构的一个重要目标应当是:建构一个有利于把中国人民乃至全人类伟大实践(先进生产力和先进文化)吸收并提炼为中国学术思想产品的"思想市场"。实现中国梦,建设文化强国,需要中国在成为全球重要财富创造中心的同时,也成为全球重要的学术思想创造中心。中国文化"走出去",就要让中国学术思想和当代文明成果走向全球,发挥影响力。

推动文化繁荣,释放国民文化创造力,扩大国家对外文化贸易规模,提升国家文化软实力,是"十三五"时期我国文化改革发展的重要使命。我们需要加快推进现代文化市场体系建设,以更加完善的市场体系促进我国文化繁荣发展。只有拥有健全、发达的现代文化市场体系,中华民族的文化创造力才能充分涌流、"四个认同"才能更加坚定,中国学术思想与文化创造成果才能在全球熠熠放光,当代中华文明才能成为21世纪人类文明的新型典范。

(二)当前文化发展若干重要趋势及其对我国现代文化市场体系建设的影响

从生产技术的角度,文化生产的发展过程可以分为人工复制时代、机械复制时代、电拟复制时代和数字复制时代。在不同的技术阶段,诞生了不同的管制主体,不同的管制方式,而不同的监管方式又是基于不同的原则,并对应着不同的权力背景。人工复制时代,对应的典型管制主体是封建利益集团,采用的管制方式是特许经营及预审制,对应的基础原则是政治—伦理原则,管制的权力来源是暴力。机械复制时代,对应的管制主体是民族国家(政府),采用的典型管制方式是追惩制,对应的基础原则是经济—社会原则，管制的权力来源是金钱（经济利益）。电拟（电子模拟）复制时代，对应的典型管制主体是民族国家（政府）或国际组织（如WTO），采用的管制方式是登记制（备案制），对应的基础原则是经济—文化原则，管制的权力来源是知识。数字复制时代，对应的管制主体是垄断型大公司（如谷歌、百度等），采用的典型管制方式是"预审制"（公司基于经济利益考虑进行内部预审），对应的基础原则是经济—技术原则，管制的权力来源是知识—信息共享[①]。

通过对不同技术特征条件下文化市场所诞生的内容管制主体、方式、原则、权力来源的纵向比较可以看出，文化管理体制，特别是内容监管体制的方式、原则和权力来源与技术发展有着密切关系。文化生产技术的进步驱使内容监管的方式不断改进，监管手段不断开放，权力来源也逐渐由君主或国家暴力、金钱（经济利益）转向更加利于促进内容生产和传播的知识分享。从监管权力使用而言，用经济手段对市场主体进行约束，显然优于简单使用暴力手段，它为市场参与者提供了出于经济利益考量而进行自我约束的机会；而运用知识使用的权力对市场主体进行约束，显然比使用经济手段约束更加有利于知识的生产和分配；从知识权力到知识共享权力的转换，则意味着全社会知识分享和知识获得机会的重大提升，从而也意味着全社会文化福利获得重大提升。从监管者自身而言，文化生产技术的变革，使全球文化市场诞生，进而使文化内容监管的权力从民族国家独享转向民族国家、国际组织以及数字化时代的大型垄断企业等力量共享。

上述分析启示我们，推进我国新一轮现代文化市场体系建设，需要深刻认识文化发展环境特别是技术环境对我国文化市场体系制度设计的

[①] 参阅中国社会科学院中国文化研究中心宋革新博士的博士后出站报告《从纸质形态到电子形态：中国期刊产业的变迁延续》（2014年3月提交）第七章相关内容。另见，宋革新：《纸刊至电刊的中国求索》，社会科学文献出版社，2017，第八章。

影响，从而适应新的技术条件下文化繁荣发展的要求，更好保护和促进人民群众的文化权益。

从技术发展对文化市场监管影响的角度，当代文化技术发展正从三个方面对我国新一轮现代文化市场体系建设的制度设计提出挑战。

一是日益深入的媒介融合对我国文化领域实行的分业管理体制提出重大挑战。互联网兴起以来，广播、电视和网络媒体形成融合，互联网、电信网、广播电视网三网融合，数字媒体与传统印刷媒体融合，不同媒介之间的边界不断消失。媒介从单一形式向复合（混合）形式转型，数字化、网络化转型，多媒体、全媒体、融媒体逐步取代单一媒介。由此带来对传统媒介和相关企业进行分业管理的机制与媒介发展趋势的脱节。西方国家较早遇到这一问题，他们通过调整传统的媒介管理方式，建立了与媒介汇流相适应的新型综合化的媒介监管机制。欧美国家对传媒汇流的应对措施主要是通过立法来调整和重建原有媒介分业监管体系，对三网实施统一管理。在这一大的框架下，对三网的网络运行和内容传播进行分别管理。如美国在《1996年通信法》出台后，在联邦通信委员会之下，设立了"竞争监管局"，实现了电信、广播电视和互联网的统一管理。在"三网融合"的基础上，西方相关国家纷纷对原有的内容监管机制进行创新，成立专门有内监管机构，将渠道与内容分开监管，重新确立内容监管标准并积极推进行业自律。经过改革，西方国家完成了内容监管制度由传统的专门机构分业式监管到融合式功能监管的转换，由此形成西方国家应对传媒汇流的基本策略。

相较之下，我国对传媒和文化内容的监管改革较慢，分业管理仍然是文化传媒娱乐等领域的基本管理方式。由于三网融合缓慢，互联网和多媒体、融媒体领域多头管理、群龙治水。文化内容监管机制改革滞后于新的媒介环境，使我国宣传文化部门在内容监管方面十分被动，面临很大的创新压力。

二是市场参与者的极大增长对传统上以特许制为中心建立的文化市

场管理体系提出了挑战。从市场供给环节来看，在传统生产体制下，内容供给主要取决于专业化生产者（创作者、编辑、内容审查等把关人等）。网络时代的到来改变了传统的文化市场竞争格局，大量掌握新媒体技术的文化消费者成为新的文化产品的生产者和发布者。"生产性消费者"的大量涌现标志着文化产品的提供格局已经发生了重大变化，文化市场已经不再是文化企业所独占的市场，而成为市场主体海量式增加、生产者和消费者身份的融合、分散式创意服务大量涌现的市场。这种新的市场环境也对文化内容监管和市场规范带来挑战。首先，传统媒介内容监管机制面临失效的挑战。在传统的出版、广电实施分业管理时，内容监管可从前端、中端和后端共同实施。前端是对传媒内容的控制（如审稿制，电影、电视拍摄中的剧本大纲预先备案制）和行业准入特许制，中端是控制传媒内容的终审权和播发权，后端是对违反政策、法律要求、危害公共利益的行为进行的事后惩戒。但在三网融合的情况下，信息传播和发布端和接收终端不断多样化，大量传统意义上的消费者通过个人终端设备成为内容的传播者和发布者，传统媒体管理中的前端、中端内容监管效果大为减弱，后端追惩的难度也极大增加，政府部门原有文化监管手段的有效性从根本上受到动摇。其次，媒介融合使信息的传播、获取和发布极大地便利化，个人通过互联网和各类新媒介学习、获得知识的成本几近于零。如何对传统内容监管机制进行创新，使之能够最大限度地促进信息传播，从而最大限度地保障个人对知识和信息的获得，这也是新技术条件下我国文化内容监管机制创新面临的重大问题。再次，一个以数字化、网络化为基础，企业、专业生产者和大量具有内容生产能力的消费者共存的复杂市场中，仅仅使用传统的政府单向监管方式，本身已经远远不够。新的网络技术在造就了无数具有强大个人内容生产和传播能力的消费者的同时，也使个人文化表达自主意识和权力意识空前兴起。在这样的市场中，内容监管需要建立在政府依法监管、市场（企业和个人）道德自律，政府、企业和个人多方参与、共同治理的基础上。

三是国内国际两个市场的融合，对传统上以国内市场为对象、以政府为市场监管主体的文化管理模式提出了挑战。我国现代文化市场体系建设面对的是国内国外两个文化市场。这要求我国的文化市场监管体系和机制要能够同时对本国文化市场主体在国内外两个市场中发展壮大提供支撑。但我国文化市场监管的制度设计、方式等主要是针对国内市场监管设计的。面对国际国内两个市场上的文化资源配置和文化产品流通和推动中国文化走出去的需要，文化市场管理体制需要进行改革，以适应我国更好地参与国际文化市场竞争的需要。

五、我国新一轮现代文化市场体系建设中面临的突出问题

（一）对文化产品的意识形态属性的复杂性认识不足，造成市场监管思维加强党意识形态领导与发展文化市场自律之间的摆荡

文化产品不仅具有作为商品或服务的"外壳"，还具有思想内容。内容或思想价值构成文化产品的特殊属性。在新的历史条件下发展文化市场，需要进一步深化对文化产品，特别是文化产品的意识形态的属性的复杂性的认识，从而更加科学地定位国家在现代文化市场中的角色和职能，更加科学地完善我国文化管理体制。

意识形态是与一定社会的经济和政治直接相联系的观念、观点、概念的总和。广义的意识形态还包括政治法律思想、道德、文学艺术、宗教、哲学和其他社会科学等。在我国政治文化生活中，意识形态通常特指社会主义核心价值观和宪法所规定的全部内容以及与宪法精神相一致的国家认同、历史认知等思想观念。科学地认识文化产品的意识形态属性，需要注意以下几个方面。

1. 从文化产品的意识形态属性与商品属性对立统一关系出发，来认识意识形态建设中政府与市场的关系

除少量意识形态宣传品外，绝大多数文化产品往往蕴涵着多重价值，

如保存价值、历史认知价值、审美价值、象征价值、表现价值等。这些价值都与意识形态具有复杂关联,但又远远不能为意识形态所涵盖。

在文化市场中,绝大多数文化产品(文艺作品)与意识形态的关系是隐晦而复杂的。意识形态属性越高,消费者通过市场来购买、消费的意愿越低。纯粹的意识形态产品都是公共品,人们很少愿意花钱去消费公共品;思想产品(如学术研究成果、严肃文学作品、影视文艺片)意识形态内容含量较多,通常是小众产品,市场空间有限;大众化的文化娱乐产品(如大量网络游戏产品),通常不具有意识形态内容,或意识形态内容稀薄,市场消费空间广阔。这三类产品中,纯意识形态产品属于纯公共产品,需要国家全面介入,设立公共传媒机构,提供公共财政保障;思想产品的原创是由个人完成的,但由于其具有较强的意识形态属性,是介于公共产品和私人产品中间的产品,因此需要政府进行适当的政策调整,对于这类产品一方面进行规则相对透明的内容审查,以保证进入市场的思想产品意识形态立场正确,另一方面为保证全社会思想产品的繁荣,国家需要对思想原创产品的生产进行某些环节的补贴(如对部分学术期刊的出版提供财政资助),以促进全社会的思想原创;大量的大众文化娱乐产品,意识形态属性很弱,属于私人产品,通常由消费者个人购买,政府只需要提供统一、开放、竞争、有序的市场环境,市场就能完成生产和供给。

2. 从促进意识形态在全体人民中内化于心的角度,定位文化管理部门在文化市场中的角色

意识形态的有效性来自全体公民在国家公共生活和个人生活中对意识形态的自觉内化。使思想获得生命的,是具有不同知识背景的个人之间的相互作用。人民群众广泛参与思考、讨论都是意识形态内化于心的必要的过程。这一内化过程,也是我国意识形态在中国特色社会主义伟大实践中不断接受人民的检验,不断发展和完善的过程。

意识形态的内化过程是通过公民法律意识养成、现代教育体系、知

识生产及传播体系、全过程民主实践等一系列复杂环节完成的。主流媒体和各类个人媒介终端所传播的"内容"只是影响意识形态内化过程的部分因素，远远不是全部。在私人购买成为文化全社会文化消费的主要方式，以及自媒体高度发达背景下，仅仅依靠对媒体的内容监管来进行意识形态巩固的努力，效果已经远远不如国家全面控制传媒领域的公共广播时代。要使意识形态在市场中获得接受和传播，就需要完成意识形态与文化产品在内容上的交融，借助文化产品的审美价值、保存价值、历史价值、象征价值、表现价值等价值内涵进入思想市场，在文化消费过程中实现自身的传播和接受。忽视这一规律，就难以确保意识形态宣传的效率。这正是意识形态监管与文化市场的对立统一关系。

3. 从传播渠道相对分散化的角度，来理解意识形态建设的科学规律

新闻传播、宣传体系、国民教育、法律规制（从法律上对意识形态的保证）、文艺传播与接受都是意识形态传播的重要方式。在革命战争年代，由于不具备通过国民教育体系、传媒体系、法治环境、公共文化服务、全过程民主实践等方式来进行意识形态内化的整体性建构，所以党在特定的历史环境下采取将文化产品定位为意识形态产品，强调文艺为工农兵服务、为革命战争服务的意识形态宣传战略，高效地完成了意识形态的社会动员，为新民主主义革命提供思想观念保障。今天，我们需要充分认识数字媒体时代意识形态的传播和接受规律，重新规划意识形态的传播和巩固系统，通过完善社会主义法治、提升公民法律意识、完善国民教育体系、提升教育公平、促进知识生产传播和分享、优化公共文化服务、提升社会主义民主实践质量等多种维度，推动我国社会主义意识形态有效传播和内化于人民内心。

（二）文化立法建设推进较慢，不能为市场监管改进提供优良的法治环境

良好的法治环境是文化市场健康发展的基础和前提。现代文化市

场体系要求较高法治化水平，从而使对市场竞争和内容表达的监管都能够建立在较为完备的法律体系之上。我国文化立法进程较为缓慢，到"十二五"结束的2015年年底止，由全国人大颁布的文化相关法律仅5部（《中华人民共和国文物法》（1982）、《中华人民共和国著作权法》（1990）、《中华人民共和国广告法》（1995）、《中华人民共和国国家通用语言文字法》（2000）、《中华人民共和国非物质文化遗产保护法》（2011））。而在新闻、出版、电影、电信、互联网、演出等诸多文化管理领域，主要依靠国务院颁布的"条例"和文化相关部门颁布的"通知""规定""办法"等低位阶法规来保障。由此造成我国文化领域法律少，法规多，法规的整体性、权威性不足，不能适应事中、事后监管的需求，对文化创造的繁荣发展的造成不利影响。

从文化市场内容监管过程中法律监管和行政监管的两种方式看，法律监管强调监管的法律依据和证据的重要性，大多是事中监管或事后监管。对内容表达的法律监管需要符合法定程序，通过听证制度、辩护制度等司法程序保证当事人的申辩权利，从而保证内容监管的科学性和法律裁决的公正性。行政监管（内容审查机制）强调价值预设立场，大多采用事前监管和事中监管（如市场检查与现场执法）。

在我国的文化内容监管实践中，内容审查专业人员时常需要对审察对象进行自主判断。在缺乏相应文化法律支持的情况下，监管主体的自主判断难免出前后标准宽严不一，对标准的把握弹性较大等问题。这造成文化生产者对内容表达的尺度难以很好地把握。出于产品安全流通的考虑，内容生产者会尽量降低产品的思想含量。在这种背景下，思想性较强的文化产品生产容易受到抑制。

新中国成立以来我国文化建设的历史表明，只有在文化领域充分依法行使公共权力，才能最大限度地保护人民群众的公民文化权利。无论是建立更为科学的文化产品内容监管体系，还是在文化领域深入贯彻全面依法治国精神，都要求我国在"十三五"期间加快文化立法进程，特别是加快推进全面保障人民群众基本表达权利的内容监管法律体系。

(三)文化市场中介发育和市场诚信体系建设不足,加重了政府主管部门干预文化市场的行政负担,增加了文化生产的市场风险

我国现有的文化市场体系中,无论是市场交易中介、市场自律中介,还是文化商品意义评价中介,发育都不充分。造成这种局面的原因,首先是由于政府长期在文化监管领域处于强势地位,文化市场的中介组织发展缓慢。而中介组织发展缓慢造成文化市场中介(如行业自律组织)对行业内构和从业者的权威性和影响力不足,难以履行行业自律和市场自律的职责。这又为文化主管部门持续、全面干预市场发育提供了需求,形成因果循环。

市场主体诚信是市场良好秩序和市场竞争的保障。在统一、开放、竞争、有序的市场中,法律约束、道德约束、行业自律、从业者自律、消费者评价是市场诚信的保障。在文化市场法律体系不完善、政府监管机制不完善和市场中介体系发展水平较低,以及市场主体违法成本较低的情况下,必然有相当多的市场主体出于牟利动机,违背诚信原则,进行投机博弈,损害消费者利益,破坏市场公平。在全面建设现代文化市场体系的背景下,我国应该充分运用文化立法、公民道德建设、市场自律、大数据监控和市场主体诚信记录等手段,全面推进文化市场诚信建设,减少政府主管部门干预文化市场的行政负担,使政府主管部门能够以更高的效率从事政策优化和政策创新活动。

文化市场中介发育程度较低,带来的另一后果是不利于文化生产主体降低市场风险。在市场环境中,文化内容产品的生产属于风险活动,具有显著的市场预期不确定性。文化内容产品通常既是娱乐产品,又是作为文化价值载体的思想产品。消费者娱乐方式和审美品位的差异、思想产品本身的复杂性和多义性、社会心理变化、时尚风气、网络评价统计数据的影响等多种因素决定了文化内容产品市场预期的不确定性。受

到个人偏好、文化背景、文化差异、文化贴现、跟风效应等多种复杂的制约，投入巨资精心打造的文化产品未必得到市场的认可。文化市场的"二八定律"决定了多数文化产品的市场失败要为少数文化产品的市场成功买单。

因此，从主动降低市场风险的角度，文化市场主体生产内容产品之前，通常需要向市场中介机构购买专业咨询和市场调研服务，以尽量降低文化消费需求的复杂性和偶然性带来的市场风险。我国文化市场中介组织发育程度较低，多数情况下，文化生产主体无法通过相应的市场中介服务有效降低市场风险，其结果是全社会文化生产整体风险成本提升。

（四）文化市场资源配置方式创新不足，导致资源配置效率较低

从世界各国的经验看，现代文化市场中，市场在资源配置过程中发挥主导作用是保持文化市场竞争力的重要保证。在我国，由于历史原因，市场在文化资源配置中的主导地位尚未建立，行政手段依然是我国文化资源配置过程中重要的途径。文化市场资源配置方式创新不足，资源配置效率较低，影响了我国文化市场整体发展。

首先，从市场发展的过程来看，我国文化市场由计划经济时代的文化资源配置方式转型而来，绝大部分传统产业和存量资源掌握在政府手中。一方面，文化主管部门熟悉用行政手段进行文化资源配置。另一方面，文化主管部门对市场在文化资源配置过程发挥主导作用存有担忧，出于牢牢掌握意识形态宣传主动权的考虑，不断强化"属地化管理""守土有责"等观念，不能放手发挥市场在文化资源配置中的积极作用。这使得我国文化市场中跨行业、跨地域、跨所有制的兼并重组困难重重，通过资源整合提高文化产品生产效率的目标难以实现。

其次，我国现行的税收、金融等政策环境是面向工业经济建立的，与数字化时代文化市场发展的需求不对接，抑制了文化市场发育。从税收角度，我国虽然在一些政策领域已经开始借鉴国外经验，初步建立了

鼓励社会资本和个人投向公共文化服务领域捐赠的抵税制度，并对文化领域的非盈利组织进行税收减免，但整体的实施力度还不充分。如何建立有利于文化创意产业发展、有利于提高文化企业竞争力和有利于提升公共文化服务体系效率的税收机制，仍需国家相关部门不断探索。

（五）文化内容监管方式创新不足，制约了文化创新发展

文化内容监管是文化市场监管机制建设的核心。我国的文化内容监管机制形成于计划经济背景下，内容监管的重心聚焦于意识形态监管，监管权力集中于国家。在媒介汇流的技术背景和文化发展的市场背景下，原有的监管机制中市场自律不足、监管重点过于狭窄、文化创造和思想原创受到制约等问题日益突出。

1. 监管方式以政府全面监管为主，抑制了原创性学术思想的涌流

从内容监管的角度，在数字文化产业兴起之前，特许经营、党委负责制、分行业垂直管理、属地化管理等一整套制度设计使政府和宣传部门对全社会的思想生产形成了强大的网络化管理。在坚持出版权、播出权特许经营前提下，政府只要通过特许经营权控制数量有限的出版社、电台和电视台、期刊、报纸，就可以全面控制社会思想的传播和评价。这种传统上的事前监管，是一种对思想资源的集中化配置方式，不利于原创性学术思想的充分涌流。新的技术环境下，我国必须探索并建立与推动内容原创和有效促进意识形态传播相适应的新型内容监管机制。

2. 内容监管标准模糊性，抑制了内容生产和传播主体的积极性

在我国内容监管过程中，除相关法律、条例、规定等提出的明确要求外，还的大量相对模糊的监管标准，这些监管标准的启动或触发条件也比较随机。同时，对违反文化内容监管标准的处罚方式也具有一定的随机性。这影响着广播电视、视频网站等内容生产和传播机构对内容的选择。第一，为求得播出安全，内容生产和播出机构会以大量低质量、内容重复和相似的节目作为节目制作和播出选择，如清宫剧、抗日神剧、

纯娱乐节目等内容，回避选择播出思想性较强和具有意识形态内涵较多的现实题材和批评题材等内容，从而降低节目内容的整体质量。第二，由于缺乏明确的违规预期，会导致节目内容选择上的博弈行为，一些广播电视和视频生产和播出机构为获得更多的收视率，会采取擦边策略，走"三俗"路线，甚至以购买收视率等方式冲击监管红线。同时，具有高艺术水准、高原创性、高科技含量的优秀"三高"文化产品却相对短缺，使文化市场呈现结构性缺陷。这对于提高全民族艺术文化水准，提高文化产业的国家竞争力不利。

3. 文化市场管理体制改革滞后，不能充分适应当代媒体融合对内容监管的新要求

在传统的分业管理的机制下，我国文化市场的监管机制设计也采取了与行政管理职能相对应、各司其职的设计。在融媒体环境下，这种内容监管设计机制日益不能适应内容产品生产和传播爆炸式增长的市场环境，多头管理、职能交叉重叠、责任不清、监管效率不足等问题日益突出。

以互联网内容监管为例，《中华人民共和国互联管理条例》规定，国务院信息产业主管部门和省、自治区、直辖市电信管理机构，依法对互联网信息服务实施监督管理，新闻、出版、教育、卫生、药品监督管理、工商行政管理和公安、国家安全等有关主管部门，在各自职责范围内依法对互联网信息内容实施监督管理。其中甚至没有提及文化部，但文化部却负责网络音乐、网络游戏等内容监管，与文化部一样负有互联网内容监管职责的还有国家网络信息办、扫黄打非办等职能部门。众多的职能部门共同构成了我国互联网信息内容监管的强大力量，但互联网内容监管的效率提升和机制的优化问题依然是我国文化内容监管领域面临的主要挑战之一。

早在2003年7月，我国就已经颁布了《中华人民共和国行政许可法》。这一法律所确立的行政许可基本原则是：凡是通过市场机制能够解决的问题，应当由市场机制去解决；通过市场机制难以解决的，但通过规范、

公正的中介机构能够解决的问题，应当通过中介机构自律去解决；即使市场机制、中介机构解决不了，需要政府加以管理的问题，也首先需要考虑通过事后监督去解决。这些原则对于我国建设文化市场内容监管机制具有重要的借鉴意义，在现代文化市场建设过程中，我们应该充分吸收借鉴行政许可法的基本思想。

六、对我国新一轮现代文化市场体系建设的若干建议

"十二五"以来，现代文化市场体系建设受到党和政府高度重视。党的十七届六中全会、十八届三中全会、《国家"十二五"时期文化改革发展规划纲要》、《十三五规划纲要》都对加快建设现代文化市场体系提出了明确要求。在这一背景下，我国现代文化市场体系建设取得了重要的突破和进展。但是，我国文化市场体系建设现状与统一、开放、竞争、有序的总体目标相比，还存在不小的差距，尤其是在文化市场法制环境建设、市场中介发展、资源配置机制以及内容监管机制建设等若干重要领域，还存在着很大的改进空间，需要寻求新的突破。我们认为，"十三五"时期我国应将进一步完善现代文化市场体系作为文化改革发展的重大目标，在文化市场法治环境建设等若干基础性领域寻求新的突破，为早日全面建成统一、开放、竞争、有序的现代文化市场体系奠定基础。

（一）从优化政府与文化市场的关系出发，搭建现代文化市场建构的顶层设计

在充分考虑文化产品的外部性特征的情况下，在推进现代文化市场体系建构过程中，要处理好政府和文化市场的关系，使文化市场在资源配置中起主导作用并更好地发挥政府对市场的促进和监管作用。政府对文化市场的促进职能体现在运用行政、财政、税收、信息、技术标准等方式，维护市场公平，促进市场发育。政府对文化市场的监管作用主要

体现在政府依据行政职能和法律法规，对文化市场运行进行监管，以保障市场公平，维护人民群众文化权利，增进社会总体文化福利。

因此，需要从政府与现代文化市场的关系出发，安排我国现代文化市场体系的顶层设计。这一设计中，政府和文化市场的关系可以从三个基点着手构建，这就是"消极干预为主，积极干预为辅，无限干预为个例"①。

在"消极干预"状态中，政府与文化市场的关系是"守夜人"，保障个人文化权利的自主自由实施。在"积极干预"状态中，政府与文化市场的关系是"帮助者"和"促进者"，保障个人文化权利在新的市场条件下进一步发展。在"无限干预"状态中，政府与文化市场的关系是"专营者"，实质上是代表人民群众行使文化权利。

以"消极干预为主，积极干预为辅，无限干预为个例"这三个原则构成的我国现代文化市场体系，将是一个"中国特色"的现代文化市场体系。这一体系有助于大大提高文化市场的开放度和法制水平，也会极大地激发全民族的文化创造活力，有力地推动我国文化大发展大繁荣局面的形成。

"消极干预为主，积极干预为辅，无限干预为个例"的原则下，要推进中央政府和省级层面的文化管理体制和机制改革，简政放权，推动市场自律，破除文化市场领域的行业和区域壁垒，建立市场主导的资源配置体系，加快建设统一、开放、适度集中、公平竞争的文化市场。

（二）加快文化立法建设，奠定文化市场繁荣发展的法治基础

提高文化市场管理的法治化水平，完善文化立法最为关键。党的十八届四中全会提出了"全面依法治国"的重要目标。加快文化立法，建设完善的文化法治环境是我国推进"全面依法治国"的有机组成部分，

---

① 张晓明、惠鸣：《全面构建现代文化市场体系》，社会科学文献出版社，2014，第243～246页。

也是我国现代文化市场体系建设的迫切要求。

建议"十三五"期间,我国围绕全面依法治国的要求,加快文化立法进程,以促进人民群众文化表达权为中心,完善现代文化法律体系,从而改变我国文化市场管理过程中高位阶法律不足的现状,并建立以文化法律为主体、以行政法规和部门规章为辅的文化市场管理体制和内容审查机制,奠定促进社会主义先进文化繁荣发展的法律基础[①]。

（三）大力发展文化市场中介机构,形成文化市场自律机制

市场中介机构是文化市场自律的重要力量,也是社会力量全面参与文化治理的重要组成部分。我国现有的文化市场体系中,市场中介发育不充分,造成文化市场自律机制无法建立。

建议"十三五"期间,按照行政许可法中"不设行政许可"的原则,积极鼓励各类文化市场中介发展,使市场中介在文化市场要素配置、行业自律、内容监管、市场诚信建设等方面发挥更大的作用。同时,进一步完善政府文化主管部对各类文化市场中介组织的指导机制,形成以市场中介独立运行为主,政府指导为辅的文化市场中介运行机制。

（四）全面扩大市场在文化资源配置过程中的作用和范围

从世界各国的经验看,市场在资源配置过程中发挥主导作用是保持文化市场竞争力的重要保证。在我国,由于历史原因,市场在文化资源配置中的主导地位尚未建立,行政手段依然是我国国有文化资源配置过程中最为重要的途径,这造成文化市场资源配置方式创新不足,资源配置效率较低,制约了文化市场的发展。

建议"十三五"期间,要进一步解放思想,从现代文化市场的客观规律出发,不断扩大市场在资源配置过程中的作用和范围。

---

① "十三五"期间,我国实际完成的文化立法包括：《中华人民共和国电影产业促进法》(2016)、《中国华人民共和国公共文化服务保障法》(2016)、《中华人民共和国公共图书馆法》(2017)、《中华人民共和国网络安全法》(2017)。

一是建构扩大市场配置资源的基础。首先要减少政府对文化市场的行政干预，通过市场自律、行政授权等方式，充分发挥市场中介机构在文化资源配置过程中的积极作用，为建立市场发挥主要作用的文化资源配置机制奠定基础。同时，要以完善文化立法为前提，逐步扩大市场力量在思想文化宣传领域的作用和影响。

二是完善市场配置资源的体制和机制。首先，要通过股份制管理，通过特殊管理股、混合所有制等制度设计，推动国有文化资产跨地区、跨所有制、跨行业的兼并重组，加大市场在国有文化资产运行和资源配置过程中的作用。其次，要通过建立企业和个人对公共文化部门及非营利性文化机构的捐助款抵税制度，提升市场力量参与公共文化服务发展的空间和渠道；探索将文化创意企业人力成本和版权生产成本计入R&D支出的计税制度，大幅降低文化企业税负。

三是将与少数与意识形态关系最为紧密的媒体和企业，作为"管人管事管资产""主管主办"财政资金全额拨付等制度的实施对象，从而把影响意识形态传播和社会价值导向的主导权牢牢把握在党和政府手中[①]。

（五）优化文化内容监管机制，建立有利于充分激发全民文化创造力的文化内容监管机制

我国的文化内容监管机制形成于计划经济背景下，内容监管偏重意识形态，权力完全集中于国家。随着移动互联网和各类手持终端设备的发展，文化表达和传播的方式日益互动化、多样化和个体化，原有的监管机制中市场自律不足、监管重点过于狭窄、文化创造和学术思想原创受到压抑等问题日益突出。

"十三五"期间，应该面向新技术和新媒体蓬勃发展带来的媒介格

---

① 张晓明、惠鸣：《全面构建现代文化市场体系》，社会科学文献出版社，2014，第245~246页。

局变化，从全面提升国民文化创造力、努力筑就中华民族伟大复兴时代的文艺高峰和提升国家文化软实力的角度出发，着眼于文化管理体制的先进性、高效性和开放性，进一步完善我国文化市场内容监管体系。

一是充分运用内容分级手段和行业自律机制，广泛吸收社会力量，建设以社会主义核心价值观为引领、以政府监管和市场自律相结合为基本方式、以事中与事后监管为主要形式，以消极干预为主，积极干预为辅，无限干预为特例的内容监管体系。这种新型内容监管体系是中国特色社会主义道路自信、理论自信、制度自信、文化自信的重要组成部分，也是新的时代背景下我国文化繁荣发展的重要保证。

二是提高内容监管过程和监管标准的公开性和透明度，为文化内容生产者提供一个可预期的稳定环境。

三是要进一步改革文化管理的宏观体制。建议借鉴相关国家的做法，成立国家电信网络广播电影电视委员会，从传播渠道层面完成监管的统一性，从而推动三网整合向纵深发展。在此基础上，考虑在国家电信网络广播电影电视委员会下设专门的内容监管机构，针对不同媒体的特点，实对内容分类监管，应对三网融合和融媒体背景下的内容监管的新要求。

建设现代文化市场体系是社会主义先进文化繁荣发展的前提和基础。社会主义先进文化是中华民族伟大复兴中国梦的文化表达和实践，是"中国原创""中国实践"意义上的全人类的宝贵精神财富。社会主义先进文化来自对人类优秀文化的吸收和综合，来自对全民族文化创造力的最大释放。这样的吸收、综合、释放和实现，有赖于现代文化市场体系的全面建立。面向"十三五"，我们需要从社会主义文化建设的经验、教训和文化产业发展的内在规律出发，来寻找现代文化市场体系建设的基本规律，需要从社会主义先进文化发展的必然趋势出发，来设计现代文化市场体系建设的基本框架和技术原则，并在此基础上，立足文化发展的时代要求，建设一个统一开放、竞争有序的现代文化市场体系。

第二章　实现文化贸易、文化传播和文化交流的融合推进 *

加强对外人文交流，建设中国特色社会主义文化强国，是中华民族伟大复兴中国梦的重要组成部分。党的十九大报告提出，要加强中外人文交流，以我为主、兼收并蓄，推进国际传播能力建设，讲好中国故事，展现真实、立体、全面的中国，提高国家文化软实力。推动"一带一路"倡议，实现民心相通，构建人类命运共同体，提升国家文化软实力，需要文化贸易、文化传播和文化交流的融合推进。

一、文化贸易、文化传播和文化交流的当代趋势

文化贸易、文化传播和文化交流是实现国家对外文化发展目标的三种主要方式。它们统一于文化生产力的发展，受文化生产力的引领。文化生产力越发达，文化贸易、文化传播和文化交流的方式越是多样，其影响和效果越是显著。在当代，在快速发展的文化生产力影响下，文化贸易、文化传播与交流方式也呈现出新的趋势。

（一）文化贸易、文化传播和文化交流的一体化

文化贸易、文化传播和文化交流共同服务于民族国家的全球文化利益。在全球化背景下，它们之间的界线正在变得模糊。各国推动文化贸易的背后，都包含着传播本国文化，以文化产品和服务在他国的营销来悄然带动本国文化习俗、价值观念的推广，从而促进本国文化艺术和价

---

* 本章由笔者与中国社会科学院中国文化研究中心孙茹茹助理研究员合作完成，发表于《文化产业导刊》，2018 年第 6 期。

值观念在贸易对象国的传播，并为文化交流提供基础和对象。而文化传播、文化交流又往往以促进本国文化产品的销售和发行为重要目标。由此，文化贸易、文化传播和文化交流实现了一体化。

（二）文化市场的全球化与文化认同的多元化

20世纪90年代以来，由互联网革命引发的全球化带来生产、信息、资本、科学技术和人力资源在全球的流动。这场全球化同时也伴随着全球文化市场的形成。首先，由于互联网的便利，任何一种文化产品都可以瞬间面向全球发布并拥有潜在的全球消费者。大量面向全球消费者服务的文学、游戏网站、视频网站涌现，同一文化产品的消费第一次实现了全球化。其次，从前由专业机构或垄断机构所把持的出版权、电视频道和广播电台失去了其长久以来的垄断地位，大量非专业生产性的个人成为市场主体，拥有了从前专业机构才拥有的文化生产和传播能力。而从前由民族国家边界和统治权利造成的不同国家间文化市场的分割、孤立状态则被无形的互联网世界所打破。与之相伴，赛博空间中，民族国家文化统治权利及垄断权被活跃而分散的个人文化表达与交易所冲破，文化民主被无数消费－生产者的实践赋予新含义。

与文化市场全球化形成对比的是，不同国家的文化消费者开始在无边的网络世界相聚，他们因为共同的价值观念甚至是共同享有的快乐和趣味，成为一个个共同创造并分离于各种主流文化形态的跨文化的"文化部落"，民族国家认同和公民身份将不再是文化认同的必需条件。部落化的、碎片化的、私人性的文化认同和民族国家的市民文化身份共同支撑起全球化背景下的文化认同。如何应对多样性与多元化交织的全球文化认同态势，成为民族国家确立对外文化传播目标实现路径时必须考虑的重要因素。

（三）文化生产的全球本土化

全球化时代，那些以全球文化市场为目标的大型文化生产机构，如好莱坞的大型制片机构，一边积极开拓全球市场，一边努力捕捉每个地方市场的本土文化特质。它们通过全球化开拓每一个可能的市场，同时又通过借用或融合每个地方的本土文化素材乃至吸收本土演员来增进电影的接受度，使自己的产品成为全球化与本土化的杂交体。正如一位法国研究者所言："好莱坞巨头们对世界的开放和本土化问题都不是计划的，而是全球化在文化领域的主要矛盾逻辑所产生的意想不到的后果。"①

为达成征服最多观众的目标，好莱坞和所有以全球市场为目标的文化生产商一样，采取了充分考虑每一种文化的贴现或折扣的战略。它们总是把意识形态的差异性降到最低，从而在最小公分母的层面寻求全球观众的最大价值共识。"具体而言，某些有着惩恶扬善、乐观向上等主题的好莱坞大片之所以能够在全球范围内获得成功的票房业绩，是因为最大限度地把握了大部分观众的情感诉求和审美取向，也就是抓住了宽泛意义上的'意识形态机遇'。这种意识形态机遇也是其他试图获得本土和全球最广泛的目标消费群体的产品品牌设计者必须把握的。"②

（四）版权贸易成为文化贸易和文化传播的制高点

当代全球文化贸易品有三种类型：文化产品、文化生产装备和文化服务。从全球文化贸易的基本格局看，发展中国家主要向全球提供文化产品，特别是依托本国传统文化基因和审美要素开发的民族民间手工艺品和一般文化用品，如非洲木雕、波斯地毯。发达国家依托其强大的文化创意设计能力和现代传媒生产能力，在以全球新闻、影视、纪录片、设计、软件等为代表的版权（IP）文化服务领域，以及高端文化科技与文化装备等高附加值制造领域，占有突出地位。如英美两国的剧场艺术、好莱坞大片、韩国影视剧、法国和意大利等国的时装设计等。以美国为

---

① 诺文·明根特：《好莱坞如何征服世界：市场、战略与影响》，吕好译，商务印书馆，2016，第248页。

② 雷古斯·迪布瓦：《好莱坞：电影与意识形态》，李丹丹、李昕晖译，商务印书馆，2014，第7页。

例，多年来，美国的核心版权产业（相当于文化创意产业）增加值占美国GDP的6%以上，并逐年增加。根据国际知识产权联盟（International Intellectual Property Alliance）发布的《美国经济中的版权产业：2016年度报告》，2015年美国全部版权产业为美国经济贡献了近2.1万亿美元的增加值，占美国当年GDP的11.69%，其中，核心版权产业增加值高达12356亿美元，占美国当年GDP的6.72%[①]。与发达国家版权业高度发达相对应的是，全球文化贸易中版权贸易占有举足轻重的地位。多年来，美国、西欧、日本等国的跨国公司囊括了全球文化贸易的三分之二以上，50家西方主导的媒体娱乐公司就占据了95%以上的国际文化市场，其版权贸易及相关服务贸易占全球文化贸易的大部分比例。发达国家的文化企业通过对版权（IP）的立体化和全链条开发，将内容原创、形象授权、影视制作、游戏开发、旅游体验整合起来，实现版权收益和文化传播效果的最大化。迪士尼是这一模式的突出典范。

（五）文化竞争主角化

与文化贸易全球化和文化贸易版权化相应，全球文化竞争正在迅速向文明型国家（civilization-state）或语言型国家集团（linguistic state group）等主角之间的竞争演化。参与的主角，要么是具有强大文明传统的文明型国家，要么是具有共同语言和历史联系的语言国家集团。这场文化竞争的主角们中，美国是唯一要求文化贸易去特殊化的超级文化霸权，其意愿是凭借强大的文化生产力，推动全球文化贸易无国界交流，从而使本国的文化利益和文化影响无界弗远。面对美国文化的强大压力，以及全球化带来的文化认同和文化贸易挑战，同为竞争主角们的全球其他文明型国家或语言型国家集团，都在以国家战略或国家集团战略的方式努力提升自身的文化影响力和传播力。欧盟作为欧洲文明的代表，在

[①] Copyright Industries in the U.S. Economy 2016, https://iipa.org/files/uploads/2018/01/2016CpyrtRptFull-1.pdf, P6.

内部实施的电视无国界战略正是欧洲国家抱团抵抗美国文化霸权的典型案例。欧盟委员会主席雅克·德洛尔（Jacques Delors）曾经质问美国人："面对这种通过卫星传播的铺天盖地的美国节目，一个有着上千万人口的国家如何维护它的语言——文化的核心？"[①] 更多文明型国家和语言型国家集团，都选择语言传播这一文明的核心作为应对全球文化竞争的基础抓手，努力打造以本国语言或国家集团共同语言为核心的文明传播体系。我国的孔子学院、韩国的世宗大王学院、德国的歌德学院、西班牙的塞万提斯学院、法国领衔的法语国家联盟、英联邦，以及2017年才成立的"一带一路"葡萄牙语媒体联盟等机构，都是相关文明型国家或语言型国家集团致力于推动本国或集团共同文明全球传播的重要载体和组织。

在这个人类文明剧烈转型、文化霸权与文化多样性并存的时代，全球文化竞争的这种主角化趋势体现出各种文明强大的内在生命力和凝聚力。只有从语言和文明的高度去参与全球文化竞争，每一种文明及其语言的价值才能得到充分彰显和尊重，相关国家或国家集团的长远文化利益才能得到有效维护，人类文明互鉴才会更有深度。

二、我国对外文化贸易、文化传播和文化交流领域存在的问题

当前，我国对外文化贸易、文化传播和文化交流领域存在着一系列突出问题，制约着我国文化国际影响力的提升。

---

① 理查德·F.库索尔：《法兰西道路：法国如何拥抱和拒绝美国的价值观与实力》，言予馨、付春光译，商务印书馆，2013，第57页。

（一）文化产业国际竞争力较弱，文化企业的国际化程度总体较低，制约了文化贸易的国际竞争力的提升

党的十八大以来我国文化产业保持快速增长，文化产业增加值占GDP比重逐年增长。根据国家统计局公布的数据，2016年，全国文化及相关产业增加值为30785亿元，较上年增加13.0%，占GDP的4.14%。这一比值与2016年美国核心版权产业增加值占其GDP比例仍有较大差距。

同时，由于我国文化市场体系发育仍不完善，市场开放性不足，尤其是传媒出版等文化服务和内容生产领域缺乏有效的并购、淘汰等出清机制，企业缺乏充分的市场竞争考验，这使得除少量游戏娱乐企业外，我国文化企业的竞争场域基本以国内市场为主。与发达国家相比，我国文化企业的国际化程度和国际竞争力较弱，版权和内容出口能力总体偏低。这从根本上制约了我国文化贸易特别是文化产品和服务出口的快速增长。

（二）文化贸易的结构有待优化

我国对外文化贸易中，文化产品占比较大，而服务贸易的比例较低。根据我国商务部发布的数据，2017年，我国文化产品和服务进出口总额1265.1亿美元，较上年增11.1%。其中，文化产品、文化服务进出口总额分别为971.2亿美元、293.9亿美元，分别占进出口总额的76.8%和23.2%，服务贸易所占比例远低于文化产品所占比例；在文化服务贸易中，文化服务出口总额为61.7亿美元，进口总额为232.2亿美元，进出口逆差为170.5亿美元。2017年，我国文化产品出口总额为881.9亿美元，进口89.3亿美元，顺差792.6亿美元。文化产品贸易的大规模顺差与文化服务贸易的巨额逆差形成鲜明对比。另外，相关研究表明，从2002年到2010年的9年间，中国文化服务出口额占全国文化产品与服务出口总额的比例，长期徘徊在3%以下，仅个别年份略高，而同期世

界平均水平处于24%—31%上下的空间①。相比之下，我国文化服务出口在文化产品与服务出口总额中的比例实在太小。

版权和视听内容服务是文化服务贸易的重要组成部分，是对外文化传播的关键领域。文化服务贸易规模小、逆差大，意味着我国在国际文化贸易与文化内容与价值对外传播的能力较弱。正如相关研究指出的，我国"文化服务贸易不仅总量小，而且在内容和版权的输出方面长期疲弱，贸易逆差甚至有加大的趋势，这显然与中国的经济大国和文化大国地位不匹配"②。

（三）对外文化传播力量单薄，社会动员不足

我国对外文化传播的主力来自三支官方力量，分别是国家对外传媒系统、孔子学院和海外中国文化中心。国家对外文化传媒系统包括中央电视台海外中心、新华社对外部、中国国际广播电台、五洲传播中心、《中国日报》以及多家英语杂志和英文网站为主的对外传媒体系；孔子学院和孔子课堂系统在全球146个国家（地区）建立了525所孔子学院和1113个孔子课堂（截至2017年年末）；海外中国文化中心已建成运营35个，2020年海外中国文化中心总数将达到50个，逐步形成覆盖全球主要国家和地区的中国文化对外传播推广网络。

与国际文化传播强国相比，我国对外文化传播在信息传播力和内容影响力方面仍有很大差距。根据相关研究，以美国为代表的西方媒体垄断了世界近90%的新闻信息传播。仅美联社、路透社、法新社、合众社等少数几个西方通讯社每天发出的新闻量就占到全世界新闻发稿量的80%。相比之下，我国主要媒体发布的新闻稿数量要比西方媒体少得多。在互联网世界，全球网络服务器内存储的中文信息只有4%，其中还包

---

① 李怀亮、虞海侠：《我国文化产品和文化服务出口结构及竞争力分析》，《国际贸易》，2013年第9期，第59页。

② 魏鹏举、戴俊骋、魏西笑：《中国文化贸易的结构、问题与建议》，《山东社会科学》，2017年第10期，第57页。

括源自中国台湾地区和新加坡的信息，而仅美国一家，就占到全球网络服务中一般信息提供的80%和服务类信息的95%。

不仅如此，与发达国家相比，我国对外文化传播系统还相对势单力孤，缺少援军。发达国家都有数量庞大的非营利机构。各种基金会根据自己的宗旨、定位开展各类资助和项目，共同构成多层次、多视角的国家对外交流体系，有机配合本国对外交流政策。以美国为例，2013年，美国国内注册的非营利组织共有141万个。这141万个组织涵盖艺术、健康、教育、工会、商业等多种专业组织机构，在美国对外文化传播和交流中发挥着突出作用，是美国文化软实力的重要组成部分。"作为美国核心价值的传递者发挥最有效作用的，是企业组织、基金会、艺术团体、大学、教育团体、工会、宣教布道团体等多种多样的非政府组织。"①在我国，公益性社会组织发展程度较低，很难在文化交流和文化传播中发挥重大作用。根据《中国基金会发展报告（2014）》的统计，截至2013年年底，全国各级管理机关登记注册的基金会共3549家②。国内参与对外文化传播企业和非政府组织数量较少，整体对外人文交流力量薄弱，缺乏具有全球影响力的基金会，且极少触及具有全球意义和普遍伦理的公共议题，与国家整体对外发展战略不匹配。这与西方国家企业和大量非营利组织（基金会等）普遍参与本国对外文化传播和交流活动形成了鲜明对比。

战略模糊、目标不清也是制约我国对外文化传播效果的重要因素。目前，构成我国对外文化传播的三支力量中，国家对外文化传播系统主要使命是向世界提供中文新闻和资讯服务，向世界讲好中国故事；孔子学院/课堂的主要定位是传授汉语，介绍和传播中华传统文化；海外中

---

① 松田武：《战后美国在日本的软实力：半永久性依存的起源》，金琮轩译，商务印书馆，2014，第10页。

② 刘忠祥：《中国基金会发展报告（2014）》，社会科学文献出版社，2015，第5页。

国文化中心的定位也是传播和介绍中国文化,增进中外人民友谊。三支力量各有所为。问题是,我国对外文化传播的长期性、根本性目标是什么?应该传播什么样的中国和中国文化的形象?应该通过哪些方式去达到这些目标?这些问题的答案并不十分清楚。这种战略目标的模糊性直接导致各个机构的运行原则和运行策略的模糊性,从而削弱了我国对外文化传播系统的运行效率。

（四）对外文化传播和交流路径单一,对市场化运作机制重视不足

我国对外文化传播和文化交流一方面对行政方式和公共财政依赖较深,一方面对市场化运作方式,以及内容原创和思想市场的竞争性重视不足。这具体表现在文化贸易、文化传播和文化交流的相互割裂,文化产业与文化传播和文化交流的割裂,以及思想市场和对外传播内容的割裂。改革开放以来,在境外受到欢迎的中国电视剧数量相对有限,且大都是古装和古代题材,如《还珠格格》《西游记》《三国演义》《甄嬛传》,而反映当代中国人现实生活和精神风貌的电视剧在国外鲜有热度。

上述因素是造成我国文化贸易、文化传播和文化交流相互割裂,难以进行有机融合以及取得充分效果的重要原因。新的历史条件下,我们必须从当代文化发展和文化传播的根本规律出发,结合中华民族伟大复兴的时代主题,改革创新,开创我国文化贸易、文化传播和文化交流融合一体、优化发展的新篇章。

三、实现对外文化贸易、文化传播和文化交流融合推进的对策

（一）抓住新一轮媒介转型的制高点,推动我国文化产业跨越式发展

强大的文化产业是推动我国文化创新发展的动力,也是文化贸易、

文化传播和文化交流融合发展的支撑基础。文化产业的竞争力取决于文化内容原创的繁荣和先进文化科技的掌握及应用。在全球文化产业发展历史中，媒介革命往往会给后发国家文化繁荣带来巨大的战略机遇，是后发国家实现文化产业发展弯道超车的重大契机。在20世纪二十年代至四十年代，美国人抓住电影这种"新媒体"，进行迅速地投资生产，导致这一期间英国放映电影总量的85%是美国电影。美国文化在欧洲的传播，造就了一个美国化的英国，并最终孕育了好莱坞的崛起。1998年亚洲金融危机后，韩国的影视产业在全球崛起，也是因为抓住了媒介制作技术的数字化革命这一契机。近年来，我国大型互联网公司如百度、腾讯、阿里巴巴、字节跳动等都已经成长为体量巨大的综合性文化平台企业，各自拥有体量巨大的视频、文学、音乐、游戏等内容产业，成为中国文化对外贸易、传播的重要平台。"中国的内容产业可以借助 BAT 这样的巨型网络平台，实现对欧美地区的大规模反向输出。"[①] 一个突出的例证是，近年来，我国网络游戏产业抓住了从互联网到移动网络转型的技术革命，实现了在全球网络游戏竞争领域地位的重大提升。

当前，以量子通信、人工智能和区块链等信息技术发展为标志，文化科技和传媒业正进入一轮全球性的技术革命前夜，这场革命必将带来世界传媒与文化产业发展格局的重要变迁。我们应该抓住机遇，充分利用这场技术革命，推动我国文化产业实现弯道超车。

（二）抓住新一轮对外开放的历史机遇，健全我国现代文化市场体系，为文化产业和文化贸易繁荣发展奠定良好的市场机制

统一、开放、竞争、有序是我国现代文化市场体系建设的目标。只有在这样一个体系中，版权和原创的权益才能得到保护，文化资源和市场要素才能得到最佳配置，原创精神才能得到激发，市场泡沫才能自

---

① 李然忠：《中美内容产业最新发展状况的观察及思考》，《福建论坛·人文社会科学版》，2018年第10期，第78页。

动挤出，市场主体才能公平竞争，优秀企业才能高效整合资源并在兼并重组过程中不断发展壮大。也只有在这样一个体系中，我国文化企业才能走出国门，在全球竞争中经历风雨，成长为具有世界影响力的文化企业。以万达为例，在万达收购外国院线之前，中国电影在海外商业放映的记录几乎为零。在万达收购了美国AMC、欧洲欧典等海外院线后，到2017年12月止，在国家没有给予任何补贴的情况下，万达海外院线放映中国电影超过160部，占中国电影海外票房的80%。这一案例展示了国家的文化传播目标如何通过企业逐利行为得到维护和实现。而建设一个充分开放、公平竞争的文化市场是保障文化企业顺利发展的前提。

（三）抓住国家治理体系和治理能力现代化的历史契机，发展壮大文化领域的非营利组织

发达国家大都具有高度发展的社会组织部门，包括各类企业基金会、家族基金会、慈善组织等非营利机构，它们是这些国家社会治理的重要资源。这社会组织中，从事文化交流和文化艺术资助、文化传播的组织不在少数，它们构成了发达国家对外文化交流和传播的重要力量。在全面深化改革、推进"五个发展"的背景下，我们应该抓住国家治理体系和治理能力现代化的机遇，解放思想，推动文化类非营利组织壮大发展，鼓励各类企业积极参与对外文化交流和传播，为对外文化交流和文化传播提供有力的社会支持。

（四）抓住深化改革的历史机遇，完善对外文化交流的战略目标、框架和路径设计

在全面深化改革的背景下，我们需要对文化贸易、文化传播和文化交流的总体目标和实现路径进行整体设计，使之成为具有长远目标和长久布局的国家文化传播战略。我国的对外文化贸易、文化传播和文化交流不仅需要向世界传播中华优秀传统文化及其价值内涵，更应当向世界传播实现中华民族伟大复兴中国梦道路上的中国文化形象和价值观，以及当代中国人民在"五个发展"引领下自由、和谐、奋发、向上的精神

面貌和生活方式。"在一个已经发生巨大改变的新语境下,我们的对外传播应该把镜头和笔触更多地对准当代中国和当代中国人的现实生活,对准他们的思想、情感、认同、信仰和生活态度。"①

在此基础上,要完善对外文化传播和交流的执行体系和保障体系,并针对不同文明类型、不同文化特质、不同发展阶段的国家或国家集团,分类制定文化贸易、传播和交流的战略目标和实施路径,从而使我国对文化传播与交流在清晰的目标、战略和路径引领下扎实推进。近年来,我国纪录片生产和对外传播取得重大突破,《颐和园》《当卢浮宫遇见紫禁城》《舌尖上的中国》《超级工程》《本草中国》《我在故宫修文物》《河西走廊》《美丽中国》等纪录片都达到了世界级的制作水准。这些纪录片运用先进的影视科技,以中国丰富的自然、文化遗产和现代科技进步作为内容,精心构思,以生动感人的方式讲述中国故事,向世界传播着中国的历史文化和当代生活,受到中外观众的普遍好评。这些案例为我国影视文化对外传播提供了生动的示范和例子。

(五)抓住中华民族伟大复兴的历史机遇,激发全民文化创造力,开创中华文明新高度

推动我国文化产业与文化贸易快速发展、文化传播和文化交流蓬勃开展的根本力量是中华民族的文化创造力。在新历史条件下,我们要抓住中华民族伟大复兴的历史机遇,推进优秀传统文化的创造性转化和创新性发展。要通过解放思想和深入培育思想市场,打造一流的学术研究环境,全面建构中国特色的人文社会科学学科体系、学术体系和话语体系,推动中华文明迈向人类文明的新高度。

---

① 王雄:《开辟大国文化传播新路径》,中国社会科学网,2018年9月6日,http://www.cssn.cn/bk/bkpd_qkyw/bkpd_bjtj/201809/t20180906_4556122.shtml。

第三章 推动文化与旅游高质量融合发展

一、推动文化与旅游高质量融合发展[①]

文化是旅游的灵魂,文化因素渗透在旅游过程的每一个环节。旅游的过程,就是选择与不同的文化相遇,在与不同的文化交流对话过程中发现自我、开拓自我、陶冶自我和提升自我。在高质量的旅游中,文化因素不仅是旅游的重要目标,同时也融合在吃、住、行、购、娱各个环节中。文化与旅游的深度融合,让人们把更多的时间沉浸在文化体验过程中,使旅游的节奏慢下来,更好地拥抱慢生活。高质量的旅游过程把自然风光、文化遗产、文化内容、审美鉴赏、创意设计、地域特色、时尚消费和生活方式高度融合在一起,为旅游者创造更为丰富的旅游体验和生命记忆。推动文化和旅游整合发展,是引领"十四五"期间中国旅游业全面升级的金钥匙。

"十四五"期间,中国经济仍将保持快速增长,人均GDP有望跨入高收入国家门槛,国内游和出境游将迎来新的增长期。同时,随着生态环境的不断改善和高铁网络、民航网络、5G技术等基础设施的全面优化,以及居民旅游消费的普遍升级,大量新型旅游业态和旅游场景也将催生出来。中国对国际游客的吸引力将进一步增加,国际游客也将进入新一轮增长期。《中共中央关于制定国民经济和社会发展第十四个五年规划和二〇三五年远景目标的建议》提出,推动文化和旅游融合发展,设一批富有文化底蕴的世界级旅游景区和度假区,打造一批文化特色鲜

[①] 本节主要内容曾发表于《中国日报》。"Integrating cultural and tourism development", China Daily, November 30, 2020(9)。

明的国家级旅游休闲城市和街区。

实现旅游业升级发展，满足人民群众对美好旅游、品质旅游的切实需求，提升中国旅游业对全世界游客吸引力，是"十四五"期间中国旅游发展的基本目标。面对新的市场需求和发展趋势，中国旅游业需要从提升旅游环境、改进旅游服务、丰富旅游产品、创新旅游业态、优化旅游体验等各个方面进行全方位努力。所有这些努力的核心是推动文化与旅游高质量融合发展。

推动文化与旅游高质量融合发展，要高度重视城市文化个性的保护。当今世界，旅游业强国都高度重视城市文化资源的保护，通过严格的法律，保护城市建筑和街区的整体历史风貌和人文特质，使城市成为宝贵的旅游空间和旅游资源。截至2019年，中国有670多个城市，21000多个建制镇。其中国家历史文化名城共有134座，国家历史文化名镇799个。由于历史原因，这些城市和城镇普遍存在建筑风格同质化，历史文化街区破坏较多，历史文化遗产过度开发、保护不足，城市文化个性平庸、缺乏特色等问题。"十四五"期间，我国旅游业发展要高度重视城市历史文脉和文化遗产的保护，推动城市文脉保护与旅游业发展融合，借助全域旅游、生态旅游等动力，把城市打造成巨型的文化旅游空间和旅游设施综合体。要积极培育城市旅游演艺、城市历史空间游览、创意设计空间游览、城市主题公园游览等旅游产品，使城市自身成为文化与旅游高质量融合发展的主场地和主引擎。

推动文化与旅游高质量融合发展，要善于激活核心文化资源。文化遗产、博物馆是一个国家历史和文明发展高度的见证，是民族文化自信的见证，是国家核心文化资源。促进文化与旅游融合发展，要高度重视核心文化资源的开发利用。在发达国家，博物馆通常是重要的旅游目的地。中国是全球文化遗产大国，世界文化遗产居全球之冠。根据第三次全国文物普查及第一次全国可移动文物普查数据，全国共有可移动文物1.08亿件/套，不可移动文物76.7万处。全国文物机构拥有文物藏品

5130.19万件,各类文物机构10562个,文物数量还在每年增加。此外,全国还有数以万计的各类非物质文化遗产。大量的文化遗产是推动中国旅游业升级发展的宝贵资源。习近平总书记指出,"要系统梳理传统文化资源,让收藏在禁宫里的文物、陈列在广阔大地上的遗产、书写在古籍里的文字都活起来"①。充分开发利用这些文化资源,是中国旅游业发展的时代要求,也是弘扬中华优秀传统文化,坚定全民族文化自信的时代要求。

活化文化遗产和文物资源,首先要在确保文化遗产安全的基础上,加强各类文化遗产和文物保护机构的开放性,为社会公众创造接触、了解文化遗产的便利性,激发公众学习、鉴赏文化遗产的兴趣。其次,要创新各类文物机构和博物馆的服务理念与服务方式,把促进文化遗产保护与打造新型旅游文化空间紧密结合起来,使核心文化资源成为重要的旅游目的地,从而推动大众观光旅游向大众深度旅游、大众文化旅游的升级。再次,要创新核心文化资源的开发方式,依托重要的文化遗产和文物资源开发文化创意产品,打造贯穿文学、影视、动漫、设计和时尚消费、文化主题公园的创意 IP,使核心资源成为当代文化创造和文化消费的灵感源泉与生长基因,全方位融入当代旅游场景。近年来,故宫博物院大力推动故宫文物文化创意产品开发和"平安故宫""数字故宫""学术故宫""活力故宫"建设,在促进文化与旅游深度融合领域,为国内其他文化遗产和文物保护机构提供了全方位的经验借鉴。

推动文化与旅游高质量融合发展,要把文化因素贯穿在旅游产品的开发过程中。随着中国公众旅游消费的升级,传统上以封闭景区为核心的旅游模式已经远远不能满足人们的消费需求。以区域内整体性的生态、景观、民俗、文化遗产、文化空间和生活方式为旅游消费对象的全域旅游成为旅游发展的新形态。同时,旅游需求也在不断细分。乡村旅游、

---

① 《习近平谈治国理政》,外文出版社,第161页。

红色旅游、研学旅游、工业旅游、主题公园旅游、节庆旅游、休闲旅游、康养旅游、游轮旅游等目的更明确的主题旅游日益成为市场的新宠。发展全域旅游和主题旅游，要深入挖掘文化因素，把文化因素渗透到旅游产品设计和旅游环境提升的每一处细节，依托特定的文化主题、文化内容、文化价值和特定的文化空间，提升旅游的文化品质，为社会创造最大化的旅游价值。

当代文化科技的发展，极大地丰富了文化内容的表现形式，拓展了人们体验和感受文化内容的形式。实现文化与旅游的高质量融合发展，必须推动文化科技与旅游业的深度融合。要利用中国在5G技术研发和应用上的领先优势，加快推进虚拟现实技术（VR）、增强现实技术（AR）、人工智能（AI）、智能可穿戴技术在旅游产品开发和旅游服务中应用。同时，要大力推动"互联网+"、大数据、云计算等技术在旅游领域的创新应用，积极培育当代旅游与文化融合发展的新业态。

二、如何提升红色文创产品的魅力[①]

红色文创是以革命文化为题材和对象开发的文创产品。革命文化是中国共产党领导人民在革命、建设与改革中创造的文化形态和精神价值，是新时代中国特色社会主义文化的重要组成部分。在大力发展红色旅游的背景下，红色文创在实践上更加突出以革命战争和革命历史为题材的"红色文化"创意产品的开发。如果以题材来划分，红色文创包括以革命领袖、革命先辈和革命烈士为表现对象的文创产品，以革命战争中或革命者所使用的历史物品为表现对象的文创产品，以革命历史事件和革命历史故事为表现对象的文创产品，以及以重大革命精神——如红船精神、井冈山精神、长征精神、延安精神、沂蒙精神、西柏坡精神等——

---

① 本节主要内容发表于《中国文化报》，2021年2月4日第4版。

为题材和表现对象的文创产品。

红色文创是集爱国主义教育、红色基因传承、文旅融合发展，以及讲好党的故事、革命的故事、英雄和烈士的故事为一体的综合性社会文化活动，是革命文化和社会主义先进文化的有机组成部分。经过多年的探索和市场实践，红色文创已经成为我国文创开发的重要领域。各地依托红色文化资源，特别是依托革命博物馆、党史馆、烈士陵园、革命遗址和红色旅游景点等红色基因库，开展了丰富多样的红色文创实践，开发了大量富有特色、受到消费者欢迎的红色文创产品。如仿制的革命年代瓷器、工艺美术品或者革命宣传画、伟人海报的复刻品、红色文化珍藏册与纪念币、书籍、工艺品等纪念收藏类产品；古风钢笔、红色元素丝巾、革命标语纸胶带、书包、雨伞、扇子、书签、冰箱贴等具有实用功能的产品；桌游、八音盒、魔方、手机壳、万花筒等兼具游戏、装饰和创意功能的产品，等等。

尽管受到全社会高度关注，并经历了多年的市场检验，但我国红色文创的发展总体上仍然面临产品设计理念滞后、对消费者吸引力不足、市场规模偏小等尴尬处境。产品市场魅力不足已经成为我国红色文创产业发展壮大和全面升级的主要障碍。2020年12月10日，"文旅融合背景下的红色文创研讨会"暨"红色文创联盟"成立大会在中国国家博物馆举行，中国国家博物馆、北京市文促中心、中国人民抗日战争纪念馆、香山革命纪念馆等34家机构共同创立了"红色文创联盟"。"红色文创联盟"的目标之一就是在推动全国红色文创全面提升发展，不断赋予红色文创时代魅力。

（一）红色文创何以魅力不足

红色文创吸引力不足有多种原因。一是思维受限，拘于严肃。红色文创表现的对象是革命文化或红色文化，具有意识形态的严肃性。这使得设计者在开发文创产品时，始终紧绷着政治严肃性，从而对表现的对象尽力保持或贴近历史照片、文物和档案甚至经典红色文艺作品中对革命人物、革命文物的形象、历史场景的设定。如"为人民服务"这几字出现时，必定是"毛体"，雷锋总是戴着厚棉帽。对各类革命形象的本能遵循在主观上造成设计者思维僵化，客观上造成创意对象的刻板化。显然，这是一种思维上的误区。红色文创不同于革命宣传，相反，文创需要遵循的创造性规律是打破熟悉的形式和形象，制造一种"熟悉而陌生"的效果，从而为创意产品带来应有的可爱感和新奇感。如果不打破思维上的刻板定势，红色文创就难有自身的审美吸引力。

二是设计不足，陈陈相因。从实践看，红色文创的另一个重大缺陷是设计性不足。对红星、延安宝塔山、遵义会议会场建筑这类红色符号进行空间迁移，是红色文创最常见的创作手法。尽管这类符号会随着红色景点和革命博物馆的不同而差异，从而产生大量富有"地方性"色彩的红色文创产品，但只要是不加变化或简单复制后的空间搬运，其生产出来的红色文创产品就是缺乏生命力的宣传品。设计不是简单的搬运，而是美学意义上的创造。当消费者无法从文创产品上感受到一种直指心灵的审美启迪时，文创就是失败的。只有打破陈陈相因的搬运，进入无限生动的创意空间，红色文创才能走向新的天地。

三是故事缺失，不善挖掘。在红色文创实践中，以物品形式出现的文创产品占绝大多数。这些物品涉及革命文物复制、日常用品创意、娱乐用品开发等。无论这些物品是单品还是以系列产品形式呈现，设计者总是停留在对它们物品属性的强调上，而绝少进入这些物后面的历史故事和生命体验。故事是引导文化消费的动力，它赋予创意产品以历史维度和空间意义。只有在故事中，创意产品所承载的生命意义、文化意义才能被激活，才能感动消费者。忽视故事的讲述和故事的开发，使大多数红色文创产品以标签化物品的形式孤立于消费者的精神世界，它们被购买、被消费的机会极大地降低了。在红色文创产品中，除了对海报、封面和印刷品的复制，鲜有对音乐、戏剧、小说、诗歌等经典革命艺术作品中红色形象与艺术符号的再度开发。这恰恰是红色文创漠视故事讲述的证明。

四是拘泥于符号,远离生活场景。红色文创的另一个缺点是拘泥于红色符号的传播,在整体上远离生活场景。绝大多数红色文创产品未能脱离红色符号简单附着物的身份,只是作为纪念品被出售,少量的生活应用也局限于文具和游戏等领域。由于未能广泛融入日常居家、汽车、商业包装等生活场景,红色文创产品难以跻身流行文化之列,无法获得被广泛传播和消费的机会,这极大制约了红色文创的生命力。

红色文创是我国红色旅游的重要组成部分,推动红色文创的优化发展、提升红色文创的魅力,关乎红色文化传播和红色基因传承,也关乎我国文化创意产业的整体提升。从产业实践来看,提升红色文创产品的魅力,需要全面深化对红色文创产品的认识、加强设计人才队伍建设和充分运用数字技术。

(二)全面深化对红色文创产品的认识

一是对红色文创文化定位的认识要松绑。红色文创的对象是中国共产党领导的革命文化和革命历史,这一对象在意识形态和思想文化层面天然地具有严肃性。尊重历史的真实性、保持认识的正确性、服从解释主体的权威性成为红色文创开发者面对历史对象时首先要确立的文化与政治思维。这是保证红色文创政治立场正确的基本出发点。但是,这一立场也成为大多数红色文创设计者的思想紧箍咒,使他们无法放开思路,进行自由创意设计,极大制约了红色文创产品的创意想象空间。必须认识到,尊重革命文化和红色文化与对它们进行创意开发并行不悖。要推动设计者打破对红色文创想象空间的自我设限,使他们以高度的艺术自觉和无拘的自由想象去开发红色文创产品,从而实现红色文创的观念重构。

二是加强对红色文创设计者创意能力的提升。红色文创领域缺乏优秀创意能力,突出表现在大多数设计者对红色文化符号、红色人物形象、红色历史图案缺乏基于深刻理解的再创造,只是满足于对这些图案、形象和符号的空间转移，将它们从档案和历史深处移驻到日常用品、纪念品的表面，打造新的"文创产品"。文创产品的生命在于设计。对红色历史符号和相关图案的千篇一律的机械搬运只会抑制红色文创产品的生命力，打消消费者对它们的兴趣和购买欲望。只有通过精心的审美设计，以变形、抽象、夸张、交叠、组合等各种艺术表达方式创造新的图案和符号，赋予原来的材料以时尚、流行且富于生命感的艺术灵性，红色文创产品才会拥有充分的活力和艺术魅力，才能拥有切实的感染力和传播力。

三是提升红色文创设计者的叙事能力。目前，红色文创产品大多是单个的物品或系列化的单个物品。这些物品缺乏历史故事及其所承载的情感逻辑与时空意义，很难打动消费者的情感，更无法激发他们的购买动机。只有在故事结构中，红色文创产品才能从单纯的红色文化载体转化为具有情感价值的文化消费品，成为消费文化的对象。这正是红色文创被市场认可的标志。为此，需要加强对红色文创设计者的整体性叙事能力的培养。要鼓励红色文创的设计者深入挖掘、精心设计红色历史或红色物品背后的故事结构，使文创产品成为故事结构的枢纽和人物情感链接的节点，推动红色文创产品从物品向意义和情感载体的身份转换。

四是加强红色文创的应用场景拓展。红色文创面对的另一个突出问题是应用场景较窄。当前，绝大多数红色文创还局限于旅游纪念品，只有少部分红色文创产品以文具型、玩具型用品或其他用品的面貌出现。这种状况极大限制了红色文创产品的市场规模。增进红色文创产品的吸引力，需要全面开拓它们的应用场景。一方面，要大力推动红色文创向生活领域渗透，使红色文创与居家生活、汽车文化、手机文化、益智娱乐文化等生活领域全面融合；另一方面，要提高红色文创产品的时尚感，使红色文创成为日常生活中的时尚因素，拥有更强大的生命力。

（三）加强红色文创人才队伍建设

从全国范围看，红色文创的创作设计人才队伍仍然不够强大。从整体理念、设计风格、产品品质、市场占有率和消费者反馈等情况看，红色文创领域的设计人才，无论是数量上还是专业水平上，精锐之师还严重缺乏。这种现象提醒我们，提升红色文创产品的魅力，需要加大这一领域的人力资源投入力度。为此，需要从两个方面着手。一是推动设计大师、艺术大家进入红色文创领域，以大师级的精品力作带动行业整体水平的提升；二是充分发挥"红色文创联盟"等机构的作用，通过举办专业性研讨会和红色文创设计提高班等方式，不断提升红色文创从业人才的专业素养。

（四）加强数字技术在红色文创领域的运用

散落在全国各地的革命历史纪念馆、红色博物馆、革命遗址、红色历史档案和革命文艺作品，为红色文创提供了丰富多样的表现对象。对于这些资源，应当充分运用数字技术加以开发，使之成为我国新一代数字文化基础设施的重要组成部分。这一过程中，首先要实现对全国的革命文化和红色文化资料进行数字化建档，把相关的信息、图片、文字、音频、视频都纳入数字化文献库，实现全国范围的革命文化和红色文化资源数字化共享。其次，要将红色文化的信息、图案和其他数据资料按一定方式提取，建立红色文化基因数据库，使红色文创开发者能够以更为精准、科学的方式获取相关资料，进行创意开发。

红色文创的全面提升是一个系统工程，需要全社会的关注和系统性的支持。充分激发红色文创开发者的创造性、全面提升红色文创产品的设计水平无疑是所有问题的核心所在。

三、旅游文创产品的困境与突破之道①

（一）旅游文创产品设计的困境

每当人们看到国内大小景区的旅游文创产品千篇一律、毫无特色时，总会想到旅游文创产品的设计问题。为什么国内旅游文创产品缺乏设计，且质次价廉？为什么在举国发展创意产业的背景下，旅游文创产品设计领域却亮点稀疏，平平淡淡？

上述疑问，触及了我国旅游文创产品设计领域面临的尴尬与困境。当前，我国旅游设计业面临以下困境。

一是旅游文创产品市场的大众化困境。旅游文创产品市场大众化的特点是着眼于消费群体的规模最大化，尽可能把每一位游客都转化成消费者。在这种思路主导下，旅游文创产品集中在儿童玩具、旅游消耗品、地方手工艺品（基本上是工业化生产，无手工工艺）、文物和艺术品的仿制品等，其特点是商品差异化程度低，材料和工艺品质差，大多接近一次性用品，设计要求低，不在乎千篇一律。这些现象折射出旅游文创产品市场专属化经营、专利化、差异化经营意识较低。在这种市场中，旅游文创产品设计很少能够得到重视。

二是市场原创意识弱，跟风抄袭风气较浓。原创需要付出设计和生产领域的试错成本，在产品易于被模仿，抄袭成风，专利保护能力弱，维权成本高的旅游产品市场中，大多数普通商家没有意愿去替市场负担试错成本。只要通过模仿和抄袭就能实现销量平稳，或者直接销售大路货就能实现可靠的赢利，旅游文创产品销售商家就没有动力去主动投入成本进行新产品的设计开发。

三是商家品牌化经营意愿低。旅游文创产品和其他商品一样，品牌塑造周期漫长，期间要消耗大量时间成本、营销成本以及其他沉没成本。

---

① 本节主要内容发表于《中国文化报》，2021年3月27日第4版。

旅游文创产品的商家大多资本规模较小，抗风险能力较低，满足于获取市场平均利润，缺乏通过差异化经营和获得超额市场收益的动力和信心，很少愿意通过长期、系统的设计开发进行品牌化经营。

四是中高端市场发育程度低，抑制开发设计者的积极性。由于市场经营者长期满足于销售差异性低、原创设计弱和材料工艺品质较差的旅游产品，这造成旅游品市场发育程度较低，低端商品充斥市场，中高端商品数量稀缺，消费者认可程度和购买意愿低，且容易被平庸的低端产品所驱逐。这无疑在很大程度抑制了设计者开发中高端旅游产品的积极性。

五是旅游文创产品设计理念相对狭窄。从产品设计的角度看，我国旅游文创产品设计中思路平面化、碎片化的现象较为显著，产品设计在纵向缺乏文化深度的挖掘，在横向缺乏相邻事件和人物的有机关联，产品单体化现象突出，谱系化开发较为欠缺。这造成旅游文创产品开发中缺乏能触动游客情感和心灵，引发游客深度思维和情感活动的产品。从产品设计的特色看，立足旅游目的地历史文化和相关主题，与旅游现场体验、情境体验和历史文化体验相关的产品少，产品的在地化程度较低，这造成旅游文创产品与游客的旅游体验关联性较弱，难以激发消费者的购买欲望。

上述五个方面，是导致我国旅游文创产品市场设计和产品开发滞后的重要原因。旅游文创产品的设计水平是衡量一个国家旅游业发展水平的重要标志。当前，旅游文创产品设计开发整体水平的现状与我国旅游消费市场规模的快速增长趋势不相适应，与满足人民群众对美好生活的向往的时代要求不相适应，也与我国建设世界旅游强国的目标不相适应。

（二）旅游文创产品设计的突破方向

面向"十四五"和建设世界旅游强国的迫切要求，我国旅游设计业也应该励精图治，发奋图强，努力克服各种不利因素，求新求变，努力开拓高端旅游产品设计的新局面。

首先，要奋力突破旅游文创产品市场停滞于大众化阶段的困局。从旅游产品差异化、品质化、个性化的角度，努力设计具有创新性、高品质和强烈吸引力的产品，使旅游文创产品市场从单纯的纪念品、准一次性消费品和无特色无个性的低端、混沌市场向个性突出的清晰型、品质型市场转型。

其次，要强化市场原创意识，加强对原创设计的专利保护。要通过鼓励旅游产品的原创设计，支持原创旅游文创产品专卖，加强对旅游产品设计的抄袭行为的惩戒等方式，规范旅游产品设计市场，推动旅游产品市场向原创主导型市场演进。

再次，要鼓励旅游市场商品的品牌化建设。可以通过税收减免、专项培训等方式，推动旅游产品销售企业走上品牌化经营之路，使产品设计、品牌经营成为旅游品销售企业的核心竞争力。从而激发旅游产品市场对优质设计、品牌设计的内生性需求，从整体上带动我国旅游文创产品市场的品牌化发展。

第四，要深化旅游产品设计的市场层次区分，加强对中、高端旅游产品的设计与开发。中、高端旅游产品的市场价值较高，相应地，其所要求的设计内涵、美学内涵和品质内涵也较高。加强中、高端旅游产品的设计与开发，能够整体提升旅游文创产品市场的设计品质与文化品位，引领旅游文创产品市场走向升级成熟，对于改变我国旅游文创产品市场低端化、平庸化和抄袭化的现状具有重大意义。

最后，要积极拓展旅游文创产品设计的思路，优化旅游文创产品设计的理念。在设计思路上，要打破平面化、碎片化的思维习惯，向立体化、纵深化、谱系化的方面进行突破，使旅游文创产品设计形成系列化产品与立体化关联相互交织的格局，拓展旅游文创产品销售中的相互关联性，提升旅游产品对游客的情感触发力度。在设计定位上，要加强旅游现场和旅游目的地的内涵挖掘，使旅游现场和旅游目的地成为旅游产品设计的灵感和材料来源，形成游客空间活动、情感活动与旅游文创产品的消费意义的直接关联，使旅游文创产品成为游客独一无二的生命体验的有机组成部分。

（三）高端旅游文创产品如何突破市场困局

国内中低端旅游文创产品千篇一律，即使旅游景点内的创意商店也早已类型化、套路化了。能有某些特色的，一是各地博物馆开发的一些基于本地文化资源和馆藏品的创意产品或文物仿制品，二是各地"非遗"工作坊出产的手工品。除此之外，从吐鲁番到海南岛，从五大连池到稻城亚丁，充斥着旅游品商店的低端旅游文创产品。相比之下，高端旅游文创产品一则数量稀少，二则购者寥寥。高端旅游文创产品为什么难畅销？这与旅游文创产品的市场定位有关。

旅游文创产品作为与旅游目的地密切相关的商品，是游客的旅游体验的见证品，因而首要因素是其地点因素。也就是说，旅游文创产品的消费首先因为地点引起的。不同的旅游目的地，有不同的历史文化和人文背景，旅游文创产品正是这些历史文化和人文背景与游客的私人体验相遇后进入消费账单的。低端旅游品之所以容易销售，是因为其价格相对较低，游客购买时无需比价或进行风险评估，即便买贵买错了，后悔或试错的代价也相对较低。在多数游客的心理中，旅游即消费，消费即意义。由于这种消费心理，很多时候，游客在购买低端旅游品时，甚至连评估的需求都没有，仅仅是购买的冲动和消费的愉悦感在支配购买行为。

但是，当游客面对中高端定位的旅游文创产品时，消费心理和消费行为就开始发生变化。以旅游目的地的名优特产为例，这类商品因其内在价值和地域声望的原因，售价相对较高。旅游者在面对这类商品时，开始有消费风险意识和价格评估行为。通常游客很难在旅游场景中，用很短的时间了解此前完全不了解的地域特色名优产品的价格体系，从而做出理性的消费判断。此时，理性和风险意识会主导消费者的行为选择，既然对面对的商品价格体系不完全了解，如果立即做出购买决定，就可能多付费。与其如此，不如暂不购买。游客大多是在这种情况下产生了放弃心理。此外,旅游目的地名优特产完全可能在网上购买,且网上的价格更透明,比较性更强,那为什么还一定要在旅游途中匆忙做出决定呢?

高端旅游文创产品,无论是价格高端、设计高端,还是材质工艺高端,终归是旅游文创产品。当旅游者面对价格要高出中低端旅游文创产品很多的高端旅游文创产品时,其消费心理又会发生变化。首先,多数旅客会将价格昂贵的高端旅游文创产品看作奢侈品,自觉屏蔽在旅游消费之外。虽然也不排除少数游客因为被某些高端旅游文创产品激发了特殊情感和记忆,在心理上屏蔽了价格敏感性,从而出手购买。其次,被价格因素的消费理性过滤之后,依然有购买欲望的游客,应该是高端旅游文创产品的消费主流群体了。然而,这个消费主流群体却并非出手阔绰、不管不顾的扫货大军。他们是高端消费者,更是奢侈品的消费者。高端旅游文创产品的消费,在他们眼中,与奢侈品消费是相同的。于是,高端旅游消费品的消费,就进入了奢侈品消费的逻辑。

奢侈品消费不是一般商品的消费,它是鲍德里亚所说的象征消费。象征消费看重的不是商品本身的使用价值,而是它的夸饰价值和声望价值。越是能为消费者带去夸饰荣耀和声望的商品,越是受到追捧。全球名牌、手工打造、大师设计、限量版、年份、专属订制等众多的高墙深沟组成的"护城河"将奢侈品与普通商品远远隔开。从巴黎到迪拜,从上海到东京,从全球十大限量版跑车排行榜,到充塞明星衣橱的名包和大师设计的饰品,奢侈品无处不在。它们制造种种仪式感和神圣感,展示主人的富有和荣耀。但高端旅游文创产品却无法跻身奢侈品之列。

奢侈品阵营的"护城河"不仅在于其价格的昂贵和数量的稀缺,更在于其价格的相对透明。由于品牌长期积累,奢侈品的品质几乎无人怀疑,其价格体系几近透明。因此,消费者购买时几乎不需要进行价格比较和风险评估,只要能够支付,消费者的身份象征就会通过奢侈品的价格获得排列和兑现。相比之下,高端旅游文创产品缺乏公开、透明、成体系的定价标准,消费者无法在旅游场景中快速完成其价格和消费风险评估。即使在非旅游场景中，消费者能够完成对其价格和消费风险的评估，它依然很难成为消费者购买的对象。因为，即使独特且昂贵的商品，如果没有充分时间来积累其品牌声望和价格体系的透明度，它依然无法跻身奢侈品行列。

因此，只有从产品的声望和定价体系的透明度着手进行突破，才有可能在一定程度上破解高端旅游文创产品难以畅销的难题。作为"文化+"商品，高端旅游文创产品的声望打造取决于几个关键要素：销售场所、设计灵感或原型的来源、设计师的声望、产品品质的口碑、产品品牌的声望等。以故宫高端文创产品为例，销售场所在故宫内部，独特的文化空间和故宫卓越的声望使游客对产品产生无限遐想；产品构图以故宫珍藏的知名文物为原型或蓝本，使旅游产生了将故宫故事带走，与故宫历史相守的文化体验；艺术大师或知名设计师的个人艺术声望为产品加持；能够永久保存的材质和精细无瑕的工艺，使消费者产生长久持有的期待，通过时间形成口碑；故宫高端文创的品牌声望。当这些要素叠加在一起时，产品的高端"声望"就能够建立起来，消费者就具有了以高端旅游品的出价购买故宫高端旅游文创产品的欲望。因为消费者已经掌握了充分的信息，并且有可靠的声望和品牌保障。在此情境下，消费者对商品的定位已经回归到高端旅游文创产品，而非奢侈品。让消费者下定决心的最后一个要素是价格的透明度。如果故宫旅游文创产品通过长期的市场营销，已经在旅客心目中形成了稳定而透明的价格体系，那么消费在遇到故宫高端旅游文创产品之前，就已经对其定价有了稳定的预期。当游客确定了要购买故宫高端旅游文创产品时，价格评估也会在瞬间完成。在此情境下，游客所要做出的决定只是是否出手购买，而非判断价格是否具有风险。

第二编 文化软实力与中国发展研究

第四章　建设面向中华民族伟大复兴中国梦的体育文明
——体育文化的时代内涵和实现路径①

体育是现代文明的重要组成部分。体育发展水平是中国特色社会主义文明进步成就的综合体现，建成世界体育强国是我国实现两个百年奋斗目标的应有之义和重要标志。实现中华民族伟大复兴中国梦、建设世界体育强国要求全民族健康与体质的全面提升，中华民族共同精神富裕也需要体育文明的创新发展助力。改革开放40多年来，我国的综合国力空前壮大，中华民族伟大复兴事业正处在前所未有历史机遇期。国家综合国力的迅速提升和人民生活水平的巨大改善都对我国体育事业的发展提出了新的要求和挑战，我国体育事业正在迎来新的重大发展机遇。

党的十八大以来，习近平总书记对推进体育强国建设做出了一系列重要论断和指示。习近平总书记指出："体育是社会发展和人类进步的重要标志，是综合国力和社会文明程度的重要体现。体育在提高人民身体素质和健康水平、促进人的全面发展，丰富人民精神文化生活、推动经济社会发展，激励全国各族人民弘扬追求卓越、突破自我的精神方面，都有着不可替代的重要作用。"②关于体育强国与中国梦，习近平

---

① 本章系国家体育总局2017年决策咨询研究A类项目（2017-A-09）项目成果，收入本书时略有修改。项目主持人：惠鸣，中国社会科学院中国文化研究中心副研究员；课题组成员：崔颖波，华南师范大学体育科学学院教授；梁月红，河北工程大学公共体育部副教授；郭炜，上海体育学院马克思主义学院。执笔：惠鸣。本章部分内容以《探索面向体育强国建设的中华体育文明深刻内涵》为标题，发表于《马克思主义哲学》2021年第4期。

② 习近平：《发展体育运动增强人民体质 促进群众体育和竞技体育全面发展》，《人民日报》，2013年9月1日第1版。

总书记指出，"我们比以往任何时候都接近实现中华民族伟大复兴的目标。我们每个人的梦想、体育强国梦都与中国梦紧密相连"①。关于体育与社会发展，习总书记指出，"体育是社会发展和人类进步的重要标志，是综合国力和社会文明程度的重要体现"②。关于体育强国与"两个一百年"奋斗目标，习总书记指出，"建设体育大国和体育强国，是中国人民实现'两个一百年'奋斗目标的重要组成部分"③，"建设体育强国，是全面建设社会主义现代化国家的一个重要目标"④。《中华人民共和国国民经济和社会发展第十四个五年规划和2035年远景目标纲要》明确提出到2035年建成体育强国的战略目标。实现中华民族伟大复兴中国梦、建设世界体育强国要求全民族从健康到体质全面提升，中华民族共同精神富裕也需要以体育文明的创新发展来助力。

立足伟大时代，面对时代召唤，我国的体育事业也必须乘势而上，为满足人民日益增长的美好生活需要和实现中华民族伟大复兴中国梦作出应有贡献。深入探讨体育文化的时代内涵，为建构新时代中华体育文明进行理论探索，已成为我国体育强国建设的重大课题。

一、体育文化的定义

体育是基于个人自发选择的以锻炼和娱乐为目的，且具有一定的规则和频度的非功利性的身体活动或有组织的竞赛活动。

体育文化是围绕体育的各项功能实现过程而形成的具有特定社会价

---

① 《习近平亲切看望索契冬奥会中国体育代表团》，《人民日报》，2014年2月8日第1版。
② 习近平：《中国队加油！中国加油！》，《人民日报》，2016年8月26日第1版。
③ 《习近平会见国际足联主席》，《人民日报》，2017年6月15日第1版。
④ 习近平：《坚定信心奋发有为精益求精战胜困难 全力做好北京冬奥会冬残奥会筹办工作》，《人民日报》，2021年1月21日。

值的文化现象，是一个国家或民族在围绕体育的价值和社会功能形成的思维方式和行为方式。体育文化具有极其广阔的覆盖面，贯穿于个体生活、社群生活、国家生活和全球政治与文化生活的种种领域。文化人类学和结构主义的方法成为人们界定体育文化的重要工具。

从文化人类学的角度，体育文化可以划分为体育物质文化、体育精神文化和体育制度文化。其中，体育物质文化包括一切与体育活动相关的身体、设施、工具、场地、医护、营养、艺术生产、传媒等物质性存在；体育精神文化包括体育认知、体育精神、体育伦理、体育教育、体育观赏、体育审美等精神活动；体育制度包括体育活动竞赛规则、体育管理制度、赛事运营制度等。

从结构主义的角度，体育文化可分为表层结构、中层结构和深层结构。体育文化的表层结构是其呈现于外部的形态特征，如具体的健身行为、运动竞赛、体育设施的设计等；体育文化的中层结构是指体育有关的制度和组织要素构成的组织体系，它们规定着体育文化的组织结构和操作效率；体育文化的深层结构是指由与体育有关的哲学思想、价值判断、健康观、审美观、意识形态等构成的思想体系，其功能是决定体育文化具体形态的存在依据、发展原则和发展方向[①]。

无论是文化人类学的方法，还是结构主义的方法，都从哲学角度为我们提供了全面认知体育文化丰富内涵和定义体育文化的工具。但如果只是停留于这种哲学化的认知方式，我们依然无法深入理解体育文化的时代内涵及其鲜活本质，从而也就无法从理论的角度来思考体育文化的时代内涵及其实现路径这一核心命题。但是，对体育文化的哲学性概括为本报告提供了重要的启发。我们需要从世界体育发展的历史进程和历史事实中，去寻找体育活动中那些最具有本质意义的文化功能，进而探究这些文化功能如何塑造了当代全球体育文明的丰富内涵，以及当代体

---

① 参阅易剑东:《体育文化学》，北京体育大学出版社，2006，第157~171页。

育文明的发展趋势。只有从全球体育文明的丰富内涵和发展趋势出发，我们才能更好地揭示实现中华民族复兴中国梦背景下我国体育文化的时代内涵。

当代中国的体育文化是面向"两个一百年"、实现中华民族伟大复兴中国梦的体育文化，也是面向构建世界体育强国的体育文化。从发生学的角度，民族性、地域性是构建一个国家体育文化时代内涵的重要因素。体育文化是依托不同的民族文化和民族国家发展的，全球性的体育文化（如测量标准、竞技规范、体育价值、全球性赛事组织理念等）无不是从具体民族国家相关体育文化的基础上发展而来。全球性与民族性构成了全球体育文化的统一性和多样性。这种多样性和统一性的辩证关系，构成了全球体育文化发展演变的基本动力，也使全球体育文化充满魅力。我国体育文化的时代内涵必然是世界体育文明与中国特色有机结合。

基于上述背景，本报告对体育文化的工作定义是：体育文化是体育认知、体育价值、体育伦理、体育精神、体育制度等多种内涵的集中体现，代表一个国家在特定时代对体育的价值与作用的全面认识。

体育文化包含着全社会对体育活动的价值内涵、道德意义、社会作用、发展目标和综合影响的深刻认知，是推进国家体育管理体制改革创新、制定和实施国家体育发展战略的价值观基础和认知依据。从这个意义上讲，体育文化是我国文化强国的重要组成部分，是社会主义先进文化的有机构成，也是全民族文化自信的重要基础。

二、现代体育文化的历史与内涵

体育作为一种社会存在，贯穿在人类文明进程中。从现代体育的角度看，古代奥林匹克运动会、中国传统武术、传统赛龙舟，中国少数民族传统运动项目中的踩竹排、踩独木、叼羊等诸多的活动都不算是严格意义的体育项目，而是现代体育的源头，是一种传统身体文化活动，或者"类体育活动"。但无论我们把这些前现代的"文化-体育"活动视作传统文化活动,或是"类体育活动",它们所代表的体育文化都与这些现代体育文化紧密相关,包含现代体育文化的最初胚芽。

(一)现代体育文化的源头:古代体育活动的文化意涵

古代体育活动,或者传统身体文化活动,它们的形成和发展都与当时人类生活的意义空间相关。从文化人类学的角度考察,古代体育活动大体有五种功能:祭祀功能、游戏功能、社会交往功能、政治功能和教育功能。

祭祀功能:古代的类体育活动,大多与各类祭祀活动密切相关,其本身就是祭祀活动的一部分。如古代奥林匹亚运动会(祭祀宙斯)、古代希腊皮提亚运动会、地峡运动会、尼米亚运动会、阿希那克运动会都是神圣的节日,是古希腊人宗教生活中不可或缺的一部分。古希腊人认为神喜爱竞赛,甚至会参与到竞技活动中来,因此,举办神所爱好的竞技运动,本身就是取悦神,是以行动向神献祭。在最负盛名的奥林匹亚运动会上,人们向宙斯、珀罗普斯、波塞冬、赫拉、雅典娜等众多的神进行献祭,运动员在赛事前和获胜后都要向自己的庇护神进行献祭[①]。在奥林匹亚运动会最重要的祭祀仪式中,人们献祭宙斯的牛多达百头。大量的人类学研究也表明,原始部落举行的身体活动,如跑、跳、投掷、舞蹈等都与取悦神灵有关。

游戏功能:游戏是人类的本能,是人的非功利性的体验活动。游戏(play)是与劳动、工作、生产这类有目的活动相对的概念,在最根本的意义上,它是人的非功利目的的自由活动。人们参与游戏是为了体验游戏过程中的快乐。在游戏过程中,人们暂时地处于现实生活压力之外,进行着身心合一的自由活动。游戏可以是本能的游戏,如儿童出于好奇反复踩踏自己的影子;也可以是有组织有规则的游戏(game),比如捉

---

① 路光辉:《古希腊体育文化研究》,上海三联书店,2017,第83~87页。

迷藏、老鹰抓小鸡、跳山羊这样的游戏。在有组织游戏中，有非竞争游戏和竞争性游戏（contest）。竞争性游戏是竞赛游戏，而以身体运动为基本形式的竞赛游戏则是体育活动（sprots）。因此，在发生学意义上，体育活动本质仍是一种游戏活动。体育活动对于人的意义，首先是带给人游戏的快乐和游戏中的自由——使人成为席勒在其《审美教育书简》中所说的"完全的人"。

从体育活动的历史发展看，中国古代一些具有体育活动特征的文化活动，如射、蹴鞠、击鞠、捶丸、相扑、赛龙舟等，本身既有竞技性质，又是游戏活动。即便是今天仍然活跃在我国民族地区的少数民族传统体育项目，如赛马、叼羊、马术、摔跤、赛皮爬犁等，大多具有游戏的性质。实际上，在现代体育概念兴起之前，在许多时候，人们自觉地将这些今天看来属于体育范畴的活动视为游戏。元代杂剧《逞风流王焕百花亭》第二折中写道，王焕自夸什么游戏都会，包括捶丸、气球、围棋、双陆等①。席勒在其《审美教育书简》中也把"伦敦的赛马、马德里的斗牛、昔日巴黎的马戏、维也纳的赛兽以及罗马乘车游览"等活动称为"不同国家的民间游戏"②。

教育功能：教育功能是古代类体育活动重要的功能之一。无论是中国古代还是西方古代，都强调类体育活动在教育中的作用。《周礼·保氏》中谈道："养国子以道，乃教之六艺：一曰五礼，二曰六乐，三曰五射，四曰五御，五曰六书，六曰九数。"③"六艺"中的"射""御"等文化活动，既具有军事活动和类体育活动的性质，同时还具有培养贵族品质和人格的作用。在古代希腊，体育的教育功能更是被提升到极为重要的地位。柏拉图在《理想国》中提出了人应具有四种美德：智慧、

---

① 崔乐泉：《体育史话》，社会科学文献出版社，2011年，第28页。
② 弗里德里希·席勒：《审美教育书简》，冯至、范大灿译，上海人民出版社，2003年，第123页。
③ 《周礼》，徐正英、常佩雨译注，中华书局，2014年，第294~295页。

勇敢、节制、正义。柏拉图提出，士兵要接受音乐和体育的教育。在他看来，体育是教育的重要内容，也是人的美德养成的重要途径。在《国家篇》中，他提出，"在体育方面，我们的卫士必须从童年起就接受严格的训练，以至终生"①。柏拉图认为，建立音乐教育和体育教育的那些人并不是像有些人说的那样，是用一种技艺来照料身体，用另一种技艺来照料灵魂，这两种教育的目的，都是为了照料人的灵魂，使人养成既节制又勇敢的美德②。

社交功能：传统文化活动，或传统的"类体育活动"通常还具有社交功能。如我国周代"六艺"中的"射"和"御"，既是贵族需要掌握的基本技能，同时也是他们社会交往和聚会活动中的重要内容。我国少数民族传统体育项目，许多都是在集体娱乐、节庆活动中进行的，并且以竞技、游戏方式来实现，它们本身就是少数民族文化生活中重要的社交形式。如藏族的赛马、蒙古族的摔跤、土族的轮子秋、傈僳族的上刀杆，等等。许多这类"文化－体育"活动往往具有展示个人勇敢、技艺和能力的作用，是个人参与社交的重要方式。

政治功能：某些古代"文化－体育"活动还具有政治功能。如古代奥林匹克运动会，在每年夏至后第三个或第二个满月时举行，到时三个传令官到外宣告奥林匹克休战原则。古代奥林匹克运动会的政治功能，正体现了以和平竞技代替战争冲突的和平理念。

古代体育活动的这些功能表明，体育活动从最开始，就是人类生活整体的有机组成部分，是人类生命意义赖以确立的重要领域。即使在历史演进过程中，体育的某些功能发生变化，但体育作为人类生活世界意义来源的性质不会改变。最重要的是，体育从一开始起，就是一种游戏和娱乐。而作为游戏和娱乐的体育，才是离人类最为接近、最没有疏离

---

① 《柏拉图全集·第二卷》，王朝晓译，人民出版社，2003，第371页。
② 《柏拉图全集·第二卷》，王朝晓译，人民出版社，2003，第380~381页。

感的体育。

（二）现代体育的兴起

现代体育是在资本主义的社会土壤中发展起来的。19世纪中期，英国率先完成工业革命。19世纪70年代后，英、法、美、德等资本主义国家又相继进入第二次工业革命的进程。工业革命带来的生产力的极大提升，为人们的日常休息和体育活动提供了时间和物质保障，工人阶级的生活条件得到很大改善。同时，资本的扩大再生产也需要体力充沛的产业工人，体育被历史赋予为新兴的工人阶级提供娱乐和休息的使命。在这种背景下，现代体育同时在英、德、美等欧美国家开始形成。

在英国，原来由上流社会的贵族参与的体育活动，如赛马、射击、网球、英式足球等，迅速进入工人阶级和社会大众的日常生活，成为人们娱乐和锻炼生活的一部分。作为城市中产阶级男性的社交和娱乐网络，运动俱乐部在英国开始流行。

在德语地区，早在拿破仑战争时期就已经被德语区各诸侯国引入军队以强健士兵体质的体操，全面进入学校教育体系，成为促进学生德、智、体全面发展的重要手段。在这种背景下，体操运动在德语区各国得到全面普及，发展为成熟的竞技运动项目，并在群众体育范围内演化为锻炼身体的运动。

在美国，源自英国的棒球、篮球、排球、橄榄球等许多运动项目也在不断发展中逐渐风靡全国。这些运动逐渐形成富有美国特色的比赛规则和理念，强调个人体能的优势和强势发挥，又依赖队友之间的密切合作，以完成协同进攻。棒球运动充满了激情和活力，尤其受到喜爱。美式橄榄球保留了英国足球早期的一些竞技特征，突出身体对抗、攻防、接触、带球跑、阻拦、擒抱。资本主义与市场竞争所要求的个人自由、独立人格、竞争对抗和协同合作精神都深深体现在这些运动项目之中。在消费主义观念的促进下，这些运动项目成为美国运动精神的代表。

19世纪后半期，英、法、美等欧美国家产业工人数量急剧增加，统一的民族（国家）文化逐渐形成，大众通俗报纸大量涌现。在这三种时代力量的共同推动下，一场决定了现代体育基本特征的"体育革命"几乎在英国、法国、美国、德国、意大利等主要资本主义国家同时发生，并随着资本主义生产方式的扩张延伸到澳大利亚、日本等世界其他地区。这场被称为"体育革命"的巨大变革直接促成了现代体育的诞生[①]。这场标志着现代体育形成的重要标志包括：一些运动项目走向标准化和规范化，形成了统一的运动规则；一些主要运动项目依托民族国家取得重要发展；定期的周期性体育赛事大量出现；永久性的体育市场诞生。

在现代体育形成过程中，"运动"这一概念在内涵上也得到新的拓展。"在19世纪70年代之前，'运动'（sport）指的是打猎、射击、钓鱼等野外活动。到了1900年，运动开始涵盖所有竞争性休闲活动，包括各种足球、橄榄球、球棒类球运动和田径等。"[②] 同一时期，源自德国的体操运动也从自由体操和器械体操拓展到一般体操和田径练习，并从德语地区传播到欧洲各国和美洲等世界其他地区，成为世界性的体育项目。英国户外运动和球类传统，以及德国体操传统共同构成了现代体育运动项目的源头。

（三）现代体育的文明光谱

现代体育活动是一种基于个人自发选择的，以锻炼和娱乐为目的，且具有一定的规则和频度的身体活动或有组织的竞技活动。现代体育诞生于西方社会工业化进程中，其基本价值观来源于启蒙主义和理性主义，具有深厚的理想主义色彩。奉行价值理性的原则，促进人的全面发展，增进人类的团结，是现代体育基本的价值观念。但同时，现代体育文化深受科学主义和进步观的影响，因而也打上了深厚的工具理性烙印。

---

① 托尼·柯林斯：《体育简史》，王雪莉译，清华大学出版社，2017，第89~103页。

② 托尼·柯林斯：《体育简史》，王雪莉译，清华大学出版社，2017，第88页。

作为现代社会生活的重要组成部分，现代体育在继承古代体育游戏功能、教育功能、社交功能、政治功能的基础上，已经发展成为包含运动技能提升、身心健康促进、竞技比赛、群体协作训练、伦理道德养成、生命与运动科学研究、体育运动装备开发应用、娱乐生活与消费方式、国民素质培育、国家荣誉捍卫、国家体育软实力竞争等多种因素深度融合的体育文明。

从文化社会学的角度看，文明是人类精神生活和物质生活的总和。在西方，"'文明'一词最早指罗马法或'公民'法之下的生活，而到了文艺复兴时期则指与野蛮相对立的一种生活方式和法律制度"①。近代日本启蒙思想家福泽谕吉认为，"文明就是人类德智进步的状态"②。当代瑞士学者让·斯塔罗宾斯基曾经指出，"文明概念中包含这样一些观念，如安逸程度的提升、教育的进步、行为举止更加礼貌、艺术和科学的发展、工商业的增长、物质商品和奢侈品的获得等"③。在现代英文里，文明（civilization）一词的前面通常会被加上一些限定性的形容词，"指涉任何'确立的'社会秩序或生活方式"④，如西方文明、现代文明、工业文明、科技文明等。

在我国传统文化中，并没有与西方"文明"（civilization）一词的含义相对应的词语。《易传·乾·文言》中有"见龙在田，天下文明"，其中"文明"意为经天纬地，光泽四方。刘勰在《文心雕龙·原道》中说，"心生而言立，言立而文明，自然之道也"，其中"文明"意为文采彰显。

---

① 阿瑟·赫尔曼：《文明衰落论——西方文化悲观主义的形成与演变》，张爱平、许先春、蒲国良等译，上海人民出版社，2007，第22页。
② 福泽谕吉：《文明论概略》，北京编译社译，商务印书馆，2014，第45页。
③ 布鲁斯·马兹利什：《文明及其内涵》，汪辉译，刘文明校，商务印书馆，2017，第21页。
④ 雷蒙·威廉斯：《关键词：文化与社会的词汇》，刘建基译，生活·读书·新知三联书店，2005，第50页。

现代体育文明作为一种整体性的、普遍的生活方式，体现着人类在进步理想引领下实现身心和谐及自由发展的崇高追求，已经成为衡量民族国家整体发展水平和人类发展进步的重要标志。体育竞争和教育竞争、科技竞争一样，已经成为民族国家之间重要的竞争场域。这种竞争在形式上表现为各国间体育竞技成绩、国民体质和健康、体育科技、体育装备、公共体育设施等领域的竞争，其深层内涵则是体育文明和体育文化的竞争。

作为一个国家在特定时期对体育的社会价值与作用的认知，体育文化具有突出的人文属性，是体育文明的价值内核，也是民族国家体育发展进步的基础性动力。深入考察现代体育文化的构成要素及其内涵，对于深化对体育文明的认识和理解，以及把握其发展规律具有重要意义。

从体育在现代社会生活中的价值和功能出发，我们可以把现代体育文化按社会实践的不同领域区分为教育文化、爱国文化、竞技文化、健康文化、科学文化、娱乐文化、消费文化7种文化维度。这些相对独立又彼此交织的文化维度共同构成了现代体育的总体文化价值。

1. 教育文化

现代体育蕴含的教育文化包括两个方面。其一，教育的使命之一是赋予学生以健康的身体。启蒙运动以来，欧洲思想界逐渐形成的一项重要共识就是"健康之精神寓于健康之身体"[1]。这一源于古罗马讽刺诗人尤维纳利斯的思想，经过约翰·洛克等启蒙思想家们的发扬光大，逐渐发展为启蒙时代和近代以来欧洲与美国的基础教育理论并延续至当代。其二，要通过培养学生道德品质和个性，实现个体身心和谐的发展。现代体育的两大源头——德国的体操运动与英美的户外运动和球类运动，本身都蕴含着促进人的身心和谐、自由发展的哲学理念。19世纪，德国体操之父扬在德语地区着力推广如今全球流行的平衡木、单杠和双

---

[1] 洛克：《教育漫话》，傅任敢译，河北人民出版社，1979，第4页。

杠等体操器械，强调体育使人"活泼、虔诚、快乐、自由"①。而英美的户外运动也强调活泼、快乐、机智。随着学校体育在全球的推广和普及，这种生命哲学已经成为各国教育的基本理念。《奥林匹克宪章》对体育的教育价值进行了精彩的阐释："奥林匹克主义是一种生活哲学，它追求身体、意志和精神方面的整体平衡和超越。奥林匹克主义将运动与文化和教育相融合，意在通过奋斗的乐趣、良好榜样的教育价值、社会责任和对普遍基本伦理的尊重来创造一种生活方式。"②

体育作为教育的有机组成部分，以促进人的全面发展来增进人的幸福和自由。新中国成立以来，我国教育领域长期贯彻使学生实现德、智、体、美、劳全面发展的科学认识。新世纪以来，我国对体育教育整体性功能的认识不断深化。2020年，《体育总局 教育部关于印发深化体教融合 促进青少年健康发展意见的通知》明确指出："树立健康第一的教育理念，面向全体学生，开齐开足体育课，帮助学生在体育锻炼中享受乐趣、增强体质、健全人格、锤炼意志，实现文明其精神、野蛮其体魄。"这标志着我国正在以更为综合、卓越的方式全方位促进体育教育实践。

2. 爱国文化

竞技运动的表演性和国际性竞争使胜利者成为民族国家的骄傲，体育由此成为民族国家进行爱国主义动员的重要武器。在广播时代，英国通过其公共广播公司BBC开辟了将重大体育活动作为国家节日的先河，广播制造了全国性活动的新形式，"BBC的体育报道对英国性和国家认同的定义具有关键性的作用"③。奥运会是现代民族国家进行国家认同

---

① 沃尔夫冈·贝林格：《运动通史：从古希腊罗马到21世纪》，丁娜译，北京大学出版社，2015，第237页。
② 国际奥委会官方网站（英文）：https://olympics.com/ioc/olympic-charter.
③ 大卫·罗：《体育、文化与媒介——不羁的三位一体》，吕鹏译，清华大学出版社，2013，第28页。

教育的广阔平台。"奥运会及其获胜后不断增加的仪式和争奇斗艳的庆典,早在第一次世界大战爆发前就已经成为民族主义意识形态的理想舞台,正是这种民族主义导致了20世纪的战争。各个国家作为想象的共同体在奥运会上进行体育实力较量。美国人一开始就认为,奥运会上的体育成就展示的是上帝之国(美国人对自己国家骄傲的称呼)的至高无上。"①

成套的仪式和规范,将爱国主义观念融于体育活动的方方面面,诸如比赛开始演奏参赛方国歌,为冠军升起国旗,等等。几乎所有民族国家都在自觉运用为国争光的价值观念来引导本国人民增强团结,提升国家凝聚力,实现国民个人奋斗精神与国家认同的有机整合。而在体育传媒领域,弘扬爱国主义这一价值原则也成为各国传媒机构的自觉意识。体育赛场上面部绘国旗、手舞国旗的兴奋观众,对着冉冉升起的国旗泪流满面的夺冠运动员长久以来都是爱国主义的象征。

在我国,为国争光是体育领域爱国主义的核心内容。长期以来,以中国女排为代表的中国体育健儿在国内外各种赛事中顽强拼搏,勇创佳绩。他们用汗水和担当铸造的以"为国争光、无私奉献、科学求实、遵纪守法、团结协作、顽强拼搏"为主要内容的中华体育精神已经成为中华民族重要的精神品格,激励全体中华儿女不断奋斗前行。

3. 竞技文化

现代体育竞技活动的重要价值之一是对公民行为规范的示范和提升作用。体育作为一种竞技文化,其核心伦理价值包括了尊重对手、公平竞争、遵守规则、团结合作、集体意识、挑战自我等丰富内涵,这些价值原则恰好也是现代国家对公民的基本要求。在激烈的比赛对抗过程中,双方运动员有时会发生冲撞、争议甚至争执,但经历过专业体育精神锻

---

① 沃尔夫冈·贝林格:《运动通史:从古希腊罗马到21世纪》,丁娜译,北京大学出版社,2015,第284页。

造的运动员会尊重比赛规则，将一切争议限定在赛场上。赛场之外，运动员与对手相互尊重，珍视友谊。体育竞技活动中的战术与谋略运用、协同竞争等意识贯穿在现代社会的商业竞争和经济发展过程中，是现代公民参与社会生活的重要素质。美式橄榄球之父沃尔特·坎普曾表示，橄榄球是向青年灌输商业企图和需求的最好的学校："找到可以攻击的弱点、试探对方的意图、隐藏自身的实力，直到最后在对方猝不及防之处给予迎头痛击。这是橄榄球的战术，还是商业的战术？当然两者都是。"[1] 沃尔特·坎普的观点提示人们，现代体育在养成和提升公民行为规范、促进社会和谐和提升国家竞争力方面发挥着重要作用。对于我们生活于其中但远不完美的这个世界，体育价值观是如此珍贵，正如国际奥委会期待的那样："我们希望人们有更好的接触体育的机会，在体育中找到归属感，从体育的积极影响中受益，在日常生活中也能感受到体育价值观的映射。"[2]

新中国成立以来，我国的竞技文化在与世界接轨的同时，不断创新，形成了一系列独特的价值观念，如："友谊第一，比赛第二"的体育友谊观；"人生能有几回搏，此时不搏更待何时"的体育拼搏精神；拿道德的金牌、干净的金牌的高尚体育伦理观，等等。这些价值观念已经成为中华当代体育文明的重要内涵。

4. 健康文化

体育健康文化可以上溯到古希腊时代。古希腊人通过体育培育下一代的身体和坚强的品格，提高士兵体能。柏拉图主张，"在体育方面，我们的卫士必须从童年起就接受严格的训练，以至终生。"[3] 现代体育

---

[1] 托尼·柯林斯：《体育简史》，王雪莉译，清华大学出版社，2017，第90页。

[2] 国际奥委会：《奥林匹克2020+5议程》中文版（中），https://www.163.com/dy/article/G78IB2L30529DBLQ.html。

[3] 柏拉图：《柏拉图全集·第2卷》，王朝晓译，人民出版社，2003，第371页。

形成期的早期，德国人将体操、跳马、双杠等运动用于士兵操练并延伸到教育领域，树立了健康体育的观念。

现代社会中，由于工作繁忙、紧张节奏、营养过剩等原因，人们面对的精神压力和运动短缺问题空前突出。通过充足的运动来保持身心健康，消除焦虑，保持愉快，锤炼意志品质，增进生命活力，增加生命的长度，提高个人竞争力和社会适应能力，都成为现代体育文化的重要维度。运动可以是体育竞技，也可以是个人为了改善或维持一项或多项体能从事的某些有计划、有组织和反复性的身体动作，如散步、慢跑、游泳、肌力训练等。人们通过日常身体活动消耗能量，维持身心健康的活动也成为体育活动。热爱运动不仅使人们收获健康和愉悦的即期回报，更为运动者带来深远的长期回报：塑造体型，形成良好的自我感觉，使自己更加好看，更加有吸引力，进而收获个人魅力提升带来的职业回报和社交红利。

作为对健康文化时代要求的回应，在全球范围内，越来越多的城市在市政设施建设和改造中向健身、健康方向倾斜，打造休闲城市，修建城市健身步道、增添市民锻炼器械、建设运动公园等基础性公共健身设施。打造健康城市已经成为全球城市建设的一种发展趋势。

提升人民健康水平的理念贯穿于我国当代体育事业发展历程。新中国成立后，"发展体育运动，增强人民体质"成为引领我国体育事业全面发展的思想指南。改革开放以来，我国高度重视全民健身事业，体育锻炼场地和设施建设被纳入公共文化服务体系。1995年，我国颁布了《全民健身计划纲要》，对儿童、青少年、职工、农民、军人、少数民族、老年人、妇女、残疾人、知识分子等不同社会群体的健身运动做出了规划安排，旨在提高全民族的体质和健康水平。同年颁布的《中华人民共和国体育法》明确规定，"体育工作坚持以全民健身活动为基础，实行普及与提高相结合，促进各类体育协调发展"。新世纪以来，我国形成了公共体育服务和全民健身体育消费共同促进的国民健身运动格局。我国自 2009 年起,将每年 8 月 8 日为"全民健身日"。2021 年,我国颁布了《全民健身计划(2021—2025 年)》,对全民健身的政策保障和制度安排做出了与时代相适应的部署。全民健身已成为我国城乡处处可见的美丽风景线,运动健康文化正在成为中华民族新的文化基因。习近平总书记指出,"加快建设体育强国,就要坚持以人民为中心的思想,把人民作为发展体育事业的主体,把满足人民健身需求、促进人的全面发展作为体育工作的出发点和落脚点,落实全民健身国家战略,不断提高人民健康水平。"[①]面向未来,以人民为中心仍将是我国体育健康文化建设的基本出发点。

5. 科学文化

现代体育文化也是一种科学文化。在现代体育兴起过程中,科学主义破除了中世纪以来欧洲基督教神学对体育活动的种种指责,使体育活动成为一种合理的、出于人自身追求健康和活力的世俗化需求。不仅如此,现代体育还直接建立于科学基础之上。"现代体育的出现既不代表资本主义的胜利,也不代表新教的兴起,而是代表着一个实践的、实验的、数学的世界观的缓慢发展。"[②]科学文化在体育领域的影响突出体现在竞技项目的规范化和精确化。在当代,几乎所有的国际性体育竞技项目都对规则、场地、器材做出严格的规定,体育成为与数字性记录相关的精确活动。精确性还贯穿在体育训练与运动医学研究过程中,呼吸频率,心跳次数,血糖含量,代谢成分,以至于运动员动作和技巧的完成幅度、发力大小,都成为统计和测量的基本对象。在某种意义上,体育是人类最早迈入"数字化时代"的社会实践领域。"现代体育的特点是几近疯

[①] 习近平:《开创我国体育事业发展新局面 加快把我国建设成为体育强国》,《人民日报》,2017 年 8 月 28 日。

[②] 阿伦·古特曼:《从仪式到记录:现代体育的本质》,花勇民、钟小鑫、蔡芳乐编译,袁旦审译,北京体育大学出版社,2012,第 92 页。

狂地想将每一项竞技行为都转化成可以量化、可以测量的事物。"①

随着人工智能时代的到来，体育科技正以前所未有的方式进入普通人的生活。个人运动健康追踪设备日益流行，可穿戴设备在控制体重、健康饮食、适量运动、计步体验、心率监测、运动识别等领域为人们提供精准、及时的数据服务，普通人的运动与健康获得了更科学的监测。2020年新冠肺炎疫情发生后，居家隔离和空场办赛带动了新需求的出现，赛场虚拟人声、VR观赛、VR训练、疫情防控手环等很多新技术迅速切入人们的体育消费空间。这些新科技为人们创造了全新观赛体验，也为体育科技开拓了新的方向。

科学文化对现代体育的另一种影响是理性主义进步观对现代体育精神的渗透。理性主义进步观认为，人类社会乃至个人都应该不断超越过去，向更高的发展目标迈进。在这种进步观的影响下，体育精神成为一种不断挑战自我、不断挑战极限的过程。现代奥林匹克运动"更高更快更强"的理念正是理性主义进步观影响下的体育文化观。

新中国成立以来，科学文化已经与我国体育事业发展深刻地熔为一体。从运动生理科学、运动设备科技到运动装备科技，我国的体育科学已经与世界体育科学充分接轨。科学技术成为我国竞技体育、社会体育和学校体育全面发展的强大引擎。不仅如此，科学技术还成为我国推动全球体育事业进步发展的重要动力。如2008年北京奥运会"绿色奥运、科技奥运、人文奥运"三大理念、2022年北京冬奥会"绿色、共享、开放、廉洁"等理念，都体现了推动技术创新与体育赛事组织全方位融合的理念。

6.娱乐文化

从起源看，体育活动与游戏有着天然的一致性。现代体育竞技活动

---

① 阿伦·古特曼：《从仪式到记录：现代体育的本质》，花勇民、钟小鑫、蔡芳乐编译，袁旦审译，北京体育大学出版社，2012，第51页。

的源头大多可以追溯到人类早期的游戏活动。"20世纪之前,一切令人愉快的东西在英语中都叫运动,意思相当于闲暇或娱乐。这类概念翻译成德语就是消遣或娱乐。"① 游戏是人的非功利性的自由活动,能使游戏者全身心地投入某种紧张而刺激的竞争过程中,并从中获得身体和心灵的放松和再创造。在游戏过程中,人们暂时地处于生活和世界所带来的压力之外,进行着身心合一的自由活动。席勒在《审美教育书简》中提出,"只有当人是完全意义上的人,他才游戏;只有当人游戏时,他才是完全的人。"② "敢挑战、爱冒险、承担风险、忍受紧张——这些都是游戏精神的本质。紧张令游戏更重要,紧张加剧,会使游戏者忘记他不过是在玩游戏。"③ 游戏的这些特征与现代体育活动并无二致。这也是现代体育的魅力之所在。

不仅如此,作为一种竞争性、社会性游戏,现代体育活动通常与游戏者的荣誉感紧密相关。"游戏或竞赛的目标首先是胜利,而胜利与各种享受胜利乐趣的方式相关,如群众隆重集会、掌声雷动、热烈欢呼,以此庆贺凯旋。胜利的果实可以是荣誉、敬仰、威望。"④ 游戏本身的魅力、游戏者的身心恢复、荣誉乃至物质回报,都使现代体育成为人们休闲娱乐活动的重要选择。

在现代社会中,快速交通和紧张节奏给人们带来时间和空间压缩感,信息爆炸带给人们焦虑感和紧张感。作为游戏的体育活动为人们提供了释放这种现代性焦虑的途径。麦克卢汉曾经指出,"游戏是我们心灵生

---

① 沃尔夫冈·贝林格:《运动通史:从古希腊罗马到21世纪》,丁娜译,北京大学出版社,2015,第420页。

② 席勒:《审美教育书简》,冯至、范大灿译,上海人民出版社,2003,第124页。

③ 约翰·赫伊津哈:《游戏的人——文化的游戏要素研究》,傅存良译,北京大学出版社,2014 第60页。

④ 约翰·赫伊津哈:《游戏的人——文化的游戏要素研究》,傅存良译,北京大学出版社,2014,第59页。

活的戏剧模式,给各种具体的紧张情绪以发泄的机会"①,"没有艺术的人,没有游戏这种大众艺术的人,往往像毫无意识的自动机器"②。正是在这些意义上,顾拜旦在《体育颂》中对体育的娱乐功能进行了热血沸腾的颂扬:"啊,体育,你就是乐趣!想起你,内心充满欢喜,血液循环加剧,思路更加开阔,条理愈加清晰。你可使忧伤的人散心解闷,你可使快乐的人生活更加甜蜜。"③

体育娱乐的另一重要特征是观看。人们购买体育活动观赛门票,不只是为了给自己支持的赛队加油或一睹体育明星的风采,观赛本身就是重要的娱乐。一些重要的现代体育活动,因此获得节日庆典般的地位。如奥运会和中国全运会开幕式和闭幕式、足球世界杯赛、美国职业橄榄球联赛"超级碗"决赛等,都已经成为融合娱乐表演、体育比赛、媒体盛典、商业传播和节日狂欢的文化综合体。"过去250年的演化已经说明,体育并不是堕落了的游戏,而是一种商业化娱乐,其本质与戏剧、电影或流行音乐相同。"④

作为一种娱乐文化,体育文化曾经受到电视传播文化的深刻影响。为迎合电视图像的标准和娱乐化的需要,体育比赛规则乃至时间、运动员的服装等都进行了改变。20世纪60年代,马歇尔·麦克卢汉曾经分析了美国电视体育节目中橄榄球取代棒球的内在原因,他指出,棒球是一种每次只做一种动作的运动,球员的位置固定,每个人只有专一的职能,而这种分派专门职能的做法是属于正在消亡的机械时代的,因而在过了10年左右的新型的电视时期后,棒球就因为失去了适合新型生活

---

① 马歇尔·麦克卢汉:《理解媒介——论人的延伸》,何道宽译,商务印书馆,2000,第293页。

② 马歇尔·麦克卢汉:《理解媒介——论人的延伸》,何道宽译,商务印书馆,2000,第299页。

③ 皮埃·德·顾拜旦:《体育颂》,《体育与科学》,1988年第4期。

④ 托尼·柯林斯:《体育简史》,王雪莉译,清华大学出版社,2017,第230页。

方式的心理相关性和社会相关性而被逐出社会生活的中心。麦克卢汉进而指出："与此相对,美式橄榄球不固定阵式,任何球员或全体球员都可以在球赛中转换为任何一种角色。因此,目前它在普遍受欢迎的程度上正在取代棒球,它非常符合电力时代非集中化的团队游戏的新式行为。"① 电视对体育表演的"导演"加强了体育节目的娱乐属性。传媒大亨鲁伯特·默多克认为,在付费电视业务的拓展领域,"体育绝对能够压倒电影或别的娱乐"②。对此,《体育简史》的作者托尼·柯林斯一针见血地指出,"不经意间,他承认了自18世纪以来体育对各种技术传媒公司的重要性。"③

在移动媒体时代,新媒体的便利性更加强化了屏幕的娱乐属性,使视频成为个人随时随地参与体育观赛娱乐的重要方式。新媒体也在以自身的特性改变着体育与传媒的结合方式,YouTube、Instagram、Facebook、抖音、快手、微博、B站等社交媒体平台使体育赛事传播更加快捷多样。长期以来,收视体育节目已经成为中国人最重要的娱乐方式之一。2019年,CCTV5频道观众年度收视规模达10.36亿人。而根据《2019中超赛季观赛数据报告》,2019赛季中超联赛观赛人次增长12.1%,达到15.99亿人次④。近年来,作为虚拟运动的电竞赛事也在快速扩张版图,成为体育传播的新热点。5G时代,体育的娱乐化趋势依然在强化。

---

① 马歇尔·麦克卢汉:《理解媒介——论人的延伸》,何道宽译,商务印书馆,2000,第296—297页。
② 托尼·柯林斯:《体育简史》,王雪莉译,清华大学出版社,2017,第214页。
③ 托尼·柯林斯:《体育简史》,王雪莉译,清华大学出版社,2017,第214页。
④ 《〈2019中超赛季观赛数据报告〉:观赛人数达15.99亿人次》,https://baijiahao.baidu.com/s?id=1652537320754472025&wfr=spider&for=pc。

7. 消费文化

消费是现代社会的基本特征。工业文明建立以来,肯定和赞扬大众的消费行为已经成为一种关于增进人类幸福和推动文明进步的意识形态话语。这种赞扬的潜台词是:消费即增长,消费即发展。波德里亚曾引用加尔布雷思的观点指出,在工业文明时代,"个体为工业系统服务的方式不是给它带来自己的积蓄也不是向它提供投资,而是消费它的产品。此外没有任何一种宗教、政治或道德活动需要人们用如此完备、如此智慧且如此昂贵的方式为其做准备。"① 在消费驱动增长的社会中,"消费者的需求和满足都是生产力,如今它们和其他(比如劳动力等)一样受到约束并被合理化"②。

工业文明和现代媒介文化使消费本身成为一种通向更高质量、更多幸福的生活态度和生活方式的文化。现代体育是一种天然的大众消费品,标准化的运动设施和个人运动装备,专业化的教练服务,高度媒介化的赛事品牌和传播方式,都使体育活动无孔不入地融入人们的日常消费中。以各种方式参与体育消费已经成为人们的生活方式和生活风格。消费者不仅直接支付体育参与的费用,他们对体育的热情和关注本身也被转化成了可以流通、交易的体育财富,"世界范围内观众的注意力资源可以在体育协会、俱乐部、裁判和运动员、电视和体育管理公司、赞助商、广告主和政府之间交易而兑现为大笔金钱"③。大型体育赛事被塑造成一个个IP品牌和转播权,按地区和国别出售给不同电视公司或体育公司,用于电视或网络视频播出。从奥运会到足球世界杯,从超级碗到全

---

① 让·波德里亚:《消费社会》,刘成富、全志钢译,南京大学出版社,2014,第76页。
② 让·波德里亚:《消费社会》,刘成富、全志钢译,南京大学出版社,2014,第75页。
③ 大卫·罗:《体育、文化与媒介——不羁的三位一体》,吕鹏译,清华大学出版社,2013,第89页。

运会，从 NBA 到中超联赛，体育赛事营销已经成为全球大型企业重要的传播战略。根据国际奥委会官网，2020 年东京奥运会 67 家赞助商共为国际奥委会贡献了大约 32 亿美元的赞助收入。2021 年开赛的欧洲杯，中国企业在 12 家顶级赞助商中占了 4 席，包括支付宝（Alipay）、海信、VIVO 和 TikTok。

体育消费已经成为各国最大规模的消费场景之一。根据我国国家统计公布的数据，2019 年，全国体育产业总规模（总产出）为 29483 亿元，增加值为 11248 亿元[①]。体育与文化、旅游、养老、健康、教育、互联网、金融等产业融合发展，正在不断拓展着体育产业的版图和规模。

（四）现代体育文化与民族国家的建构

现代体育的形成过程与现代民族国家的形成过程相互交叠，形成了复杂的交集。现代体育文明的七个文化维度渗透到了民族国家公共生活的方方面面，深刻影响着现代民族国家的塑造，而现代民族国家也深深影响着现代体育文化的发展。

现代体育文化与民族国家的第一个交集发生在经济领域。运动（sports）不只是和资本主义同时发生，从经济组织方式和意识形态来看，运动是资本主义发展的重要组成部分。作为一种与资本主义和社会化大生产组织方式相适应并深嵌其中的社会文化现象，现代体育不仅深深打上了科学主义和理性主义进步观的时代烙印，而且体现了资本主义生产关系对人类社会的全面影响。在生产关系领域，体育活动作为一种不同于传统定期节日以及集市、表演和狂欢节的新型休闲娱乐，有利于工人阶级提升体质，恢复精力，从而能够为资本主义再生产提供精力充沛的劳动力。在工业化生产领域，体育文化中的标准化、规范化、强调记录、精确测量、公平竞争、尊重对手等科学精神和价值规范是支撑社会化大

---

① 国家统计局：《2019 年全国体育产业总规模与增加值数据公告》，http://www.stats.gov.cn/tjsj/zxfb/202012/t20201231_1811943.html。

生产和市场竞争的重要意识形态。在消费领域，体育作为一种体现生活方式的消费活动，使消费与生产一体化，消费即增长的观念深入人心，为资本的扩大再生产提供了广阔的消费动力。"运动不只是和资本主义同时发生，从经济组织方式和意识形态来看，运动是资本主义发展的重要组成部分。从日常讨论和经验主义'常识'——或称为'深层次政治'的角度来说，现代体育正是资本主义发展的表征。"①

现代体育文化与民族国家的第二个交集发生在国家认同领域。体育文化与传媒的高度整合使现代体育在其形成伊始就成为民族国家认同动员的天然利器。拿破仑战争期间，运动和英国的民族主义运动融合在一起，强健基督教派认为运动能够塑造性格、锻炼出"有男性气息"的绅士，并能促进英国国教的美德和大英帝国的意识形态②。19世纪后半期，体操运动的传播和普及在德国的统一和民族国家认同建构中发挥了重要的作用。其后，环法自行车赛这项新兴的体育品牌在法国的国家认同建构中也发挥了无可替代的作用。"当职业自行车手骑乘自行车这一工业资本主义的大众消费品，穿过从比利牛斯山到多佛尔海峡之间的城市和乡村时，他们象征着法兰西第三共和国的团结。环法自行车赛的组织者们相信，这项赛事能够推进法国的现代化和自行车的销售，这也是基本正确的。"③同样的情况也发生在意大利。环意大利自行车赛的口号是"让意大利人了解意大利"。在商业目的、民族意识甚至国际声望方面，环意大利自行车赛就像是环法自行车赛的翻版。体育对民族国家政治和文化认同的塑造一直贯穿在其发展过程中，并孕育了全球竞技体育领域至

---

① 托尼·柯林斯：《体育简史》，王雪莉译，清华大学出版社，2017，第26页。
② 托尼·柯林斯：《体育简史》，王雪莉译，清华大学出版社，2017，第55页。
③ 托尼·柯林斯：《体育简史》，王雪莉译，清华大学出版社，2017，第97~98页。

为关键的爱国观念。

现代体育文化与民族国家的第三个交集发生在公民教育领域。培养现代公民素质、促进国民精神现代化是现代体育在促进国家认同之外对民族国家的另一重大作用。通过体育活动提升国民体质，建设具有坚强意志和强健体质的军队是现代民族国家对体育的最初要求。然而，体育对现代民族国家公民素质提升贡献却远不止此。体育竞技文化中所蕴含的规范化、纪律性、团队合作、身份平等、公平竞争、尊重对手、人格独立、精神自由、科学精神等价值内涵充分迎合了现代民族国家培育公民素质、促进国民精神现代化的内在需求。远超期待的政治红利使发展现代体育成为所有民族国家的强烈需求。

日本明治维新后，在建设统一的教育体系、现代军队和工业经济之外，非常重视棒球和橄榄球等英式运动。"一位日本外资官表示：'这项运动切实反映了英国人真正的精神。因此，要我的国家推广这项运动，也能够更好地帮助日本人领会这种精神'。"[①]对西方体育文化及其所代表的资本主义意识形态的钦慕，使十分注重传统的日本人不惜改造自身的传统文化。托尼·柯林斯指出，"现代体育对日本的民族新文化十分重要，甚至日本的传统运动因此而式微或被彻底改造。相扑就是一个突出的例子，在20世纪初，相扑的很多传统仪式被修改了。创造传统，这也是日本从英国学到的体育文化。"[②]

韩国人对跆拳道进行现代性改造，使之成为全球性体育项目的过程创造了后发国家融入现代体育文明的另一个生动样板。跆拳道是由流亡在外的朝鲜武士将具有跆拳道雏形的朝鲜拳术与中国武术和日本空手道结合起来形成的一种民族武术，韩国人视之为民族传统。1959年，"跆

---

① 托尼·柯林斯：《体育简史》，王雪莉译，清华大学出版社，2017，第112页。

② 托尼·柯林斯：《体育简史》，王雪莉译，清华大学出版社，2017，第99页。

拳道"这一名称才正式提出。在韩国民间和政府的持续努力下，对跆拳道进行适应性改造，放弃了部分传统文化的内容，对比赛规则进行了一些娱乐性的变革，使之"从早期的业余化、淡化严肃性、娱乐性、公平竞赛等为内涵特征的体育文化，发展成以成绩导向、专业化、标准化、科学化、视觉化为内涵的体育文化"①。在韩国朝野持续努力下，在短短半个多世纪中，跆拳道经过了全球化形成阶段、全球化传播阶段、全球化竞赛化阶段和全球化产业化阶段，并成为奥运会正式比赛项目，其政治、文化和经济影响日益扩大，成为韩国的民族骄傲②。

现代体育文化和民族国家的第四个交集发生在国家发展领域。现代体育文化融合了锻炼、游戏、个体发展、教育、商业、政治等多种文化，以及相关的物质与制度内涵，已经成为高度复杂的综合性社会文明。通过无处不在的国际赛事，民族国家的竞技体育发展水平及其国际竞争力通过本国职业运动员的竞技成绩展露无遗。职业体育通常代表着民族国家竞技体育发展的最高水平，但同时，职业体育的发展水平取决于民族国家的科学技术、经济、文化、传媒、教育和诸多社会领域的综合发展水平。体育文明的发展程度已经成为衡量国家社会发展程度和整体发展水平的重要标志。"一个国家引进和接受现代体育的能力本身就是该国家工业发展的一个指数。"③最先建立现代体育组织的英国、法国、美国、瑞典等国家的发展历史表明，"最先开始工业化的国家也是最先建立现

---

① 仇军等：《殊途同行：现代体育发展阶段、基本特征及其影响》，《北京大学学报》，2013年第10期，第6页。
② 徐元植：《跆拳道全球化进程及其特征研究》，载（日）寒川恒夫、仇军主编：《社会变迁与体育人类学的应对》，广西师范大学出版社，第259~267页。
③ 阿伦·古特曼：《从仪式到记录：现代体育的本质》，花勇民、钟小鑫、蔡芳乐编译，袁旦审译，北京体育大学出版社，2012，第69页。

代体育组织的国家，而且几乎是同一顺序。"①

当代世界民族国家间的体育竞争，实质上是体育文明发展水平和国家综合发展水平之间的竞争。发展体育事业，是现代民族国家一项内外兼修、红利丰富的选择。对内而言，体育文化对于增进经济增长、提升国民健康指数、培育国民的科学精神和现代公民素质、激发国民的国家认同和爱国主义情感都具有重大的促进作用。对外而言，发展体育文化对提升国家软实力和综合国力都具有重要意义。我国体育事业的进步发展与国家的日益强盛紧密关联。正如习近平总书记所指出的，"全民健身运动的普及和参与国际体育合作的程度，也是一个国家现代化程度的重要标志。中华人民共和国建立70年来，中国人民的健康素质有了很大提高。中国从过去未能参加奥运会，到现在已成为许多奥运项目中的佼佼者，这是中国国运国力发展的重要体现。"②

现代体育成就了民族国家，民族国家也在深刻影响着现代体育的发展。在当代社会，每个国家都在努力构建基于本国人文历史传统和基本国情的体育发展国家战略。这同时也意味着，任何民族国家在现代体育文化的建构过程中，都需要以开放、包容的态度，自觉把握并吸收那些具有全球层面可分享的体育文化价值，并对自身体育传统进行改造和发展，使之适应全球体育文明的发展趋势。

体育文化不仅赋予了体育活动在民族国家社会生活中强大的引领性、渗透性地位，而且赋予了现代体育强烈的理想化色彩，使之成为平庸的现代世界中的"励志神话"。"体育为我们展示了一种对理想价值的追求，上演了一场充满传奇和真理的戏剧。由于它的存在，这个平庸的世界赋予了自己以理想的逻辑、信仰和追求'最佳'的戏剧神话。由

---

① 阿伦·古特曼：《从仪式到记录：现代体育的本质》，花勇民、钟小鑫、蔡芳乐编译，袁旦审译，北京体育大学出版社，2012，第69页。
② 《习近平会见国际奥委会主席巴赫》，《人民日报》，2019年2月1日。

于它的存在，这个世界制造出一幅机遇平等、崇尚功德和公正无私的画面：正因为这幅画面摆脱了华丽的词藻，才显得越发珍贵。"① 体育的魅力，不仅在于它给参与其中的人们以切实的身心回报与社交红利，更在于它带给人们以理想的憧憬和想象的空间。正如一则体育用品广告所宣称的那样，在体育这个"当代神话"里：一切皆有可能。正是在这个意义上，民族国家发展现代体育的热情和动力与国民个人的体育梦实现了交叠共振。

不仅如此，现代体育文化在内涵上也超越了民族国家的价值立场。国际奥委会所倡导的"卓越、尊重和友谊"奥林匹克价值观以及"加强体育对实现联合国可持续发展目标的重要推动作用"②"通过体育建设一个和平和更美好世界的愿景"③ 等行动目标都体现了奥林匹克运动所追求的体育价值观已经成为人类共同价值。

三、现代体育文化的内在矛盾与发展趋势

（一）现代体育文化的内在矛盾

现代体育文化发端于18世纪后半期的英国，形成于19世纪后半期的欧美资本主义国家，它的形成与资本主义工业化大生产的扩散及近代媒介发展密切相关，城市化进程和工业化进程对现代体育的发展发生了重要的推动作用。在这一过程中，现代体育不可避免地受到科学主义、理性主义进步观及其代表的工具理性的深度渗透。工具理性使现代体育

---

① 乔治·维加雷洛：《体育神话是如何炼成的》，乔咪加译，中国人民大学出版社，2015，第184~185页。
② 国际奥委会：《奥林匹克2020+5议程》中文版，https://www.163.com/dy/article/G78IB2L30529DBLQ.html。
③ 国际奥委会：《奥林匹克2020+5议程》中文版，https://www.163.com/dy/article/G78IB2L30529DBLQ.html。

与功利主义和现实利益紧密捆绑，驱动职业体育与传媒领域深度融合，成为主导世界体育发展基本格局的因素。现代体育与民族国家利益的复杂关联又使国家力量成为塑造体育发展的重要力量。不仅如此，现代体育的起源地都是生产力最为发达的资本主义国家，这也使现代体育深受民族主义和西方中心主义的影响。现代体育发展中的这些因素，相互影响和制约，形成了现代体育发展的内在矛盾，这些矛盾塑造着现代体育的发展格局，也影响着现代体育发展的趋势和方向。

1. 工具理性与人文理性的矛盾

现代性体育文化既包含着以全面实现人的幸福为目的、以促进人的全面发展为目标的人文理性，也掺杂着以体育竞技以特定功利（如奖金、名誉、个人私利）为目的的工具理性。工具理性对现代体育的影响体现为，体育在社会生活中受制于资本和权力，成为实现经济、政治等功利目的的工具系统。"一些人所接受的有组织的运动技术教学、训练和参加的比赛活动，实质上成为凌驾其上的组织把他们当作一种再进行装配、调试和使用的机器……在极端情况下，这种体育中一些个体所接受的运动技术教学、训练和参加比赛便演化成运动人类理性所创造的科学手段对他们身体的运动能力实行最不理性、最野蛮、最暴虐的掠夺性开发的行径。"① 工具理性的膨胀使体育运动和运动者被异化，成为达到其他功利活动的手段，导致使用兴奋剂、操纵比赛、打假球、裁判不公、利用赛事进行赌博等诸多依附在现代体育文明之上的丑陋现象层出不穷。作为现代体育文明价值内核的游戏精神被压抑或遗忘，"公平竞争"这一体育活动的核心价值和基本伦理遭到扭曲，体育成为与人的自由发展对立的事物。

人文理性的体育价值观是以人的自由和发展为最高目标的价值观。

---

① （美）阿伦·古特：《〈从仪式到记录：现代体育的本质〉译序》，花勇民、钟小鑫、蔡芳乐编译，袁旦审译，北京体育大学出版社，2012，第12页。

这种体育观认为，一切体育活动的目的都是改造人自身和提升人自身，进而实现个体生命的潜能和应有价值。游戏精神是现代体育文明的精髓，也是现代体育活动中人文理性的集中表现。倡导现代体育的人文价值，维护现代体育中的人文理性，不断克服工具理性对体育价值的扭曲和异化，使体育始终在人文理性的光芒照耀下为人的健康、自由和全面发展服务，这是现代体育发展的永恒主题。正如阿伦·古特所指出的，"当我们讨厌现代体育时，当合作堕落成了唯从主义时，总是会有另外一种选择。当我们不再能承受过度的规章制度时，当我们疲倦了……我们所渴望的丰收时，我们总可以将跑表丢到一边，抛弃煤渣跑道，踢掉钉鞋，像罗杰·班尼斯特（英国最杰出运动员之一）一样奔跑，光脚，在海边，在干硬的沙地上。"[①]

2. 职业化与业余主义的矛盾

现代体育中业余主义的观念起源于英国，最早是为了保护传统贵族在体育竞技中的地位。随着现代体育项目进入学校，业余主义观念又成为英国新兴中产阶级担心失去运动的控制权而排斥工人阶级在体育运动中的地位的重要策略。1866年，英国业余田径俱乐部发布的章程标志着业余主义在体育领域确立。业余主义的内涵主要包括："1. 业余主义者从比赛中获得乐趣；2. 运动是自愿参加的；3. 过程跟结果一样受到重视；4. 参与运动的动机来自本能的快感而不是对外在的金钱和荣誉的过分追求；5. 源于对体育的爱、对荣誉的追求，在业余体育的周围存在着公平竞争的、同伴般的友谊。"[②] 可以看出，业余主义原则具有深厚的理想主义色彩，这与现代奥运会创办者顾拜旦的理想主义激情和平民主义观念不谋而合。因此，现代奥运会从创立之初，就奉行业余主义的原则。

---

① （美）阿伦·古特曼：《从仪式到记录：现代体育的本质》，花勇民、钟小鑫、蔡芳乐编译，袁旦审译，北京体育大学出版社，2012，第182页。

② 焦素花、孙南、焦现伟：《现代奥林匹克运动"业余主义"的本体阐释》，《体育与科学》，2016年第1期，第55页。

由于训练水平、运动装备、投入时间和资金上的有限，业余运动员之间的竞技比赛在精彩性、艺术性、可观赏性、示范性等诸多方面远逊于职业运动员之间的竞技比赛。与之相对，职业化意味着为运动员能够获得专业的训练设备和条件、优秀的教练、相对丰厚的收入，从而保障竞技比赛有较高的水平。而较高的运动水平会带来更为激烈紧张的对抗，大大增加了体育比赛的表演性和观赏性，造就了体育明星，进而满足现场观赛和媒体传播的需求，为赛事体制内外各方带来丰厚的商业收益。业余运动比赛与职业运动比赛的基础性差异决定了业余主义运动无法成为现代传媒和娱乐主义所青睐的对象。

现代奥运会曾经长期支持业余主义的原则，职业运动员和商业化原则被排除在奥运会之外。但随着奥运会成为全球最具影响力的体育盛会，继续将高水平的职业运动员排除在奥运赛场之外，这既不利于建立奥运会在全球体育发展水平的领域的代表性地位，也不利于巩固奥运会对世界持续而长久的吸引力。在多种力量的推动下，自20世纪70年代开始，奥运会的非职业化原则逐渐松动。20世纪80年代，在当时的国际奥委会主席萨马兰奇带领下，奥林匹克运动会放弃了业余主义原则，曾经是现代体育人文主义理念和理想主义象征的奥运会全面拥抱商业主义。不只是奥运会，一些国际性的体育赛事也走上职业化的发展阶段。1995年，出于取得电视转播权收益的考虑，国际橄榄球联合会在巴黎做出历史性决定，正式取消橄榄球运动的业余主义原则。事实上，整个20世纪后半期，业余主义的发源地英国的体育部门也全面放弃业余主义理念，倒向了职业化。

业余主义代表现代体育的非商业化路径，这是一种平民主义的、亲近普通人的体育参与方式，体现了体育对普通人的参与价值和理想价值。而职业化是现代体育高度商业化的产物，体现了商业化原则和资本力量对体育的渗透和控制。对于个人来说，如果说"更快更高更强"对普通人意味着自我挑战和自我超越，对于以竞技胜利为目标的职业运动员则意味着残酷的极限性训练和赛场上的无情淘汰。职业化提高了人类体育竞技水平和体育能力，也促进了体育科技、运动医学、体育经济等相关领域的发展，但职业化也正是体育工具化的根源。体育领域的诸多丑闻、腐败、兴奋剂等负面现象，都是以体育为工具掘取利益的产物。

在职业化主导的体育发展模式下，《奥林匹克宪章》所倡导的"增强体质、意志和精神，并使之全面均衡发展的一种生活哲学""使体育运动为人的和谐发展服务，以促进一个维护人的尊严的和平社会的发展"等奥林匹克主义理念，对于职业运动员以外的普通大众而言，更多的只是一种价值观念。奥林匹克运动会和其他职业化的赛事本身，对他们也只是在欣赏、示范和教育的层面上，才具有实际意义。

业余主义和职业化之间的矛盾，是现代体育发展领域最为深刻的一对矛盾。它们之间的斗争，随着奥运会告别业余主义，以职业化的暂时取胜而告一段落。但从体育发展的本身意义上，如何在职业化主导的体育领域吸取业余主义的启迪和光芒，必将是一项长期的挑战。对于民族国家而言，如何在业余主义主导的公众体育生活和职业体育领域进行资源分配，在争取更多国家荣誉和发展全民体育之间实现国家战略平衡，同样是一项深刻的命题。

3. 西方中心与体育文明多样性的矛盾

现代体育源于英、法、德、美等最早进入工业文明的西方国家，因此，现代世界体育发展的格局带有浓重的西方中心色彩。英国作为现代体育的发源，对世界现代体育发展的格局影响最深。20世纪前半叶，"世界体育对英国人来说主要是英国式、至少是大不列颠式的，世界范围内各种体育的大多数游戏规则都是英国制定的，重要运动类型的机构甚至也设立在此。"[①]

---

① 沃尔夫冈·贝林格：《运动通史：从古希腊罗马到21世纪》，丁娜译，北京大学出版社，2015，第289页。

奥运会是现代体育文明的重要名片，然而就是这样一个代表现代体育文明发展水平的盛会，从创立之时便深受西方文化的影响。现代奥运会创立之初便以继承古希腊的传统为使命，这一做法的客观结果就是把大量的亚、非、拉美地区的体育项目排除在奥运之外，制造了现代体育文明最初的不公正。在1894年任命的最初15名奥委会成员中，来自法国、英国、意大利的各有2名，其他6名来自欧洲别的国家，1名来自美洲，亚洲、非洲和澳大利亚根本没有任何代表参加①。

现代体育的这种格局并未随着时间进入21世纪而发生根本的改变，相反，"体育本身依然深陷第一次世界大战之前所确立的国际等级制度中。只有3个拉美国家和5个欧洲国家曾经赢得英式足球世界杯。三分之一以上的国家从未在奥运会上获得奖牌。"②

现代体育发展中的这种西方中心主义，使源于少数西方国家的体育项目成为长期占据全球体育赛事的中心地位。一方面，西方国家优势体育项目的全球化传播曾经对促进现代体育文明的全球传播发挥了重要作用。另一方面，全球体育格局中的西方中心主义也使得西方以外众多民族国家的本土传统运动项目始终面临双重困境。对于这些国家而言，本国传统的文化–体育项目要么因为难以适应现代体育的价值与规范而逐渐衰亡，要么在西方优势体育项目的挤压下艰难生存，国际化或全球化传播空间十分有限且困难重重。面向未来，全球体育如何从西方中心的传统格局向人类体育文明多样性的新格局转化并建立更为公平的全球体育格局，将成为检验人类体育文明发展进步成果的重要标尺。

（二）现代体育文化的发展趋势

现代体育发展作为工业化、城市化和传媒的共同产物，体现了人类

---

① 沃尔夫冈·贝林格：《运动通史：从古希腊罗马到21世纪》，丁娜译，北京大学出版社，2015，第275页。
② 托尼·柯林斯：《体育简史》，王雪莉译，清华大学出版社，2017，第217页。

社会从前现代的农业社会进入现代社会过程中发生的文明突破：即在一个物质告别短缺、精神告别神圣仪式的现代社会中，人通过体育这种竞技性游戏找到了一种普遍性自我娱乐、自我完善、自我提升、自我实现与平等交往的途径。尽管受到科学主义和理性主义进步观的影响、受到工具理性和商业主义的侵蚀、受到科层化和政治化的挤压，现代体育依然按照自己的逻辑在进行文明的演绎。"现役运动员、运动项目、体育俱乐部和体育协会、体育活动和新体育场的数字不断上升，政治家们也故意让人们看到他们从事体育活动的场面，这些都说明，近代早期开始的体育化进程远远没有结束。"[①] 这一进程正在指向一个日益清晰的核心目标，那就是人人享有高质量的运动生活，如同我们的社会正在努力推动人人享有高质量的教育一样。围绕这一目标，现代体育文明发展正呈现出三个明显的趋势。

1. 回归游戏精神

无论从其起源的意义上，还是在本质的意义上，体育都是一种非功利性的竞技游戏。尽管现代体育文明包括科学文化、竞技文化、教育文化、爱国文化、消费文化、娱乐文化、健康文化等多重内涵，但以游戏精神为内核的娱乐文化与健康文化才是现代体育文化最为核心的价值。游戏的精神是自由，游戏是自由地遵守规则。在自由精神的引导下，现代人正以各种可能的方式开展运动：学校教育、康复措施、残疾人设置、企业体育、健身房、通过 Facebook 或微信联络在一起运动的圈子，个人自己运动，与家人、朋友或同事一起运动，等等。

20 世纪后半期以来，随着全球经济的发展，国际旅行和国外休闲成为越来越多国家的国民日益普遍化的生活方式。与之相应，滑雪、滑冰、登山、徒步、骑行等多种多样的体育活动成为人们的选项。在各种

---

① 沃尔夫冈·贝林格：《运动通史：从古希腊罗马到 21 世纪》，丁娜译，北京大学出版社，2015，第 414 页。

形式的自由的运动过程中，或许由国际体育协会所制定的严密的游戏规则并不是最重要的，但快乐与自由一定是一切运动的核心要素。沃尔夫冈·贝林格在深入考察了从古希腊罗马到21世纪的人类运动史之后，不无感慨地写道："最后要说明的是，运动也好，体育也罢，说一千，道一万，尽管有对最好成绩和破纪录的狂热追求以及商业目的，但所有体育比赛依然是'游戏'。对观众来说反正是消磨时间，这正是体育运动的原初意义。"① 现代体育文明要从日益沉重的商业、政治和欲望的枷锁中解放出来，向着服务于人本身、促进人的自由和人的潜能充分实现这一目标回归，首先就必须自觉回归游戏本质。这一点，正在被日益多样且遍布全球的各种新兴体育运动所证明。

2. 关注人的健康

无论是历史上，还是当今体育生活，体育从来都不局限于竞技运动。现代媒体所传播的往往只是能够带来巨大广告收益的高强度的竞技运动，但实际上，被媒体所无视的日常体育运动，即大规模的群体性体育运动，如青少年体育、老年体育、体操和慢跑，在数量和活跃程度上远远超过媒体所报道的竞技运动。就人类全体健康提升的意义而言，人人参与的日常体育的意义远远大于少数人参与的竞技体育。在星光闪耀的现代竞技体育受到媒体热捧时，作为一种健康文化，日常体育运动在以自己特有的方式生长和延伸。20世纪70年代，围绕慕尼黑奥运会的举办，德国体育联合会掀起了一个通过体育改革自己的热潮，通过大规模修建健身小路，鼓励人们通过运动改善超重和循环系统的疾病。1971年，这一热潮的知名度在德国达到94%，足见其受欢迎程度。而20世纪60年代起源于新西兰的慢跑运动也经由美国传入德国。20世纪70年代以来，丹麦、荷兰这两个国家大力发展自行车交通，在居民的生活方式和

---

① 沃尔夫冈·贝林格：《运动通史：从古希腊罗马到21世纪》，丁娜译，北京大学出版社，2015，第421页。

城市基础设施建设、城市设计之间形成了互相促进的良性循环，最终让自行车成为日常锻炼和生活方式的一部分。20世纪80年代，德国兴起了有氧健身操和健美热，再次展示了日常体育的魅力①。这些现象之外，一种更为普遍的健康文化也日益兴起。

对健康指标的研究揭示，像走路上下班、做家事、做园艺工作、自己动手洗车等身体活动，虽然没有规则、不限场地、不设裁判、不限时间的身体活动根本就谈不上是体育运动项目，然而，日常有意识地加大身体活动总量就能维持良好健康。因此，体育的概念中，人们通过日常身体活动消耗能量，维持健康的意识也称为了体育。运动是身体活动的一种，为了改善或维持一项或多项体能应当至少从事一种有计划、有组织和反复性的身体动作。目前，全球已经有相当多的城市加大了城市向健身、健康方向改造的进程，这已经成为全球城市发展的一个鲜明趋势。

在日常体育发展理念方面，从20世纪70年代开始，欧洲发达国家原先主要以"竞技运动教育（Sport education）"和"身体教育（physical education）"的学校体育概念已被转换，新的组合是"运动教育（movement education）"及"健康教育（health education）"，运动教育和健康教育得到了更加平衡地发展。目前欧洲发达国家学校体育主要表现为四个方面：文化遗产方向、竞技运动（sport）教育方向、运动（movement）教育方向及健康（health）教育方向。在不同国家，由于历史和社会结构的差异，这四个方向也表现出不同的偏重。如德国由原来的竞技运动教育向运动技能教育方向发展；英国越来越重视竞技运动教育；芬兰的体育教育课程中，体育教育和健康教育均作为独立的教授科目出现。所有人运动起来。这句话是对体育发展更加关注健康这一趋势的最好描述。

---

① 沃尔夫冈·贝林格：《运动通史：从古希腊罗马到21世纪》，丁娜译，北京大学出版社，2015，第421页。

3. 重塑全球体育格局

现代体育起源于英、法、德、美等资本主义国家,由此造成西方体育文化和体育项目占据全球体育发展的中心地位,无论从赛事成绩的全球公正性和体育文化多样性来说,这种格局都对全球体育文明发展造成了长期的不利影响。随着体育发展全球化趋势不断深入,构建一种更加公正的、充分体现全球体育文化多样性的新全球体育发展格局已经成为当代体育发展的新趋势。推动这一趋势,有赖于国际社会和各民族国家的共同努力。从国际社会的层面,要加大对西方传统运动项目以外的在其他地区和国家的流行的区域项目的推广和传播,不断增加全球性重大体育项目和奥运会中这类项目的数量,营造更为公正的国际体育发展格局。从民族国家的层面,一方面要加强对本国传统体育项目保护,使之成长可持续成长的民族文化资源;另一方面,要加强对具有代表性民族体育项目的现代化转化和开发,使其在竞技规则、观赏效果等方面更加适应全球性传播和重大国际比赛的要求。韩国对跆拳道的改造、日本对柔道的改造,都是民族国家传统体育项目成为全球性竞技运动项目的成功案例。

四、我国体育文化的历史建构

(一)我国体育文化发展的历史回顾

1. 从兵式体操到校园体育——西方近代体育的传入与接受

体育对于中国而言是外来文化。作为外来文化的近代体育最早通过洋务派编练新式军队的过程逐渐进入近代中国社会政治生活。早在19世纪70年代,洋务派代表人物李鸿章所掌握的淮军已经开始以德国兵式体操训练士兵。稍后,北洋水师也将德国兵式体操等体育活动引入教学,其体育活动包括击剑、刺棍、木棒、拳击、哑铃、足球、跳栏比赛、算术比赛、二人三足竞走、羹匙托物竞走、跳远、跳高、爬桅等项。此外,还有游泳、滑冰、平台、木马、单双杠及爬山运动等[①]。由于深痛国民体质和军队风貌积贫积弱，急欲找回民族自信，在新文化运动前的数十年中，中国对西方体育的接受都建立在强军固本乃至强种保国的层面，强调军民一体、军事体育优先的军国民思想在一时期盛行。孙中山曾明确指出：体育"于强种保国有莫大之关系"[②]。1904年《奏定学堂章程》公布后，我国最早的近代学校体育制度的建立，那时在强种强国的潮流中，已出现了要求实行军国民教育的呼喊。此后，1906年颁布的《学部奏宣示教育宗旨折》、1911年的《请定军国民教育主义案》中，都把"军国民主义教育"列为学校体育教育的重要目标。在军国民教育思潮的影响下，中华民国第一任教育总长蔡元培正式提出了"军国民教育"的思想，要求各级各类学校实行军事编制，开设以兵式体操为主的体育课程。所以当时的学校体育课内容，可以说几乎完全被兵式体操和军事训练所代替[③]。

新文化运动时期，知识界和思想界对体育的认知进一步深化，军国民思想逐渐被超越。1916年，陈独秀在《新青年》一文中提倡学校体育的"兽性"。他对"兽性"的解释是："一曰意志顽狠，善斗不屈；二曰体魄强健，力抗自然；三曰信赖本能，不依他为活；四曰顺性率真，不饰伪自纹。"[④]1917年，毛泽东在《新青年》第三卷第二期上以"二十八画生"之名发表《体育之研究》，借他人之口说出"文明其精神，野蛮其体魄"的体育认识。他认为，体育具有"强筋骨、增知识、调感情、强意志"，使人"身心并完"的作用。新文化运动和五四运动的狂飙大

---

① 罗时铭：《中国体育通史·第三卷（1840—1926）》"绪论"，人民体育出版社，2008，第2页。
② 罗时铭：《中国体育通史·第三卷（1840—1926）》，人民体育出版社，2008，第192页。
③ 罗时铭：《中国体育通史·第三卷（1840—1926）》，人民体育出版社，2008，第206页。
④ 陈独秀：《新青年》，《新青年》，1916年第1期，第52页。

潮对体育认识的不断深化,推动中国近代体育也进入了一个新的发展阶段。人们对体育的认识,由强兵、强种、强国等观念向体育竞技、健身、休闲娱乐等认识转变。学校体育中以体操为主要内容的体育课,逐渐变换为以球类、田径等多种生动活泼的近代体育项目为内容的课内外体育活动。

1922年,北京政府公布了《课程标准纲要》,在这个《纲要》中,正式得出了"体育科"的名称,并对学校体育的目标、内容以及组织形式等也都作了相应的规定。其中,对小学体育的要求就包括:培养儿童成为敏捷、勇敢、耐苦、诚实、公正、快活、牺牲、服务、守法、合作、互助、爱国的公民,以做复兴民族、御侮抗敌的准备。在教材内容方面,这个《纲要》提出了体育课要以田径、球类、游戏、体操为主要教材,兵式体操则被彻底废除[①]。随着近代学校体育制度的确立,体育又开始由学校向社会渗透,这又促使现代体育文化获得了越来越多的社会认同[②]。

在民国时期,社会各界对现代体育的认知也随着时间的积累不断深化,无论是学校体育教育,还是全国性地方性体育组织以及大型运动会,都取得了一定发展。然而,由于社会动荡、战乱频繁,我国的体育发展整体水平仍然较低,人民的健康也得不到保障。

2. 以人民为中心的新中国体育

中华人民共和国的成立是中国现代体育事业发展的重大转折点。新中国高度重视人民身体素质的提升。以1952年毛泽东同志为祝贺中华全国体育总会第二届会议召开所题写的"发展体育运动,增加人民体质"为标志,我国现代体育文化的核心价值正式确立。在这一原则的指导下,

---

① 罗时铭:《中国体育通史·第三卷(1840—1926)》,人民体育出版社,2008,第254~255页。

② 罗时铭:《中国体育通史·第三卷(1840—1926)》"绪论",人民体育出版社,2008,第4页。

我国体育的学校体育、社会体育和竞技体育在物质条件并不丰富的条件下取得巨大发展：人民群众的体育参与意识和身体素质得到全面提升；德、智、体全面发展成为国家教育方针；团结拼搏、为国争光成为每一名运动员的崇高理想和奋斗目标；"友谊第一，比赛第二"成为所有人赛场上的最高追求；一大批现代体育运动得到全面普及，全社会的体育运动水平得到巨大提升。在这些现象的背后，是全体人民神情焕发、斗志昂扬的精神面貌，是一个民族告别积贫积弱、落后挨打的苦难历史之后重获新生的巨大喜悦。尽管这种奋发向上的气势被"文化大革命"的浩劫所破坏，但以人民群众为体育事业中心的、充满理想主义和浪漫主义的体育文化是我国现代体育发展史上最珍贵的思想资源之一。

3. 举国体制与金牌战略

新中国的体育事业全面建立在计划经济的基础之上，这使体育事业领域形成特征鲜明的举国体制。这种体育发展体制的基本特点是以国家利益作为衡量体育竞技成绩的最高目标，由国家负担经费，国家体育管理机构在全国范围内调动相关资源和力量，集中选拔、培养、训练有天赋的优秀体育运动员参加奥运会等国际体育赛事。争取优异比赛成绩、打破纪录、夺取金牌是举国体制的重要目标，也是举国体制存在和发展的基本动力。

20世纪70年代末，我国走上了改革开放、全面参与全球竞争的发展道路。在这一过程中，在全球竞技体育竞争特别是奥运会上的表现逐渐被视为彰显国家实力和民族自信的来源。在这种背景下，我国体育发展越来越重视运动员在全球重大竞技体育项目中特别是在奥运会这样的顶级全球体育赛事上的成绩，并逐渐形成了金牌思维。1995年，我国体育主管部门出台了《奥运争光计划》，明确提出以取得更多的奥运会奖牌，为国家争得更大荣誉为未来数年举国体制运行的目标。2002年，我国实施第二个"奥运争光计划"，即《2001—2010奥运争光计划纲要》。之后，我国又颁布实施了《2011—2020年奥运争光计划纲要》。

从实践来看,《奥运争光计划》或者大家习惯上所称的"金牌战略"对于提高我国在奥运会、亚运会等重大国际赛事上的金牌数量的确起到了重要促进作用。然而,与20世纪50年代以来广泛开展且卓有成效的人民性体育运动文化相比,举国体制搭配金牌战略所形成的体育文化的问题也是不言而喻的,这种体育文化偏离了体育来自人民和体育为了人民这一基本的价值准则,对我国体育事业改革和体育产业发展,以及体育软实力提升都造成了一定影响。

举国体制和"金牌战略"是在特定的历史条件下产生的。从新中国成立到20世纪80年代,我国在经济、社会、科技、文化、军事和人民生活水平等领域发展相对落后,一直处于全面追赶世界先进水平的过程中。在这种背景下,国家和人民迫切需要通过体育成就,特别是重大国际比赛的金牌来争取国际荣誉并增强人民对祖国的自豪感。在国力有限的情况下,举国体制和金牌战略就成为集中有限资源办大事的重要战略。20世纪末到新世纪初,我国改革开放取得举世瞩目的成就,国家综合实力和人民生活水平大幅提高。在这种背景下,通过举办奥运会向世界展示国家发展的巨大成就,将国家的综合发展水平提升一个新的起跑线,成为全体中华儿女的共同心愿。"金牌战略"由此又得到进一步强化。

但是,随着新世纪以来我国成为世界第二大经济体,以及国家在全球经济、科技、文化、社会等领域的诸多优势不断加强,全民族的中国特色社会主义道路自信、理论自信、制度自信、文化自信全面树立,中华民族也迎来了历史上最为接近伟大复兴的时刻。在新的背景下,我们已经无需过度强调通过体育金牌来为国争光。调整强调以夺得国际比赛金牌为核心目标导向的发展战略,使体育国家发展战略向增进全体人民的体育福利,促进竞技体育、职业体育、社会体育和学校体育全面均衡发展、建设世界体育强国和体育文明大国已经成为我国体育改革发展的时代主题。从这个新的时代主题出发,更多的运动健儿夺取金牌,为国争光,应该是建设世界体育强国的应有之义或自然结果,而不应是建设世界体育强国的出发点和着眼处。

4.全民健身与健康体育的回归

党的十八大以来,随着我国体育改革的不断深入和对举国体制及金牌战略的深入总结与反思,我国体育文化迎来了新的发展时期。2012年,党的十八大报告提出,要广泛开展全民健身运动,促进群众体育和竞技体育全面发展。2016年6月,国务院发布《全民健身计划(2016—2020)》,提出今后五年,面对人民群众日益增长的体育健身需求、全面建成小康社会的目标要求、推动健康中国建设的机遇挑战,需要更加准确把握新时期全民健身发展内涵的深刻变化,不断开拓发展新境界,使其成为健康中国建设的有力支撑和全面建成小康社会的国家名片。2017年1月,中共中央国务院印发《"健康中国2030"规划纲要》,其中提出了提高全民身体素质、完善全民健身公共服务体系、广泛开展全民健身运动、加强体医融合和非医疗健康干预、促进重点人群体育活动等要求。2017年,党的十九大报告明确提出,要广泛开展全民健身活动,加快推进体育强国建设,筹办好北京冬奥会、冬残奥会。十九大报告还提出,要实施健康中国战略,倡导健康文明生活方式,发展健康产业。

党的十八大以来党和国家对全民健身和健康体育的反复强调和政策部署表明,我国体育事业已经进入与人民群众健康和幸福生活紧密相连的新时代。这种比举国体制和"金牌战略"更科学、更加富于人文关怀的新的体育文化正深刻影响着我国体育发展的格局和前景。

(二)我国现代体育建设中存在的文化问题

新中国成立以来所形成的我国现代体育文化,无论是以人民为中心的导向,还是"金牌战略"的指向,都具有鲜明的国家主导色彩。国家主导体育发展的格局和方向,是我国体育文化的突出特点。在这种基本格局下,我国体育文化建设中存在的问题突出表现在以下几个方面。

第一,举国体制和金牌战略总体上降低了我国公共体育资源的使用效能，迟滞了竞技体育的市场化改革。举国体制和金牌战略方面造成全社会体育资源向能够或有可能夺取奖牌的运动项目以及容易取得成绩突破的项目倾斜。这一方面造成国家体育资源投入在不同竞技项目中的激烈竞争，另一方面也造成公共体育服务领域资源配置相对不足，从总体上降低了我国公共体育资源的使用效能。同时，举国体制和金牌战略还造成我国体育发展领域的职业化、市场化改革不彻底，即便是一些实行了职业化的体育部门，也只是举国体制条件下体制内有限的调整和修补，"政府仍然是体育管理的主体，仍以成绩为第一目标，仍垄断着职业体育的发展"①。

第二，体育文化传播导向较为刻板，忽视了体育的游戏和娱乐属性。在金牌战略影响下，我国体育文化突出强调体育为国争光的政治价值。媒体和教育领域对拼搏精神、奋斗精神、自我超越精神强调较多，而对体育的游戏和娱乐属性传播较少，运动员的生活和运动本身被塑造成辛苦、枯燥、危险而且缺少乐趣的刻板印象。这带来广大青少年对体育价值的认知偏离，在一定程度造成体育与青少年日常生活的疏离，抑制了广大青少年个人体育梦的萌生。

第三，对体育的健康和锻炼功能强调多，而对其公民养成作用认识不足。现代体育通过竞技规则、竞技伦理、竞技策略等途径，对运动参与者进行潜移默化的熏陶和教育，对于培养运动者的公平竞争意识、团队合作意识、集体荣誉意识等现代公民所必需的社会意识都具有重要的养成作用。在我国当代体育实践中，尤其是在社会体育和学校体育领域，对体育的锻炼价值和健康价值强调较多，而对体育的教育价值和规范强调不足。这与我国学校教育中团队合作对抗型竞技运动项目开展和普及不足有很大关系。

---

① 易剑东、郑志强、詹新寰、朱亚坤：《中国体育产业政策研究》，社会科学文献出版社，2016，第182页。

第四，对民族传统体育运动项目进行现代化开发的动力不足。我国传统的体育运动项目，因为不属于大型全球赛事的范围，无法成为金牌战略的目标，尽管它们对维护我国体育活动多样性、保持体育文化的中国特色，以及中华传统文化的传承与创新都具有重要意义，国家体育部门仍然缺乏对其进行现代性转化和全球性推广的动力。这限制了我国民族传统体育文化的现代化转型和全球化传播。

第五，在某些体育领域还存在科学精神不足的问题。在传统"文化－体育"项目领域，对相关运动原理和生理状态的理解和描述仍然在使用某些内涵不清楚的模糊语言，这从客观上阻碍了中国传统体育的改造和走向全球。

五、我国体育文化的时代内涵

在新的历史时代，我国社会主要矛盾已经转化为人民日益增长的美好生活需求与不平衡不充分的发展之间的矛盾。在这一背景下，党的十九大报告提出，要广泛开展全民健身活动，加快推进体育强国建设。我国体育文化应当充分反应并积极回应这一时代主题，建构与新时代和新的体育发展目标相适应的新的体育文化。

从定位上讲，新时代体育文化的构建应当充分反映中华民族伟大复兴中国梦对我国体育发展的总体要求。

从内涵上讲，新时代我国体育文化应当充分反映全球体育文明以及我国体育文化历史建构中所形成的丰富内涵、发展趋势，并着力克服全球体育文化及我国体育文化历史发展过程中的内在矛盾，顺应人类体育文明发展的时代潮流，展现人类体育文明发展的中国智慧和中国方案，为人类体育文明发展进步作出新贡献。

本报告认为，新时代我国体育文化构建的总体目标定位应当包括以下内容：构建面向中华民族伟大复兴和建设世界体育强国的民族的、科学的、大众的现代体育文明，建设富有中国特色的世界体育文明大国。

这一总体目标之下，我国体育文化的时代内涵包括几个方面，即坚持人民体育、落实健康体育、传播快乐体育、倡导文明体育、提升竞技体育、弘扬爱国体育、振兴民族体育。

——坚持人民体育就是要牢固树立以人民为中心的体育发展理念，使人民群众成为体育事业发展的根本推动者和最大受益者，做到体育为了人民，体育依靠人民，体育造福人民。

——落实健康体育就是要始终把促进人民群众的健康放在体育发展的重要地位，使促进健康生活和保持身心健康成为体育运动的重要使命。

——传播快乐体育就是要倡导、传播体育活动的娱乐价值和游戏本质，让运动者充分感受和体验体育本身所带来的快乐，从而更加亲近运动本身、更加享受运动过程。

——倡导文明体育就是要努力克服功利目的对体育文明的侵蚀，努力维护公平竞争、尊重对手、服从规则等现代体育伦理和规范，不断提升全社会的体育文明意识。

——提升竞技体育就是要用新的科技成果、价值理念等手段和方式，对竞技体育进行改造和提升，使竞技体育成为我国参与全球体育竞争和不断提升我国体育发展水平的重要动力。

——弘扬爱国体育就是要坚持和弘扬我国体育文化的爱国主义的传统，使体育活动成为新时代爱国主义动员的重要力量。

——复兴民族体育就是在要在加强民族特色体育运动项目的保护和传承的同时，通过有计划的改造和提升，推动我国优秀传统体育项目走向世界，成为人类共享的世界性的体育运动项目。

六、我国体育文化时代内涵的实现路径

充分实现我国体育文化的时代内涵，发挥其在促进全民健康、提升

国家软实力以及建设体育强国等领域的作用，是新时期我国体育改革发展的重要目标。对于我国体育文化时代内涵的实现路径，本报告提出三项建议。

（一）以理念创新引领新时代我国体育文化建设

理念创新是新时期我国体育文化建构的重要前提。实现新时代我国体育文化的时代内涵，需要通过提升、改造、构建、保留等方式来进行。

提升：提升就是要站在人类体育文明的制高点，以全球体育文明中的先进理念，丰富和提升我国体育文明的内涵，促进我国体育文化与世界体育文明充分对接，推动我国不断向世界体育文明大国的目标迈进。同时，要对体育的本质、体育的价值取向、发展体育的综合意义、体育的基本理论与实践方面的深入研究，提升我国体育文化认识高度。

改造：改造是用现代体育文明的价值观念、游戏规则、传播特点对我国体育文化进行改造。这包括民族传统运动项目的改造，也包括体育价值观的改造。要选择部分传统"体育－文化"项目进行现代化改造、使之逐步走向世界，成为传播中华体育文明的窗口。新时代我国体育文化建设的重要目标之一就是通过体育价值观的改造振奋民族精神，使中华民族完成对体育民族主义的意识形态的超越，树立世界体育文明大国的自信，以更加自信、平和、宽容的心态走向世界，开展交往。

构建：构建是指以当代体育文明的核心价值观和我国体育文化的时代使命为依据，设计、规划并实施与现代体育文化相适应的国家体育管理机制、国家体育规划和体育发展战略。与提升和改革相比，构建是更具挑战性、前瞻性和战略性的措施。要围绕我国新时代体育文明的建构，通过市场化改革、社会化改革和公共体育服务体系优化等措施，重构我国体育发展格局，形成群众体育、竞技体育、职业体育、学校体育相互补充和相互促进的发展格局。在职业体育和竞技体育领域，要强化赛事品牌建设，不断提升赛事品牌的公信力，固化公众的体育消费习惯。

保留：从体育文明的多样性和差异性来讲，体育文化具有强烈的民族国家属性，不同国家的体育文化都建立在本国本民族独特的思维方式和行为方式之上。对于中华民族丰富多样的传统"文化－体育"活动，除了有意识地选择其中部分项目进行现代化改造、使之逐步走向世界并成为全球性运动项目之外，对于大量民族特色和地域特色强烈、不具备现代化改造条件的这类"文化－体育"活动，需要通过完善的保留计划，使之通过大、中、小学特色体育课程、非物质文化遗产传承、传统民俗活动和地域性节庆活动等方式得到有效传承和保护。这既是传承发展中华传统文化的内在要求，也是维护并保持中华民族体育文化丰富性和多样性的内在要求。

（二）切实落实国家相关文件和战略规划

党的十八大以来，我国政府部门制定和颁布了《关于加快发展体育产业促进体育消费的若干意见》（2014）、《全民健身计划（2016—2020）》(2016)、《中国足球中长期发展规划(2016—2050年)》(2016)、《"健康中国2030"规划纲要》（2017）等一系列促进我国体育繁荣发展的文件，这些文件立足时代，放眼未来，体现了党和政府对我国体育发展规律的深刻认识，包含了丰富的新时代体育文化的内涵。切实落实这些文件精神，对于推进体育文明的传播、推动体育文化的大众化认同、促进全民体育素养的深化，以及开展体育本质的深层次研究和进一步拓展我国体育文化的时代内涵都具有重要的现实意义。

（三）以重点突破方式推进我国体育文化时代内涵的实现

1.以市场化与职业化改革推进竞技体育发展

长期以来，受举国体制和金牌战略的影响，我国竞技体育的市场化和职业化推进缓慢，并造成公共体育资源配置失衡等诸多问题，使我国体育发展模式在一定程度上偏离了以人民为中心的初衷。在新时代背景下，深化市场化与职业化的改革力度，加快这些领域的改革进程，对于推进我国竞技体育发展，提高竞技体育的整体水平具有重大意义。

2. 以竞技体育引领学校体育、社会体育协调发展

对于同一个运动项目而言，竞技体育代表着国家最高水平，最新的体育科技与体育医学成果都从竞技体育领域生产。因此，加强竞技体育与学校体育、社会体系的合作共享，以竞技体育引领学校体育和社会体育的发展，是实现新时代我国体育文化时代内涵的重要方式。

3. 以体育治理社会化改革倒逼管理体制的改革

举国体制和金牌战略之所以能够长期影响我国竞技体育向更高水平和更加开放、公平的层次发展，原因就在于市场开放度不足，社会性竞技运动联盟或相关协会发育水平较低，体育项目联盟或协会的自治能力较低。克服举国体制和金牌战略对我国体育文化发展造成的影响，需要推动体育治理的社会改革，壮大运动项目协会，发展运动项目的社会自治能力，提升职业运动员的流通性，从而倒逼我国竞技体育管理体制改革，促成竞技运动运行市场化和治理社会化之间的良性循环。

4. 以新的理念引领公共体育服务创新发展

公共体育服务是实现以人民为中心的体育发展理念的重要方式。在新时代，要高度关注大数据、共享经济、虚拟技术等新技术新理念对构建科学的、高效的公共服务体系的推动作用。要加快相关研究，形成政策手段，以数字虚拟和共享经济新理念等思路来推动公共体育服务的创新发展，从而更好地实现体育文化的时代内涵。

5. 以科学精神再造民族体育文化自信

在强调民族传统体育文化的独特性的同时，忽视对传统体育文化进行科学解释和科学叙述，在中华传统思维和西方科学思维之间缺少必要的对接和转换，是造成我国优秀传统体育文化（如武术文化）对外传播长期处于较低层次，难以成为全球主流竞技项目的重要原因，也是造成我国民族体育文化在面对西方体育文化时自信不足的先要因素。落实新时代我国体育文化的丰富内涵，需要以科学意识和科学话语对我国传统体育项目进行改造，使之成为与现代科学意识相融合，与现代竞技运动

规范相兼容的全球性竞技运动项目,从而树立人民对民族传统体育文化的自信。

6.提炼新时代体育文化的标识性话语

广泛传播是推动新时代体育文化内涵实现的重要路径之一。对新时代体育文化内涵进行标识化提炼,是集中表现其丰富内涵并使之易于传播的重要方式。通过对的新时代我国体育文化内涵的总结,我们提出以下标识性话语:健康快乐、提升自我、团结爱国、勇于拼搏。

其中,"健康快乐""提升自我"刻画个人层面体育对人的健康促进和娱乐提升作用;"团结爱国""勇于拼搏"刻画在国家层面,体育对公民团结爱国的动员作用,以及公民对国家体育荣誉的应有义务。

可以看到,"为国争光、无私奉献、科学求实、遵纪守法、团结协作、顽强拼搏"的中华体育精神,更多的是针对运动员和体育工作者所提出的要求。"健康快乐、提升自我、团结爱国、勇于拼搏",则是针对全民体育的体育精神,充分体现了新时期我国体育文化的时代内涵,具有鲜明的时代特征,是新时代背景下中国体育精神的新发展。

建设社会主义体育强国,是全面提升人民健康与幸福指数、促进人的全面发展的时代要求,也是我国深入参与全球体育竞争、推动全球体育发展和建构人类命运共同体的时代要求。为此,我们需要以开放、包容的态度,自觉把握并吸收那些具有普遍性的体育文化价值,并对中华优秀体育传统和优秀民族体育文化进行创造性转化和创新性发展,使之适应全球体育文明的发展趋势。只有如此,我们才能制订科学的体育发展战略,有效提升国家体育文化软实力。

当前,全社会对当代中华体育文明的时代内涵及其重要性的认识与探讨依然存在着诸多不足,这从根本上影响着我国体育领域文化自信的树立,也制约了我国体育事业的改革创新和体育文明的整体建构。我们需要在科学反思的基础上,厘清我国体育文化领域与时代发展不相适应的认识和观念,立足人文关怀和科学精神,探索与建设体育强国时代要求相适应的、面向中华民族伟大复兴中国梦的民族的、科学的、大众的新时代中华体育文明的深刻内涵，努力建构以人民为中心的健康体育、快乐体育、文明体育、爱国体育。在这样一种体育文明引导下，我国体育强国事业必将全面取得更大辉煌。

第五章　建构新时代中国特色工业文化*

随着中国成为全球第一制造业大国，以及中国制造业在全球制造业中的比例不断提升，推动中国制造全面升级、建设世界工业强国日益成为中国发展的时代命题。在中美贸易战背景下，这一命题的重大意义更加凸显。推动中国制造全面升级、建设世界工业强国需要全面推动科技创新，同时也需要高度重视中国特色工业文化的培育。建设中国特色工业文化已经成为新时期我国社会主义先进文化建设的重要维度。

一、工业文化的时代内涵

工业文化是围绕工业生产和消费所形成的文化形态，是工业文明的重要组成部分。根据不同的应用场景，工业文化有广义和狭义之分。

广义上的工业文化将工业文化的内涵扩展到物质层面，强调工业文化是物质文化和精神文化的统一体。我国政府部门颁布的《关于推进工业文化发展的指导意见》将工业文化定义为：工业文化是伴随着工业化进程而形成的、渗透到工业发展中的物质文化、制度文化和精神文化的总和。其中所提出的促进目标则包括传承和培育工业精神，树立工业发展新理念，提高全民工业文化素养，推动工业设计、工业遗产、工业旅游、企业征信以及质量品牌、企业文化建设发展等。

狭义的工业文化是支撑工业发展所必需的价值观念和伦理准则。包括工业精神和工业伦理两个维度。工业精神包括创新精神、诚信精神、工匠精神、协作精神和企业家精神等。

＊本章发表于《中国发展观察》2020年第21期。

创新精神是企业迎接挑战，进行技术创新、制度创新和管理创新的精神动力。现代工业文化是激励创新的文化，对知识产权—专利的保护正是一种从根本上保护发明与创新的文化制度。

诚信精神是在市场中保持行为诚信、恪守契约、履行承诺和义务的文化精神，也是现代工业文化的基石。

工匠精神是工业生产者对自己的产品的品质一丝不苟、精益求精、追求完美的精神理念。工匠精神体现在追求卓越品质、不断提升产品质量和用户体验以及通过细小积累实现重大工艺或技术突破的过程中，是工业从业人员追求职业荣誉、践行职业伦理、提升职业境界的敬业精神的综合体现。工匠精神还体现在不断自我突破、长期努力维护品牌声誉等过程中。

协作精神是工业生产过程中人与人之间、个体与集体之间依据工业化大生产和专业化分工的内在要求，相互尊重、相互配合、紧密协同，发挥团队力量，合作完成任务的精神。

企业家精神是企业家所应具备的创造性精神、冒险精神、敬业精神、诚信精神等价值追求和品格的总称。创造性精神是企业家推动企业创新发展的内在动力。企业家是企业的组织者和管理者，他们基于个人智慧和经验对各种资源和要素进行重新组织，创造价值。约瑟夫·熊彼特在《经济发展原理：对于利润、资本、信贷、利息和经济周期的考察》一书中指出，企业家从事的是"创造性破坏"，他们的任务在于"破坏旧传统，创造新传统"①。对资源进行重新组织的过程，正是企业家进行创新的过程。企业家作为创新过程的组织者创造性地破坏市场原有的均衡，从而创造超额利润。创造性精神是企业家最重要的品格。正如彼德·F.德鲁克在《创新与创业精神》一书中指出的，"企业家总是搜寻变革，

---

① 约瑟夫·熊彼特：《经济发展理论：对于利润、资本、信贷、利息和经济周期的考察》，何畏、易家详等译，商务印书馆，1991，第102页。

对它做出反应,并将它视作机遇而加以利用"①。冒险精神是企业家大胆决策,勇于进入不确定性领域,从可能的失败中寻求创新的机遇,并担当失败后果的开拓精神。冒险精神是企业家不可或缺的精神品质。敬业精神是企业家对事业的忠诚和责任心,包括不满现状、勇于迎接竞争、对事业的高度执着与全身心投入、持续学习和不断自我提升的精神。诚信精神是企业家自身和企业信誉的压舱石,也是企业家创新和参与市场活动的基本前提。总体而言,企业家精神既是工业精神的重要组成部分,也是工业文化形成和发展的重要动力

在狭义的工业文化概念中,与工业精神并列的另一重要维度就是工业伦理。"工业伦理指工业生产活动中人与社会、人与自然、人与人关系的行为准则和道德规范。"②工业伦理涵盖的领域包括生态伦理、环境伦理、生命伦理、政治伦理等。从生态伦理和环境伦理的角度,工业发展过程中要通过科学决策减少对自然生态环境系统的影响,保护生态平衡与生物多样性,合理利用自然资源,树立保护自然生态与生物多样性的道德品质与义务。从生命伦理和政治伦理的角度,工业发展要尊重人的生命伦理和社会文化传统,增进人的幸福,促进社会公平正义与人的全面发展。企业家群体是工业伦理的关键践行者。对于企业家而言,工业伦理是企业家对自身和企业社会使命的担当,企业家通过他们所秉持的财富观、发展观、生态观等价值观念来践行工业伦理。使命感和担当精神激励企业家超越个人私利,不断推动企业创新,为社会作出更大贡献。

---

① 彼德·F.德鲁克:《创新与创业精神》,张炜译,上海人民出版社,2002,第33页。

② 王新哲、孙星、罗民:《工业文化》,电子工业出版社,2018,第222页。

二、建设世界工业强国要高度重视工业文化的基础性作用

世界工业强国的经验表明,工业文化对推动工业发展具有基础性、长期性、关键性的影响。世界主要工业强国无一例外地拥有成熟的工业文化。"德国人严谨、美国人创新、英国人规范、日本人敬业,这其实都是工业文化中'工业精神'的体现,其内涵就是对科学规律的尊崇,对规则、制度、标准、流程的坚守。"[①]日本制造在20世纪后半期风靡全球,与日本企业的工业文化自觉有直接的关系,"很多优秀的制造企业在技术上始终追求极致,比如尺寸、美观度、精度等都要求做到最好、最美、最精"[②]。在世界工业格局的演进中,随着发达国家工业化的进程完成和新兴工业化国家的兴起,美、德、日、英这些先发工业化国家的工业增加值占全球的份额都有显著下降,但在强大的科技力量和成熟的工业文化支撑下,这些国家的制造业发展水平在全球依然处于引领地位。

我国是目前全球唯一拥有完整工业体系的国家,现代工业体系的39个大类、191个中类和525个小类我国全部拥有,这是我国工业硬实力的重要保证。2011年,我国工业产值首次超过美国,成为世界第一工业大国。2018年,我国工业增加值占全世界30%,是美国、日本和德国的工业增加值之和。但是,我国工业大而不强,发展整体水平处于全球制造业第三梯队的领先位置,与第一梯队的美国和第二梯队的英、法、德、日、意等国还有一定的差距。这一方面是由于与这些工业强国相比,我国在尖端工业装备生产、尖端工艺控制水平以及一些前沿性和尖端科技领域还相对落后,存在一定的差距。另一方面则是由于我国工

---

① 王新哲、孙星:《工业文化概念、范畴和体系框架初探》,西北工业大学学报(社会科学版),2015年第1期,第30页。

② 付向核:《日本工业文化培育与企业国际化之路》,《中国工业评论》2018年第1期,第56页。

业文化发展相对滞后，制约了制造业追赶发达国家的步伐。

我国的工业文化是融汇在国家工业"硬实力"中的文化软实力，是社会主义先进文化的重要组成部分。一方面，工业文化是推动我国先进制造业不断升级，从中国制造迈向"中国智造"的重要动力。另一方面，工业文化的不断成熟对于提升国家工业形象和中国制造的文化定价权也有着重要的作用。

人类正处在第四次工业革命的前夜，新材料、基因工程、人工智能、量子科学、核聚变等领域的技术突破即将推动全球进入新一轮产业革命，这为我国先进制造业和工业文化发展提供了巨大的历史机遇。《中国制造2025》提出，到2025年我国要迈入制造强国行列，到新中国成立一百年时，我国要进入世界制造强国前列。发达国家工业发展的历史启发我们，建设世界一流工业强国，既要在科技研发、尖端工业装备和尖端制造工艺方面向先进工业国家学习，不断寻求新突破，同时也必须改变我国工业文化整体落后的现状。十九届四中全会指出，要"激发全民族文化创造活力，更好构筑中国精神、中国价值、中国力量"。建设工业文化需要努力践行这一指导思想。

三、我国工业文化的认知和建设现状

近年来，全面提升工业文化建设已经成为我国社会的共识。2014年，《国务院关于推进文化创意和设计服务与相关产业融合发展的若干意见》明确提出，要加强科技与文化的结合，促进创意和设计产品服务的生产、交易和成果转化。这体现了我国政府对工业与文化产业融合发展的深刻认识。同年，工信部成立了致力于工业文化倡导、研究和推广的工业文化发展中心。2015年，《中国制造2025》明确提出，要培育中国特色的制造文化，"实现中国制造向中国创造的转变，中国速度向中国质量的转变，中国产品向中国品牌的转变"。2016年《关于推进工业文化发展的指导意见》对我国工业文化建设的总体目标进行了描述，提出传承和培育中国特色工业精神，树立工业发展新理念，提高全民工业文化素养等一系列目标。这些目标高度契合了我国工业发展的内在逻辑，对我国工业文化建设提出了新要求。

党的十九大以来，我国对工业文化建设的重要性的认识不断深化。十九大报告强调，要"激发和保护企业家精神，鼓励更多社会主体投身创新创业"，"建设知识型、技能型、创新型劳动者大军，弘扬劳模精神和工匠精神，营造劳动光荣的社会风尚和精益求精的敬业风气"。2018年中央政府工作报告强调，要推进智能制造，发展工业互联网平台，创建"中国制造2025"示范区，推动中国制造的品质革命。2019年，党的十九届四中全会指出："健全推动发展先进制造业、振兴实体经济的体制机制"，"弘扬科学精神和工匠精神，加快建设创新型国家"。这些认知和实践标志着我国工业文化建设已经从国家战略层面推进到了全面自觉、全民参与的新阶段。

长期以来，我国工业领域孕育了大庆精神、"两弹一星"精神、载人航天精神等工业文化典型，积淀出了自力更生、艰苦奋斗、无私奉献、爱国敬业等具有鲜明中国特色和时代特点的工业文化精神，也涌现了诸如中国航天、华为、大疆、格力、海尔等一大批创新文化精神的代表性企业。这些示范力量正在引领我国工业文化建设不断跨上新高度。中美贸易战暴发以来，华为公司在危机意识、创新文化、研发文化、管理文化等领域的卓越表现，正在被全社会所深刻认识，成为我国新时代工业文化建设的先行者。

在工业文化建设领域，随着新世纪以来我国文化创意产业的崛起和近年来文化与旅游深度融合的不断推进，工业遗产的保护与开发以及工业旅游都呈现可喜局面。一方面，在全国范围内，出现了数以千计的以老旧工业厂房为依托建设的创意园区，如北京798创意园区、首钢工业遗址的创意开发和保护区，等等。这些园区在恢复工业厂房的空间利用、为之注入文化活力的同时,也保护了这些工业遗产,使之成为展示、传播城市历史和工业文化的重要空间和载体。另一方面,许多工业企业也以厂区、车间等生产空间为依托,积极拓展工业旅游,如青岛啤酒厂、茅台酒厂、伊利集团等都在工业旅游方面取得了成功。根据国家旅游局公布的数据,2016年末,我国工业旅游人数已经达到1.4亿,全国工业旅游企业达到1157家。《全国工业旅游创新发展三年行动方案(2018—2020年)》提出,通过创新推动,到2020年,使我国工业旅游人数达到2.4亿。工业遗产保护开发与工业旅游发展已经成为展示和传播工业文化的重要平台,对我国工业文化的促进作用日益突显。

尽管近年来我国工业文化建设取得了显著进步,但仍然有诸多因素制约着我国工业文化的高质量提升。这些因素包括:全社会对工业文化重要性的认识仍不充分;工业发展的市场竞争环境不完善,市场自律和市场监管机制不健全;工业设计、品牌文化、工业体验文化和工业传播文化发展滞后;文化创意产业与制造业融合程度较低;工业文化教育覆盖面窄,等等。与这些制约因素相对应,我国制造业领域普遍存在工匠精神欠缺,创新努力不足,盗版与侵权现象较多、企业追求赚快钱、实业精神弱化,等等。这些问题在很大程度上制约了《中国制造2025》战略规划、建设世界制造强国目标的实现。

四、建构新时代中国特色的工业文化

在我国全面建成小康社会的关键时期,要实现进入世界制造强国之列的宏伟目标,工业文化建设需要全面提速。"十三五"中后期和"十四五"期间,我国要以全面贯彻《关于推进工业文化发展的指导意见》为抓手,在若干领域进行重点突破,大幅提升我国工业文化发展水平。

首先是建构当代中国工业文化价值体系。要总结提炼我国工业文化和工业精神领域的宝贵经验和价值内涵,并积极吸收借鉴国外工业文化有益成分，建构具有中国特色、全球视野、世界高度的工业文化价值体系。新时代中国特色的工业文化价值体系需要回应中华民族伟大复兴对中国工业文化的要求，需要回应中华民族"四个自信"对中国工业文化的要求，需要回应"一带一路"倡议对中国工业文化的要求，也需要回应打造人类命运共同体的崇高目标对中国工业文化的要求。面对新时代的要求，我国工业文化需要在中国发展的历史方位中寻求自身的答案。创新、协调、绿色、开放、共享这"五个发展"作为我国发展理念的总指引，为新时代我国工业文化建设提供了价值坐标，使我国工业文化的核心价值理念站在了面向建构人类命运共同体的时代制高点，并赋予我国工业文化鲜明的中国特色。

二是打造优秀的工业品牌体系。优秀的工业品牌体系是工业文化的重要表征，也是提升我国工业文化内涵和文化定价权的重要平台。要努力吸收先进工业文化，深耕现有品牌，开创新品牌，建设工业品牌评价和监督体系，不断提升我国工业领域自主品牌的全球知名度，增强我国工业品牌全球定价权，提升我国工业产品的文化附加价值。

打造优秀的工业品牌体系，需要培育中国特色的工业设计体系。在人才方面，要通过教育培训、实践锻炼与国际交流的高度融合，培养一流的工艺美术、设计艺术人才和工业设计大师。在数字科技方面，要加快推进文化创意产业、大数据、云计算和人工智能与我国工业设计的融合发展，使我国工业设计的整体水平迅速向世界一流水平靠近。在文化内涵方面，要继续深入推进中国优秀传统文化的文化基因、文化要素与工业设计文化的深度融合，创造具有中国特色、中国气派的工业设计风格，充分实现文化创意产业作为生产性服务业对我国制造业的文化价值提升作用。

三是打造工业文化体验和传播体系。在工业文化体验体系建设方面，要打造由工业遗址博物馆、工业体验馆、工业旅游等设施和目标组成的多层次的工业文化体验网络，使工业文化体验渗入公众日常生活。在传播体系建设方面，要建设以传播工业文化为主要定位、面向国内外消费者的工业文化传播平台及传媒体系，包括工业题材的影视、网络游戏、文学、美术、设计与工艺展、工业会展等，形成具有中国特色的工业文化体验和传播体系。

四是建构工业文化教育体系。首先，要逐步建立贯穿义务教育、高等教育、职业教育和终身教育体系的中国特色的工业文化教育体系，使工业文化的核心理念以及价值追求成为社会共识，使工业精神的全民普及成为我国建设世界工业强国的深厚土壤。其次，要在严格遴选的基础上，打造我国工业文化发展的本土示范群体，着力传播大庆精神、"两弹一星"精神、载人航天精神和诸多新兴优秀企业所铸造的新时代创业创新精神。此外，要积倡导对西方工业文化的研究和借鉴，拓展我国工业文化的深度和广度。

五是优化工业文化发展的外部环境。工业文化发展需要良好的外部环境支撑。在市场环境方面，要不断完善现代市场体系，使不同所有制企业在公平的竞争环境、严格的监管环境和宽松的发展环境下专注发展。要为企业开展创新研发、品牌经营、追求卓越创造良好的外部环境，逐步使我国工业文化建设的方式由外部倡导转变为企业的内生性自觉追求。在保护创新精神方面，要形成全社会尊重企业家、保护企业家精神的氛围，使企业家在建设新时代中国特色工业文化、推动我国成为世界工业强国的过程中充分发挥不可替代的重要作用。

第六章　文化赋能制度创新：国家创新体系的新内涵*

一、我国国家创新体系建构的路径与成就

我国的国家创新体系建设源起于20世纪末期。1997年，经济合作组织（OECD）发布了《国家创新体系》（National Innovation System）报告，指出人员、企业和机构之间的技术与信息流是创新过程的关键，一个国家的创新与技术发展是企业、大学、政府研究机构等各方之间通过生产、传播和应用各类技术进行复杂互动的结果。据此，经济合作组织将国家创新体系限定在科学技术创新发展与传播领域。这一报告与经济合作组织在1996年发布的另一报告《以知识为基础的经济》相呼应，高度强调知识经济崛起的背景，体现了经济合作组织对于知识经济的集体应对策略，发布后受到我国科学界的高度重视，并迅速成为我国建设国家创新体系的重要参照目标。

1997年12月，中国科学院向中央提交了《迎接知识经济时代 建设国家创新体系》的报告。该报告借鉴经济合作组织《国家创新体系》的思路，将国家创新体系定义为："国家创新体系是由知识创新和技术创新相关的机构和组织组成的网络系统，其主要组成部分是企业（大企业集团和高技术企业为主）、科研机构（包括国立科研机构、地方科研机构）和高等院校等；广义的国家创新体系还包括政府部门、其他教育培训机

＊本章以《国家创新体系新内涵》为题发表于《求知》2017年第1期。

构、中介机构和起支撑作用的基础设施。"① 这份报告勾勒了我国建设国家创新体系的总体目标和战略措施，阐述了国家创新体系的结构（包括知识创新系统、技术创新系统、知识传播系统和知识应用系统），并提出了组织实施"知识创新工程"的建议。报告受到了党和国家领导人高度重视，框定了近20年来我国国家创新体系建设的基本思路和走势。

1998年6月，国家科教领导小组原则通过了《中国科学院关于开展知识创新工程试点工作的汇报提纲》，决定由中国科学院先行启动"知识创新工程"，作为国家创新体系试点。我国的国家创新体系正式起航，进入实操过程。

进入新世纪以来，国家创新体系在国家发展全局中的地位不断提升。2001年3月，《国民经济和社会发展第十个五年计划纲要》首次将建设国家创新体系纳入国民经济和社会发展的总体规划中，明确提出深化科技体制改革，形成符合市场经济要求和科技发展规律的新机制，以及"建立国家知识创新体系，推进知识创新工程"，实现科学技术"跨越式发展"等战略目标。

2003年10月，党的十六届三中全会《关于完善社会主义市场经济体制若干问题的决定》明确提出：改革科技管理体制，加快国家创新体系建设，促进全社会科技资源高效配置和综合集成，提高科技创新能力，实现科技和经济社会发展紧密结合。我国国家创新体系建设的节奏开始加快。

2006年1月，时任国家主席胡锦涛在全国科学技术大会上宣布，到2020年，要使我国的自主创新能力显著增强，科技促进经济社会发展和保障国家安全的能力显著增强，基础科学和前沿技术研究综合实力显著增强，取得一批在世界具有重大影响的科学技术成果，"进入创

---

① 中国科学院：《迎接知识经济时代 建设国家创新体系》，《中国科学院院刊》，1998年第3期，第165页。

新型国家行列"①。同年2月,《国家中长期科学和技术发展规划纲要（2006—2020年）》进一步明确了这一战略目标,并提出要形成比较完善的中国特色国家创新体系。同时,这份纲要还就支持国家创新体系建设提出了系统的政策措施,包括财税政策激励、引进技术的消化吸收和再创新、政府采购、知识产权战略和技术标准战略、金融政策、技术的产业和推广、军民结合、国际和地区科技合作与交流、提高全民族科学文化素质等多个方面。建设中国特色国家创新体系和创新型国家目标的提出,标志着从"十一五"开始,我国国家创新体系建设的战略目标更加明确,基本格局形成,进入全面推进和体系化建设的新阶段。

2012年9月,中共中央、国务院印发了《关于深化科技体制改革加快国家创新体系建设的意见》。《意见》在《国家中长期科学和技术发展规划纲要（2006—2020年）》的基础上进一步明确了加快国家创新体系建设的指导思想、主要原则和主要目标,再次强调,到2020年,基本建成适应社会主义市场经济体制、符合科技发展规律的中国特色国家创新体系,进入创新型国家行列。《意见》还从多个方面对加快国家创新体系建设进行了系统性安排,包括：强化企业技术创新主体地位,促进科技与经济紧密结合；加强统筹部署和协同创新,提高创新体系整体效能；改革科技管理体制,促进管理科学化和资源高效利用；完善人才发展机制,激发科技人员积极性创造性等。至此,我国国家创新体系的战略目标、实施路径和体制设计均已成型,进入由中央政府大力推动、举国共襄的全面实施阶段。

自1997年中国科学院提出建设国家创新体系迄今,我国的国家创新体系建设取得了丰硕成果,我国正在从全球制造业中心迈向全球创新中心。2000年以来,在世界40个主要国家中,我国知识创造指数排名

---

① 《胡锦涛文选》（第二卷）,人民出版社,2016,第402页。

持续快速上升，到 2012 年上升到第 18 位①。2012 年，我国研究与实验发展活动（R&D）经费总量已居世界第三位，R&D 人员总量则稳居全球首位，当年全国科研工作者发表的国际科技论文数量、国内发明专业申请数量和授权数量均居世界第二位，全国科技进步对经济发展的贡献率上升到 52.2%②。根据国家统计局公布的数据，2015 年我国研究与试验发展活动（R&D）经费支出 14220 亿元，比上年增长 9.2%，占国内生产总值 2.10%，在全社会研发支出中，77% 来自企业。近年来，打造各类协同创新平台和创新中心也成为我国国创新体系建设的重要组成部分。其中，教育部主导的"2011 协同创新中心"项目，旨在大力推进高校与高校、科研院所、行业企业、地方政府以及国外科研机构的深度合作，探索适应于不同需求的协同创新模式。而国务院发布的《中国制造 2025》，则将坚持把创新摆在建设制造强国战略目标的核心位置，明确提出到 2020 年建立 15 个左右的国家制造业创新中心，以弥合科技成果与产业化发展之间的断层。

可以看到，近 20 年来，我国建构中国特色国家创新体系和进入创新型国家行列的战略目标日益明确，创新观念深入人心，全社会的创新环境得到根本性改变，国民创新潜能力得到极大激发。这些进步和成就为我国科学技术发展全面腾飞奠定了坚实基础，成为实现中国梦和中华民族伟大复兴的有力支撑。

二、人文社会科学在国家创新体系中的重要地位

尽管由中国科学院设计的国家创新体系思路孕育出了建设中国特色

---

① 中国科学技术发展战略研究院：《国家创新指数报告 2013》，科学技术出版社，2014，第 23 页。

② 中国科学技术发展战略研究院：《国家创新指数报告 2013》，科学技术出版社，2014，第 2 页。

的国家创新体系的国家战略，取得了巨大成就，但随着时间的推移，这一国家创新体系内在的局限性日益显现。其核心问题是对人文社会科学发展的重视不足。

从本质上讲，我国现行的国家创新体系是一个以科技创新为核心的单向度的国家创新体系。自这一国家创新体系提出近20年来，全社会主流认识都把国家创新体系默认为国家科技创新体系，并围绕自然科学与技术的创新发展进行资源配置和政策设计。由此带来的问题突出体现在两个方面。一是忽略了构成科学技术创新发展的人文基础——人文社会科学在国家创新体系中的重大作用，以及人文社会科学自身创新发展的重要性。二是向全社会传达了国家创新体系就是科学技术创新进步体系的刻板印象，制约了全社会对国家创新体系的综合性、全面性的系统认知和国家创新体系建设思路的完善与突破。

因此，充分理解人文社会科学在国家创新体系建设中的重要性便成为问题的关键所在。首先，国家创新体系从本质上讲，是一个国家科学技术力量和人文社会科学力量相互影响、共同促进的综合体系。人文社会科学是国家创新体系的重要组成部分，"当代任何重大科学技术问题、经济问题、社会发展问题所具有的高度的综合性质，都要求自然科学和社会科学的各主要研究部门进行多方面的广泛合作，综合运用多学科的知识和方法，而且要求把自然科学和社会科学结合成一个创造性综合体"[①]。"很多经济社会发展甚至科学进步的问题，归根结底往往是个文化问题。因此，谈创新切不可简化成单纯的自然科学技术创新，必须重视人文社会科学在国家创新体系中的作用。"[②]中外历史和经验反复证明，科学技术创新发展不可能离开人文社会科学的支撑，实现单兵突进，只

[①] 周克兴：《人文社会科学与国家创新体系》，《科学与科学技术管理》，2000年第7期，第49页。

[②] 江迪：《程天权：应重视人文社会科学在创新体系中的作用》，《人民政协报》，2008年10月25日，第A02版。

有人文社会科学创新发展与科学技术创新发展协调促进，一个国家的科学技术创新和进步才能取得长远、可持续的进步。事实上，在建设国家创新体系的过程中，推动自然科学和社会科学协调发展的问题很早就为相关政策文件所重视。例如2003年，十六届三中全会《中共中央关于完善社会主义市场经济体制若干问题的决定》提出，"建设哲学社会科学理论创新体系，促进社会科学和自然科学协调发展"。但在具体落实过程中，长期形成的倚重科学技术、轻视人文社会科学的思维惯性很难立即转型，这造成长期以来国家创新体系建设中对人文社会学科的重要作用，以及人文社会科学与自然科学协调均衡发展重视不足。

其次，从国家创新体系提出的背景看，人文社会科学及其所代表的文化创造性与科技创新一样，都已经成为国家创新力量和国际竞争的核心维度。我国国家创新体系的参照对象是经济合作组织（OECD）在1997年发布的《国家创新体系》，而这一报告正是基于知识经济。科学技术的人性化与人文化实践是知识经济的重要命题。正如我国人文社会科学工作者所指出的，知识经济是"高技术"与"高文化"相结合的技术–文化复合形态，其中"高文化"是指依托当代科学技术形成和发展的"高文化含量"的文化产业，如传媒娱乐产业（如广播电视、音像制品、报纸杂志、艺术表演等）、旅游娱乐业、教育、服务设计业等。在知识经济中，高技术与"高文化"的这种联姻对世界文化传播格局与国家间文化竞争格局带来深刻影响，"高科技推进了传统市场的世界化，随着这种世界化程度的提高，高科技手段所负载的高文化产品也提高了对其他文化的渗透力"①。20世纪90年代末以来，随着互联网的普及和全球化的不断深化，文化产业竞争成为全球主要国家间文化"软实力"竞争的重要高地。围绕全球文化竞争与软实力竞争，不仅诞生了丰富的

---

① 中国社会科学院"国家创新体系研究小组"：《全面认识知识经济和国家创新体系——来自人文社会科学家的认识》，《中国特色社会主义研究》，2000年第2期，第13页。

文化产业和创意产业发展理论,而且形成了以文化创意产业为内核的创意阶层理论、创意城市理论和创客理论,其中代表性著作有《创意城市:如何打造都市生活圈》(查尔斯·兰德利,2000)、《文化产业》(大卫·赫斯蒙德夫,2002)、《创阶层的崛起》(理查德·弗罗里达,2002)、《创意经济》(理查德·弗罗里达,2006)、《创客:新工业革命》(克里斯·安德森,2012)等。在这场具有跨时代意义的全球文化竞争中,我国抓住机遇,广泛吸收国外文化创意产业和创意城市等文化理论,深化文化体制改革,完善公共文化服务体系,打造文化产业,推动文化产业与国民经济深度融合,使文化产业成为推动我国文化繁荣发展、提升国家文化软实力、推动产业结构和城市竞争力升级的重要动力。在这一过程中,人文社会科学作为文化力量,对推动我国社会发展和提升国家治理能力发挥了重大作用。

再次,人文社会科学创新发展的水平是检验国家创新能力的重要尺度。2016年5月,习近平总书记在哲学社会科学工作座谈会上的发言,对此作出了深刻论述:"哲学社会科学是人们认识世界、改造世界的重要工具,是推动历史发展和社会进步的重要力量,其发展水平反映了一个民族的思维能力、精神品格、文明素质,体现了一个国家的综合国力和国际竞争力。一个国家的发展水平,既取决于自然科学发展水平,也取决于哲学社会科学发展水平。一个没有发达的自然科学的国家不可能走在世界前列,一个没有繁荣的哲学社会科学的国家也不可能走在世界前列。坚持和发展中国特色社会主义,需要不断在实践和理论上进行探索、用发展着的理论指导发展着的实践。在这个过程中,哲学社会科学具有不可替代的重要地位,哲学社会科学工作者具有不可替代的重要作用"[1]。正是在这个意义,我国的国家创新体系中,应该把人文社会科

---

[1] 习近平:《在哲学社会科学工作座谈会上的讲话》,《人民日报》,2016年5月18日,第1版。

学发展置于与科学技术发展同等重要的地位，形成自然科学技术与人文社会科学双轮驱动的国家创新体系。

三、重塑我国国家创新体系

国家创新体系建设的近20年，正是我国综合国力突飞猛进的年代。近20年中，我国成为世界工厂和全球主要经济贸易大国，经济总量跃居世界第二位，与世界的经济与政治关联以及国家的全球影响力都达到前所未有的新高度。一方面，"我们比历史上任何时期都更接近中华民族伟大复兴的目标，比历史上任何时期都更有信心、有能力实现这个目标"①。另一方面，作为世界主要大国，参与日益复杂和广泛的全球治理活动，维护国家政治、经济、文化和外交利益，全面提高国家治理体系和治理能力现代化都需要更加全面的理论创新和制度创新。因此，在新的形势下，原本以促进科学技术发展为核心的我国国家创新体系只有进行框架性突破，完成自身在结构与内涵上的创新，才能适应中华民族伟大复兴的战略任务对国家创新体系的内在要求。

早在2006年1月，时任中共中央总书记胡锦涛在全国科技大会上就曾指出："激发全民族创新精神，培养高水平创新人才，形成有利于自主创新的体制机制，大力推进理论创新、制度创新、科技创新，不断巩固和发展中国特色社会主义伟大事业。"②"要坚持解放思想、实事求是、与时俱进，通过理论创新不断推进制度创新、文化创新，为科技创新提供科学理论指导、有力制度保障、良好文化氛围。"③这是党和国家领导人首次明确将理论创新、制度创新、文化创新与科技创新并列，

---

① 习近平：《习近平谈治国理政》，外文出版社，2015，第35页。
② 《胡锦涛文选》（第二卷），人民出版社，2016，第402~403页。
③ 《胡锦涛文选》（第二卷），人民出版社，2016，第409页。

标志着我国国家创新体系在理论上形成了重要突破。2014年9月的夏季达沃斯论坛上，国务院总理李克强提出，要在960万平方公里土地上掀起"大众创业""草根创业"的新浪潮，形成"万众创新""人人创新"的新势态，"创新"成为释放全民族创造力的端口。2015年10月，党的十八届五中全会提出了创新发展、协调发展、绿色发展、开放发展、共享发展五大理念，并把创新发展置于五大发展理念之首。十八届五中全会特别指出，坚持创新发展，必须把创新摆在国家发展全局的核心位置，不断推进理论创新、制度创新、科技创新、文化创新等各方面创新，让创新贯穿党和国家一切工作，让创新在全社会蔚然成风。十八届五中全会对文化创新与理论创新、制度创新和科技创新这四大创新领域的进一步肯定，标志着中国特色的国家创新体系的进一步成熟，一个新国家创新体系框架初步形成。面向"两个一百年"，我们需要站在实现中华民族伟大复兴和开创中华文明新高度的角度，从理论创新、制度创新、文化创新和科技创新这四大创新领域来认识并重塑国家创新体系的新内涵。

理论创新是发挥人文社会科学重大功用的基本方式，理论创新的水平与高度决定着中华文明在人类文明体系中的地位与高度。我国国家创新体系中的理论创新可以划分为学科理论创新与社会理论创新。学科理论创新领域，应当努力提升我国人文社会科学的学科研究水平，建设具有中国特色、中国风格和中国气派的人文社会科学体系，建构中国人文社会科学在当代世界人文社会科学领域的话语权。社会理论创新领域，应当坚持解放思想、实事求是的原则，努力为我国社会管理体制、经济体制、政治体制、文化体制、科学技术创新体制等领域的改革发展提供价值基础和理论依据，不断把马克思主义中国化推向前进。

制度创新是社会发展进步的基本方式。我国新型国家创新体系中，制度创新应该以理论创新为基础，不断完善社会主义民主政治和社会主义法治、社会主义先进文化、社会主义市场经济等体制，确立市场在资源配置中的决定性作用，为中国特色社会主义建设提供优良的政治、经济、文化和社会管理制度,推动"创新发展、协调发展、绿色发展、开放发展、共享发展"等五大发展理念的全面实现。

文化创新是国家创新体系的灵魂,是国家创新能力中最根本、最基础、影响最为深远的组成部分。在我国新型国家创新体系中,文化创新应以马克思主义文化发展理论为指导,广泛吸收中外文化发展的理论与实践,弘扬社会主义核心价值观,深化文化体制改革,大力发展文化产业,优化公共文化服务体系,提升国家文化软实力,推动我国文化发展的理论与实践全面创新,开创中华文明的新高度。

科技创新是近20年来我国国家创新体系着力打造的核心部分。在新的国家创新体系框架中,科技创新应当坚持打造中国特色的科技创新体系和建设创新型国家的基本目标,努力推动我国科技技术发展水平全面迈向世界前列,为实现中华民族伟大复兴提供坚实的"硬实力"保障。

通过上述四维并举,我国的国家创新体系建设在格局和内涵上都已经发生根本性变化。一个强有力的,能够为改革开放事业和中华民族伟大复兴提供全方位支撑的综合性国家创新体系必将超越近20年来以科学技术创新发展为核心目标的国家创新体系的历史局限,将中华文明和中华民族带向新的历史高度。

改革开放没有完成时只有进行时,国家创新体系建设同样也没有完成时只有进行时。正如习近平总书记所指出的,"我们要把完善和发展中国特色社会主义制度、推进国家治理体系和治理能力现代化作为全面深化改革的总目标,勇于推进理论创新、实践创新、制度创新以及其他各方面创新,让制度更加成熟定型,让发展更有质量,让治理更有水平,让人民更有获得感。"[①]

---

① 习近平:《在庆祝中国共产党成立95周年大会上的讲话》,《人民日报》,2016年7月2日,第2版。

第三编 区域与乡村文化发展研究

第七章　浙江文化建设的创新与突破*

浙江省是我国非公有制经济占比最高的省区之一。2013年，浙江省GDP达到3733.4亿元，占全国经济总量的6.3%，其中省内非公有制经济实现增加值占全省生产总值的比重达到74.7%。同年，浙江省文化产业增加值占全省GDP的5.0%，比全国平均值3.63%高出1.34个百分点，文化产业增加值占当年全国总量的8.8%[①]。非公有制经济占主导地位的特点决定了浙江经济发展道路的独特性。本文试图从经济与文化融合发展的角度解释浙江文化建设中的创新与突破动力机制及其启示。

一、建构市场伦理：浙江经济增长的文化动力

浙江的非公有制经济在很大程度上是一种草根经济，其根源是传统小农经济和个体手工业经济。在改革开放初期，在全社会各类产品普遍短缺、市场竞争度相对较低的背景下，这种草根经济的灵活性和与市场需求的高度对接使它在市场竞争中占尽先机，确立了浙江在我国省域经济竞争中的突出优势。但随着改革开放的不断深化，浙商在国内国际遇到的市场竞争日趋激烈，草根经济背后的商业文化与现代商业伦理之间的深层矛盾日益暴露。市场信用体系不完善、浙商文化与现代经济伦理的矛盾、家族式管理与现代企业治理体制的矛盾、经济增长与资源和环境支撑的矛盾等，都成为浙江经济可持续发展的重大挑战。如何认识并应对这些矛盾与挑战，成为贯穿于浙江经济发展过程的文化瓶颈，也成

---

* 本章完成于2014年。
① 数据来源：国家统计局网站和浙江省统计局。

为浙江经济发展面临的最核心的文化命题。对此，浙江人求真务实，沉着应对，不断进取，使浙江经济发展逐步从草根经济的文化制约中突围出来，成功走出了一条面向经济发展的文化创新之路。这条面向文化与经济融合发展的文化创新之路有三个核心内容：全面建构现代市场伦理、培育创业创新精神、提升经济发展的文化内涵。

（一）全面建构现代市场伦理

现代市场伦理是一整套保证市场经济可持续发生的价值观念，其基础是保证公平交易的市场信用体系。现代市场伦理以市场信用为基础，扩展到市场交易和运行规范、现代企业治理理念等领域，体现了市场经济的基本规则。浙江省在建构现代市场伦理过程中，重点抓了三个方面。

一是全面建构社会诚信体系。浙江建构社会诚信体的动力是打造江浙经济的市场信誉，其直接起因则是20世纪90年代早期温州皮鞋毁灭温州商业信誉这段历史教训。早在2000年，《浙江省建设文化大省纲要（2001—2020）》就提出，要"努力建立适应社会主义市场经济发展的思想道德体系，完善与经济社会发展要求相适应的文化发展格局"。2002年，浙江省政府下发了《关于建设"信用浙江"的若干意见》，明确提出建设"信用浙江"。2005年，浙江省政府出台了《浙江省企业信用征集和发布管理办法》，广泛开展道德教育，培育信用文化。浙江省委省政府先后出台了《浙江省公民道德规范》《浙江省公民道德建设纲要》等指导性文件，推动社会诚信体系建构与公民道德建设的融合促进。弘扬公民美德的"最美浙江人"评选、凝聚社会价值共识的"我们的共同价值观"大讨论、传承传统文化的"我们的节日"主题活动、建构新农村农民群众"精神家园"的农村文化大礼堂建设活动等一个个富有浙江特色的文化原创活动，都是浙江公民道德建设和社会诚信铸造的生动实践。

2012年，《浙江省公民道德建设纲要》明确提出，"着眼于建设'信用浙江'，把诚信建设摆在突出位置，大力推进政务诚信、商务诚信、社会诚信、司法公信和个人诚信建设，强化诚信理念，弘扬诚信精神，培养诚信品质，形成'诚信为本、操守为重"的社会风尚。抓紧建立健全覆盖全社会的征信体系，加强诚信信息征集和披露、诚信评价、诚信自律、诚信奖惩等机制建设，规范信用行为，加强信用监管，在全社会广泛形成'有信者荣、失信者耻、无信者忧'的氛围"。《浙江省公民道德建设纲要》的出台，标志着浙江市场伦理建设进入了整体性推进的新阶段。

二是引导传统的本土商业文化向现代市场伦理转型。在社会诚信体系建设中，浙江省委省政府还特别注意引导"浙商文化"向现代市场伦理转型，使浙商经济在更为健康的金融环境中成长。在浙江经济发展的早期，以血缘、姻缘、地缘为纽带的传统人际关系对于经济发展有着重要的影响，浙江经济中特有的"团块经济"的形成与这种人际关系中"传、扶、帮、带"文化有关密切的内在关联。但当经济发展到一定阶段，浙江企业需要面对全国市场竞争和世界市场竞争的更大挑战时，这种以"熟人社会"为基础的商业伦理的局限性就凸显出来。一方面它制约了企业在普遍的市场信用基础上扩张和成长。另一方面，小圈子内部相互担保在金融风险到来时就会变成企业之间风险捆绑，使企业金融风险陡增，很容易出现系统性风险。金融危机爆发后浙江企业界出现的一些"跑路"现象，都与这种不成熟的商业伦理有关。对此，浙江省积极进行浙江本土金融机制创新，通过创新金融服务机制，一方面解决浙江民营企业融资难题，另一方面引导浙江民营经济向现代金融机制转型，使广大浙商在通向现代商业伦理的转型之路上迈出重要步伐。

三是推动民营企业建立现代企业制度。由于特殊的历史原因，浙江民营经济普遍存在着能人经济、家族管理等问题，这对浙江经济迈上更高台阶、走向更为广阔的舞台形成重大制约。金融危机爆发后，能人经济、家族管理模式遇到巨大挑战，浙江省委省政府抓住机遇，积极引导民营企业推进股权社会化、经营专业化、管理职业化等现代企业治理体系原则，把全省现代市场伦理建设推进到新层面。长期不懈的社会信用体系建构和现代商业伦理建设使浙江企业的市场诚信观念和市场伦理观念得到极大提升，浙江制造名牌不断涌现、声誉鹊起，在世界经济舞台上攻城略地，成为中国经济走向世界的一支劲旅。

（二）着力培育创业创新精神

创业初期，浙江民营企业家凭借"走遍千山万水、说尽千言万语、想尽千方百计、尝遍千辛万苦"的"四千精神"，使浙江从计划经济时期的落后地区一跃而成为全国经济发展的排头兵之一。历届浙江省委省政府深刻认识到，浙江现代化建设必须以人的精神现代化为支撑，并明确提出浙江发展的根本动力是浙江文化所蕴含的创业与创新"双创"精神。浙江本地学者也明确提出，"建设现代化浙江，需要形成两种新的精神文化因素，具体来说，需要形成'竞争性'和'规范性'两种因素精神文化因素"①。新世纪以来的十多年，浙江省始终把社会主义核心价值体系放在文化建设"三大体系"之首，并围绕市场经济和社会现代化所必需的社会诚信、创新精神、公民道德建设进行各种形式的价值建构。2009年2月，在台州调研的浙江省委书记赵洪祝用"千方百计提升品牌、千方百计保持市场、千方百计自主创新、千方百计改善管理"的"新四千"精神激励浙江民营企业家在金融危机中创新开拓。十多年来，浙江省先后多次提炼浙江精神及其时代内涵，从最初的"自强不息、坚韧不拔、勇于创新、讲求实效"到修订版的"求真务实、诚信和谐、开放图强"，从我们的共同价值观"务实、诚信、崇学、向善"的形成到2012年省第十三次代表会提出使全省人民"物质富有　精神富有"的文化建设新目标，都体现了浙江现代化建设中对创新精神的高度重视。

在培育创业创新精神过程中，浙江省明确提出建设创新型省份的战

---

① 陈立旭：《建设文化强省：基于现代化浙江战略目标的考察》，《2013年浙江发展报告（文化卷）》，陈野执行主编，杭州出版社，2013，第65页。

略,并将创新人才的培养作为建设创新型省份的关键环节。"建设创新型省份,关键是培养造就大批高素质的具有蓬勃创造精神的科技人才,努力形成人才辈出的局面,让自主创新的源泉充分涌流。"①

浙江省还通过"百千万科技创新人才工程"和"创新领军人物计划"、完善技术要素参与分配、加大科技奖励、大幅提高 R&D 投入等多种方式激励科研创新和企业创新。在全省共同努力下,浙江传统文化中的创业创新精神在新的历史条件下得到新的提升和弘扬,根据中国科学院发布的《中国科学发展报告(2010)》,浙江省在全国各省中科技创新指数位列全国第二位,仅次于广东省。更为重要的是,对创业创新精神的倡导和培育极大地激发了浙江企业家和全省人民的创新实践与探索实践,使浙江省成为经济创新最活跃的省份之一,促成了阿里巴巴等一批世界级企业的诞生,极大地促进了浙江经济、社会的创新与进步。正如浙江学者所总结的,"30多年来,浙江在没有特殊优惠政策和特殊资源的情况下,经济迅猛发展,经济社会发展充满生机和活力。取得这些巨大成就的深层原因,就在于浙江的文化传统与市场经济的深深契合,就在于深厚的文化底蕴所包含的创业创新的'文化基因',就在于浙江精神的极大丰富与发展"②。

(三)提升经济发展的文化内涵

经济上高度的外向型特点、发达的民营经济、地域狭小与资源匮乏、环境保护压力等各种因素的并存,决定了浙江比全国多数地方更强烈地感受到产业升级转型、经济结构优化提升和环境保护的压力和挑战。20世纪90年代以来,江浙经济发展的主要方式依然是投资驱动,随着浙江经济规模的不断增长,环境承载力、水、土地、能源要素供给等成为

---

① 习近平:《干在实处 走在前列——推进浙江文化发展的思考与实践》,中共中央党校出版社,2013,第137页。
② 胡坚:《对精神富有的几点认识》,《浙江日报》,2012年8月27日,第14版。

经济可持续增长的重大制约因素。2003年11月，浙江省委第十一届四次全体（扩大）会议把进一步发挥浙江的人文优势，积极推进科教兴省、人才强省，加快建设文化大省列入"八八战略"。2005年1月，习近平同志在浙江省委党委务虚会上指出，"转变经济增长方式是我省经济形态发展的内在要求，是解决我省经济发展与人口、资源、环境的矛盾的根本出路，更是我们落实科学发展观的自觉行动"①。同一时期，浙江明确提出了"凤凰涅槃、腾笼换鸟"的产业结构调整和提升战略。浙江在推动经济整体转型升级过程中，始终强调文化因素特别是创新因素的重大作用，强调通过加强人力资源、科技创新等高端要素供给，完成从粗放型经济增长方式向充分发挥人力资源优势的增长方式转变。2005年，《关于加快建设文化大省的决定》提出，"全面提高人的素质，是加快建设文化大省的核心内容。要以全体公民为对象，面向社会、面向基层、面向未成年人和大学生，着力增强公民的思想道德素质、科学文化素质和健康素质，不断提高全社会的文明程度"。

金融危机给浙江经济造成了重大冲击。2008年下半年，南望集团、华联三鑫、江龙控股、宁波中强等一批大型民营企业集中出现危机，或关门停产，或濒临破产。2009年第1季度，浙江全省地区生产总值同比增幅仅为3.4%，工业增加值同比增长剧减为负4.4%，并拖累第二产业出现同比负3%的增长率。2009年1—5月，浙江省进出口总额比2008年同期下降20%，遭受重创。②金融危机爆发后，浙江省委省政府积极应对，以危机作为转变发展模式的动力，全力推动民营经济创新和民营企业走创新、升级发展之路。2013年，浙江省从本省土地空间有限但发展机遇不可错过的现实出发，提出了"四换三名"工程，在全省

---

① 习近平：《干在实处 走在前列——推进浙江文化发展的思考与实践》，中共中央党校出版社，2013，第32页。

② 数据来源：浙江省统计局。

加快开展快腾笼换鸟、机器换人、空间换地、电商换市的战略举措，努力培育名企、名品、名家。从浙江经济发展的内生动力到浙江经济升级的路径选择过程，都可以看出，对市场经济基本伦理认知的不断深化和市场竞争规律的自觉把握，是浙江经济发展的密码。

在推动全省产业升级的过程中，浙江省高度重视以信息化引领新型工业化，大力提升现代服务业在经济总体的比重，走出了以互联网产业为代表的新经济与传统产业融合发展的新路。诞生于杭州市的阿里巴巴企业以基于互联网的商业模式、商业伦理和创新文化为浙江经济注入了富有时代内涵的创新精神。阿里巴巴从电子商务起家，逐步发展成为集电商、云服务、互联网金融、大数据、影视与数字娱乐等众多业务的文化传媒平台，其所创立的支付宝开创了中国经济生活中新的信用模式。阿里巴巴的成功表明，浙江企业走向世界、驾驭市场经济的能力提升到了新的水平。

二、创新与突破：浙江文化建设的本土路径

让文化为经济建设、政治建设和社会建设提供更加有力的支撑，对浙江综合实力和竞争力的提升作用更加突出，这是经济建设走在全国前列的重要保证，是浙江文化发展的重要特色。浙江省在文化建设中，还始终强调使文化发展水平与经济社会发展水平相适应，努力使全省在建设社会主义核心价值体系、加强公共文化服务、加快文化产业发展等方面走在前列。在这一目标的引导下，浙江人在文化建设领域不断创新，使全省文化建设呈现出鲜明的地方特色，为我国文化建设提供了宝贵的浙江经验。

（一）文化自觉成为一种习惯

高度的文化自觉是浙江文化建设留给我们的第一印象。开放的地域风气和高度重视文化教育的地方传统决定了文化自觉始终贯穿在浙江发

展的过程中。从 21 世纪之初开始，浙江发展的文化战略历经了三次跃升，文化自觉意识不断提升。2000 年出台的《浙江省建设文化大省纲要（2001—2015）》充分体现了初步富裕起来、经济建设走在全国前列的浙江对文化建设重要性、必要性的深刻认识，标志着浙江文化建设跨上了意识自觉的新起点。2005 年出台的《加快建设文化大省的决定》将文化建设纳入浙江全面发展的"八八战略"，并提出了深入推进文明素质工程、文化精品工程、文化研究工程、文化保护工程、文化产业促进工程、文化阵地工程、文化传播工程、文化人才工程等"八项工程"，这标志着浙江文化建设走向了路径自觉。2011 年出台的《中共浙江省委关于认真贯彻党的十七届六中全会精神 大力推进文化强省建设的决定》，要求深入推进社会主义核心价值体系、公共文化服务体系、文化产业发展体系等"三大体系"建设，并重点实施中国特色社会主义理论体系普及计划、公民道德养成计划、文艺精品打造计划、网络文化和现代媒体建设计划、重大文化设施建设计划、基本公共文化服务提升计划、文化遗产传承计划、文化产业倍增计划、对外文化拓展计划、文化名家造就计划等"十大计划"，标志着浙江文化建设的路径自觉更加成熟和清晰，文化建设的战略目标更加明确。2012 年，浙江省第十三次代表大会上的报告提出了建设物质富裕、精神富有的社会主义现代化浙江的战略目标，并指出"要更加强调共建共享，更加强调社会和谐，更加强调物的现代化与人的现代化有机统一，使现代化建设成果惠及全省人民，切实增强全省人民的发展自豪感、生活幸福感、心灵归属感、社会认同感"，这标志着浙江文化建设正在走向文化发展的本位自觉。所谓文化发展的本位自觉，就是要让文化建设从服务于发展、从发展的配角地位回归到发展的主角地位，让文化本身成为发展的最高目标，使文化建设真正服从于人的全面发展，从而让人民生活得更有文化内涵。只有充分实现了文化发展的本位自觉，文化发展才能摆脱"为经济建设搭台"的尴尬地位，真正成为发展本身的目标。浙江文化战略不断走向自觉的跃升过程，正是浙江文化建设不断创新和突破的重要动力。

　　文化自觉在浙江的第二个鲜明特点是打造全面创新的文化发展格局。从确立建设文化大省开始，浙江人就将全面创新贯彻在了文化建设的方方面面。在公共文化服务领域，为推进基层公共文化服务设施建设，浙江创造性地提出了东海明珠工程，以显著高于国家标准的要求推进乡镇和村级的公共文化服务场所建设，使全省基层公共文化服务基础设施全面走在全国前列。近年来，浙江省又根据基层公共文化服务发展的新需求，在省重点建设农村"文化礼堂"，通过资源整合、功能升级、自我管理等方式全面提升乡村公共文化服务效率，为全国基层公共文化服务绩效提升提供了新的浙江经验。在公共文化服务领域，浙江开展了基层公共文化服务"创新奖"评选活动。公共博物馆免费开放、国家5A级的西湖景区整体免费开放都是全国首创；杭州市开创的公共图书馆"一证通"，在全国首创市级—县、区级—街道、乡镇—村四级公共图书馆通借通还模式，并将外来人口、农民工一并纳入服务对象，提升了我国公共图书馆的服务模式和理念；浙江各地还纷纷提出了十五分钟文化圈、农民工文化绿卡、千镇万村"种文化"、"流动文化加油站"、"百分之一文化计划"、"一村一品"、"文化富民四季行"等多种公共文化服务的理念与方式，不断丰富公共文化服务的内涵。在文化产业领域，浙江人更是以其独有的商业敏感和创新意识开拓着中国文化产业的新业态和新边界。亚洲最大的影视拍摄与制作基地横店影视文化产业试验区、全球文化类商品贸易风向标中国（义乌）文化产品交易会、中国最大的民营电视剧生产商华策影视、"中国演艺第一股"宋城演艺、"中国电影第一股"华谊兄弟、"网吧软件第一股"网顺科技等均出自浙江，这些文化企业的市场成功无不来自商业模式与文化内容的成功创新。早在10多年前，习近平同志就曾说过，"浙江20多年的发展史，就是一部创新史"①。在浙江，文化创新已经为一种自觉习惯。多年来浙江文化建设的历史，正是浙江人不断开创文化建设新格局的创新史。

文化产业成为经济发展的重要引擎，是浙江文化建设的突出成就。过去10年间，浙江文化产业增加值快速增长，横店集团、中南卡通、宋城演艺、华策影视、华数传媒、浙报传媒等一大批文化企业强势崛起，中国义乌文化产品交易会、杭州国际动漫节、横店影视产业实验区、杭州滨江影视动画基地、中国(浙江)影视产业国际合作实验区等文化品牌在市场竞争中脱颖而出，浙江动漫、电视剧产量和文化产品出口额稳居全国前列，形成了文化产业发展的浙江现象。根据中国人民大学在2011年发布的《中国省市文化产业发展指数》，2010年浙江文化产业发展的综合水平在全国排名第四位，仅次于北京、上海和广东。从2004年到2012年，浙江的文化产业增加值从377.6亿元增加到1581.7亿元，GDP占比从3.2%上升到4.56%，比全国总体水平3.48%高出1.08个百分点。同一时期，浙江文化产业的内部结构也不断优化，文化内容的生产能力大幅提升，文化服务业在浙江文化产业增加值中的比重从28.71%上升到45.18%。2012年，杭州市、金华市等地区的文化产业增加值均已经超过本地GDP的6%。杭州市的文化创意产业增加值更是达到GDP的13.59%，比肩京、沪、深，位列国内文化创意产业最为发达的城市之列。无论是从经济贡献和文化创新贡献而言，文化产业都在迅速成长为浙江发展的战略性支柱产业。

更为重要的是，在浙江，文化产业正在与旅游经济、信息经济、电子商务、智慧城市建设密切融合，成为浙江提升经济结构、提高发展质量的重要动力。在文化与旅游经济领域，横店影视基地和杭州宋城演艺是突出的代表。在短短十几年间，横店影视基地从无到有，从小到大，

---

① 习近平：《干在实处 走在前列——推进浙江文化发展的思考与实践》，中共中央党校出版社，2013，第79页。

建成13个景区、28个拍摄基地、13个摄影棚,年接待剧组150个,拍摄影视剧数量占全国总数的近1/4,成为"中国好莱坞"。与此同时,文化资源的集聚和积淀使横店影视基地迅速成长为超大型的影视旅游主题公园和娱乐休闲基地、国家5A级风景旅游区。2011年,横店影视城接待游客约1100万人次,成为国内仅次于北京故宫、张家界武陵源和北京颐和园的第四大景区。横店影视、旅游文化产业的崛起不仅使本地区新农村建设迈向新型城镇化道路,更从整体上改变了东阳市的经济发展路径,使东阳全市经济向文化经济和服务经济迅速转型。

宋城演艺是浙江旅游产业与文化经济深度融合的另一个突出样板。成立于1996年的宋城演艺公司致力于以文化演艺提升旅游产业的内在价值,公司以18年磨一剑的精神成功打造出与拉斯维加斯的"O"秀、巴黎红磨坊并称"世界三大名秀"的"宋城千古情"演出。"宋城千古情"从问世到2014年已经演出16000余场,接待观众4800余万人,不仅创造了全国文化演艺收入第一、利润第一、观众人数第一、演出场次第一的奇迹,也成为中国人创造的世界第一演出秀。2013年,杭州宋城景区以90亩的土地,创造了超过3.5亿元的收入和超过2.7亿元的利润,平均每亩土地创造收入超过388万元,利润超过300万元,创造了极高的土地"亩产"收益。在景区收益之外,"宋城千古情"还为杭州市创造了远超景区收益的旅游综合收益。"宋城千古情"以一台充满神奇魅力的演艺节目为起点,通过精心打造个性化景区和剧场集群,引领杭州市的旅游业态从以西湖为中心的观光旅游向观光与文化体验相结合的深度旅游的转型,为杭州这座千年古都和人间天堂注入了新的文化魅力,并为杭州迈向"世界休闲之都"作出了不可替代的贡献。2014年,以"宋城千古情"为生长内核的上市公司宋城演艺已经拥有在建和建成的剧院23个,总座位数39100个,超过世界著名演艺中心伦敦西区剧场座位数,成长为我国最大的演艺集团,它所代表的浙江力量正在深刻改变着中国的旅游和文化演艺生态。

在浙江，文化与经济的密切融合还突出表现在网络经济的快速发展，凭借浙江人特有的创业敏感和创新意识，以及领先全国的互联网普及率、宽带普及率、新一代互联网核心资源IPv6地址等核心资源，浙江人创造了我国最为发达的电子商务经济，杭州市、金华市分别成为"中国电子商务之都"和"中国电子商务创业示范城市"。2013年，浙江全省电子商务交易额突破1.6万亿元，拥有全球最大的B2B平台、C2C平台和第三方支付平台及一大批全国领先的行业电子商务平台。在全省建设智慧城市和大力推进电子商务等互联网经济背景下，一批互联网文化企业脱颖而出。2013年，杭州市文化创意产业中信息服务业增加值高达474亿元，占全市文化创意产业增加值的比例高达34.9%，在全市文化创意产业部门中占绝对领先的地位。杭州市还涌现了全球最大的电子商务企业阿里巴巴集团、全国最大的互动电视及3G手机电视内容提供商华数数字电视传媒集团等一批在全球和全国具有重要影响力的文化内容与信息服务企业，文化经济与信息产业的深度整合已经从产业形态内核层面引导着杭州经济发展与城市建构的基本路径。金华市是浙江省电子商务和网络经济发展的又一个样板，市政府将网络经济列为"一号产业"进行强势推进，并成立了国内首个"网络经济发展局"。2013年金华市电子商务交易额、软件和作息服务主营收入规模都位列全省第二，拥有国内视频娱乐行业龙头企业浙江天格信息技术有限公司、全国最大游戏服务网站金华比奇网络科技有限公司等一批具有全国影响的网络文化企业。根据相关统计，金华市网商发展指数在全国百强城市中位列第八，成为资源和人才都相对短缺的三线城市在网络经济领域成功逆袭的范例。

（二）文化发展走出本土路径

浙江的基层文化建设正在走出一种富于特色的本土化发展路径。在江山市大陈村，村民集聚由祠堂改建的村文化礼堂，意气风发地演唱本村歌和村民自编自演的舞蹈，这已经成为他们日常文化生活的重要组成部分;在江山市廿八都镇浔里村,镇长亲自主持村民自编自演的歌舞,80多岁的老奶奶在搀扶下登台演唱古老的本地民歌;在浦江县张礼村,面积不算太大的村绘画陈列馆中,一幅幅本村村民创作的书法和画作精心陈列,儿童与白发老者安然自得,沉浸于书画创作。在一幅幅浦江籍艺术大师珍贵手迹和本地普通居民的画作中,人们能够深切感受到浦江书画的灵魂和浦江本土文化的血脉。

在浙江,文化发展的本土化路径的形成与求真务实、富于创新的浙江精神密不可分。正是因此,浙江文化发展的本土化路径也呈现出鲜明的本地性、微观性、基层性,体现出基层文化活动的创造涌流。"耕山播海""唱响文明赞歌""百镇千村种文化""一村一特色""一村一歌""一堂一品牌"以及村际文化活动PK等多种形式的群众文化培育活动使一个个乡村成为充满本土特色的文化娱乐活动空间。每个村庄的个性化的传统文化被挖掘、开发,重新进入村民的文化生活空间,成为他们文化生活幸福感的重要来源和本土文化认同的基石。乡村文化生活中疏离已久的乡情与诗意重新回归,人们拥抱并享受一种传统与现代相融合的新型乡村生活。

农村"文化礼堂"是浙江基层文化发展本土化路径建构的重要推手。"文化礼堂"在空间上提供了最接近村民的开放活动空间,在功能上提供了乡村文化活动与日常生活的无缝对接。一些由祠堂、会堂、影剧院改造而成的文化礼堂本身就具有特别的吸引性和熟悉感。娱乐、交往、办事功能和服务等功能的高度重合,使文化礼堂成为一种日常化的公共空间。村民在文化礼堂中相遇,交往、享受、体验、参与、娱乐、办事,在熟悉的本土文化和生活方式中,共同完成了社区文化的重建。这种社区文化的重建对于提高乡村群众的公共生活参与感、本土文化认同感和个人生活幸福感具有重大意义。市场经济曾经无情地抽空乡村公共空间和本土文化共享的传统。外出打工、个人创业、以家庭为单位的电视娱乐文化、以个人为单位的网络游戏文化都加速了传统的社区公共文化空间的解体，使社区居民成为个体化的文化孤独者。在市场经济的初期，这种对社区文化空间的疏离对创业意识、市场竞争意识的形成无疑具有重要的激发作用。但随着市场竞争压力不断加大，人们的孤独感、焦虑感也会不断增加，对社区公共文化空间的归属需求和依赖会重新增加。文化礼堂正好为他们提供了社区文化空间。这正是文化礼堂的意义所在。同时，文化礼堂在公共服务功能上的高度整合，也从机制上解决了基层文化建设中资源投放重复、分散分割、与主体需求不匹配的问题，使公共文化资源配置和使用效率极大提高，为我国基层公共文化服务建设提供了重要经验。

浙江文化建设中本土化路径的探寻，是我国在经济长期快速增长到一定阶段，人民生活实现基本小康之际一项重要的文化复兴。从晚清到"文化大革命"，对本土文化的种种批判与"革命"，使中华民族的文化根基受到严重削弱，中华民族的文化自信也深受影响。改革开放以来，我国文化建设取得巨大成就，民族文化自信不断强化，传统文化的价值也重新得到认识和重视。今天，在中华民族走向世界舞台的中心地带的时候，建设一种基于中华传统文化，能够彰显中华民族传统美德、包容精神和创造能力的本土化文化生活方式，以中华传统文化的内在魅力和当代活力为灵魂，向世界展示中国气派、中国精神、中国风格的文化品格与文化产品，无疑是中华文化复兴的重要内容。这正是浙江文化建设中本土化路径探索的根本意义所在。

三、浙江启示：通向文明典范的文化治理

浙江文化建设的本土化发展路径向我们展示了一种全新的文化治理方式。这种全新的治理方式就是让人民群众以公共文化服务主体的方式参与到公共文化服务的决策、供给过程。在浙江，基层公共文化服务产品提供过程早已经形成协商决策的惯例，政府、咨询专家和群众意见都

能充分体现公共文化活动经费的使用过程中,公共文化服务产品提供和采购的针对性和有效性比传统上单纯由政府部门决策有了很大提升。乡村综合文化活动中心、村级文化活动中心的经费如何使用,购买何种文化活动产品,开展何种活动,都会事先征求群众意见,确保文化活动经费真正用在群众需求的方面。同时,全省村和乡镇(街道)一级的公共文化活动经费支出都已经公开化,接受群众的监督和查询。在浙江,文化治理的创新还表现在城市志愿者协会和志愿者以多种形式介入公共文化服务。志愿者力量的介入不仅丰富了公共文化服务的形式和内容,而且拓展了公共文化服务效能和边界,为公共文化服务注入社会自我组织、自我治理的内涵,使公共文化服务成为社会治理的有机组成。

"治理"作为20世纪末以来国际政治领域兴起的新概念,主要是相对传统的"统治"而言的。与"统治"相比,"治理"更加强调政府、社会组织、企业、公民等多主体对公共决策和公共事务的共同参与,体现出政府权力的适度让渡,以及协商的广泛采用和各主体间权力的平行运用。"治理"这一政治概念的兴起,与人类社会普遍进入知识社会和网络社会这一时代背景密切相关。知识社会和网络社会的兴起,全球风险社会的到来,都使公众进行意见表达和参与公共事务决策的意识空前觉醒,"我们正在经历着一个权力等级和主权观念转变为一个更加注重调节的观念,新治理观的形象更加强调明示谈判、组织学习和开放公共讨论"①。在这种背景下,"治理"正在逐步代替传统的"统治"观念,成为国家管理和国际政治中新的政治伦理和提升国家竞争力的重要理念。

改革开放以来,我国的经济建设取得了巨大成就,我国发展成为全球第二大经济体,人均GDP也已经迈入中等收入国家行列,相当一部

---

① 让-皮埃尔·戈丹:《何谓治理》,韩震宇译,社会科学文献出版社,2010,第40页。

分经济发达地区人均GDP已经超过1万美元，接近发达国家标准。但与经济领域的巨大成就和进步相比，我国在现代国家综合治理体系和国家综合治理能力培养方面还比较滞后。这种滞后局面，对内不利于社会公平正义发展和国民福利的提升以及社会总体创新能力的释放，对外不利于我国社会主义政治文明水平和国家综合竞争力的提升。十八届三中全会把推进国家治理体系和治理能力现代化确立为全面深化改革的总目标，正是要从根本上改变我国国家治理能力发展滞后的现状。

从国家治理的角度，浙江文化建设的本土化路径为我们提供了宝贵的基层经验。浙江文化治理中的许多做法和经验都和十八届三中全会提出的深入开展立法协商、行政协商、民主协商、参政协商、社会协商、建立健全决策咨询制度、发展基层民主等要求相吻合。浙江文化治理实践中所蕴含的弹性管理、柔性管理、多元治理等观念都为我国政府部门改进行政理念、提高行政水平提供了有益的启示。

浙江文化建设是全体浙江人以智慧和汗水实现"物质富有 精神富有"两个富有的伟大实践，也是全体中华儿女同心奋斗、实现"中国梦"的重要组成部分。浙江文化建设的经验启示我们，"中国梦"不仅意味着中华民族的物质富有，更意味着中华民族的物质富有、精神富有的共同实现。改革开放以来，中华民族在物质富有的道路上披荆斩棘，取得了令世界赞慕的经济成就。今天，在通向中华民族伟大复兴的道路上，我们还未能向世界充分展示中华民族的精神富有，欠世界一个由中华民族所展示的人类进步的"文明典范"。

历史一再证明，伟大的民族复兴必定伴随着伟大的文化复兴。从这个意义上讲，实现"中国梦"的文化标志就在于要能够为人类提供一种文明典范以及基于这种文明典范的生活方式和发展模式。"中国梦"不仅意味着改革开放的时代背景下中华民族伟大复兴、国家富强、人民幸福，更意味着源远流长的中华文明在经历近代的浴火重生之后，在广泛吸纳人类先进文明的基础上，获得新的演进、新的发展和新的辉煌，成为对全球发展具有重要借鉴意义、启示意义和示范意义的一种新的"文明典范"。

毋庸置疑,"中国梦"所指向的"文明典范"正是我国在全面实现现代化进程中,中华文化内在价值的普遍凸显和国家创新力量的全面激发,是文化价值引领的文化与经济的全面融合与繁荣发展,是文化价值引领下国家综合治理体系和治理能力的全面跃升。唯其如此,富有中国特色的经济建设、政治建设、文化建设、社会建设、生态文明建设才能五位一体、交相辉映。唯其如此,"中国梦"才能在价值观多样和文化多样的世界中为人类发展提供新的文明样板。

十多年来,浙江省在文化大省建设道路上"一张蓝图绘到底",以文化建设为引领,推动全省经济转型升级,实现经济、社会、政治、文化、生态五位一体全面可持续发展,取得了重要突破。在浙江,经济建设与文化建设密切融合,文化发展已经成为全面发展的重要引擎,形成了具有浙江特色的文化发展的本土化路径,而这种本土化路径又孕育着一种新的文化治理模式,成为"中国梦"背景下一种具有样板意义的中国人的文化生活方式。人们真切地感受到,文化的力量已经深深地铸入浙江发展的内在肌理。在全国数十个省区纷纷建设文化大省、文化强省的激烈竞争中,浙江省再次脱颖而出,成为社会主义先进文化建设领域"干在实处、走在前列"的"这一个"。浙江人正以自身对文化与全面发展的深刻理解,诠释并践行着文化发展领域的浙江版"中国梦"。

第八章　文化郑州：城市文化软实力建设的路径选择*

在众多的中原城市中，郑州是一座具有悠久历史的城市。作为历史古都，郑州坐落在华夏文明肇兴期的核心地域，拥有黄帝故里、夏都、商都、新郑古城等诸多华夏文明早期的重要历史坐标。作为现代城市，郑州则是20世纪初京汉铁路和汴洛铁路相继建成开通的产物。以铁路为代表的现代运输业改变了郑州的交通区位，并为郑州带来现代商业和现代工业。由此，郑州在一个多世纪的时间内，由汴洛之间一座普通县城发展成为通衢大邑，晋阶河南省省会，并在改革开放过程中成长为中原城市群核心城市、"一带一路"节点城市和国家中心城市。

在这一系列城市身份的华丽嬗变的过程中，多重的角色赋予了郑州文化建设以多重使命。郑州城市文化建设既要立足于华夏文明传承创新中心这一重大职责，更要立足于国家中心城市、"一带一路"节点城市和内陆双向开放型高地等多重角色所赋予的职责，在中原城市群文化建设中发挥综合性的辐射作用，并引领中原城市群在"五个发展"中实现区域文化的全面提升。要成功担当起这些使命，郑州必须以城市文化软实力全面提升为指向，着力建设具有中原文化特色的创意都市。

一、文化郑州：寻求中原本土特色文化建设之路

从历史的角度看，决定一个城市人文特色和独特魅力的，主要是城

---

* 本章系中国社会科学院郑州研究院"中原文化传播暨城市软实力提升问题研究"课题成果，完成并发表于2018年。

市的文化特质。对于郑州文化建设而言，需要树立的目标，正是一个以中原文化为特色，以地域文化为基调的开放、多样且充满活力的文化郑州。

（一）郑州城市文化建设的目标指向是打造文化郑州

现代城市是生活于其中的人民和地域文化、科学技术、产业以及独特的自然环境与人文传统的综合体。不同的城市具有不同的特色和魅力。具有强大的影响力的中心城市和枢纽城市，往往在产业、科技、教育、贸易、政治等领域具有重要的影响力和辐射力，从而呈现出独特的城市形象。但从根本上讲，文化才是现代城市的灵魂。从全球看，国际著名都市无不具有厚植于本土，且开放、多样、活力四射的文化气质。

经营城市，需要从产业、环境、人口、教育、文化等诸多方面着力，以实现城市发展指标和人民幸福指数的全面提升。在诸多因素中，文化建设化无疑是最需要久久为功、绵绵着力的一个。

城市文化建设的目标具有多重性，包括传承弘扬传统文化、发展文化产业、完善公共文化服务体系、涵养城市文化多样性、营构城市文化空间，等等。作为"一带一路"重要节点城市、国家中心城市以及中原城市群的核心城市，郑州在文化建设中既要遵循当代城市文化建设的一般规律，又要从自身所承担的多重文化职责出发，着力打造文化郑州。

建设文化郑州，首先意味着要把郑州打造成以中原文化为根系、以中州地域文化为特色的，具有独特文化气息、独特文化韵味和独特文化质感的魅力之城。第二，建设文化郑州意味着要把郑州建设成为一座充满文化活力的城市。要全面发展文化创意产业、城乡公共文化服务和旅游产业；要激活从高端艺术产业到社区文化的各个层次的文化创造活动，使郑州成为创造性文化活动高度活跃的城市。第三，建设文化郑州意味着要把郑州营构成一座具有独特文化空间的城市，呈现出卓尔不群的风貌。第四，打造文化郑州还意味着要把郑州建设成为一座具有强大文化辐射力的城市，引领中原城市群在实现"五个发展"的过程中协调推进。

（二）打造文化郑州的关键是探求郑州城市文化建设的本土路径

从要素组合的角度看，城市是由土地、建筑、自然环境与生态、历史、人口、文化活动、生产贸易等组成的复合体。如果把城市比作一个有机生命体，那么文化便是城市生命体中最具决定性的基因。从城市比较的角度，文化品格才是决定每个城市与众不同的最重要因素。就此而言，打造文化郑州，关键在于深入剖析郑州城市文化基因，并从郑州城市的当代特点和文化使命出发，构建具有郑州本土特色的文化发展之路。

"文化基因是让一个特定的文化群体或文明国家有别于其他群体或国家的原生性的特征要素。"① 它是一个城市最为宝贵的文化特质。在当代，城市文化发展受到人才、技术、资本、城市自然与人文资源禀赋、政策、机缘等多种因素影响，但从根本上，一座城市的文化基因才是决定其文化发展的核心要素。文化基因传承了城市文化的历史脉络，也决定着城市文化的未来形态。

从城市文化基因的角度，郑州地处中原腹地，是华夏文明早期的中心地带，华夏文明奠基时期的轩辕始祖文化、夏都文化、商都文化、天地之中文化以及在中华文明发展历史中具有重要影响的河洛文化、五岳文化、嵩山文化、黄河文化等都是郑州文化的重要基因。同时，郑州还是中原传统文化的重要传承地，豫剧、中原官话、象棋文化、姓氏宗亲文化、中州饮食文化等同样是中原文化的重要基因。而以郑州为中心，以开封、洛阳为两翼，以南阳、安阳、邯郸、徐州、许昌等众多中原历史文化名城为腹地的中原文化区，更集中了众多华夏文明的核心内涵。

毫无疑问，作为"一带一路"重要节点城市、国家中心城市、中原城市群核心城市，郑州要承担华夏历史文明传承创新中心这一重大使命，

---

① 叶舒宪：《神话观念决定论与文化基因说》，《吉首大学学报》（社会科学版），2017年第5期，第38、42页。

就必须从传承弘扬华夏文明和中原文化的文化基因入手。在当代,数字技术与文化创意产业密切融合。开发利用文化基因,需要运用大数据、图像识别等新一代文化科技对一定区域的历史文化资源进行素材化、基因化提取,并整理出文化基因图谱,形成能够智能化应用的各区域文化基因库。我国学者将这一文化基础设施建设过程称为"国家文化基因工程"[①]。郑州作为中原城市的核心城市和科技、文化中心,应当积极开展中原文化和华夏文明的文化基因数字化提取,建设"中原文化和华夏文明文化基因库",为中原文化和华夏文明的文化基因数字化开发和传播创造良好的基础条件。同时,要争取在未来的"国家文化基因工程"建设中取得先机,成为国家中心城市中文化基因工程建设的领跑者。正如国内学者所指出的,"我们需要重新认识这一文化传承新形势,尽快建立起有效服务于个人创意活动的,新一代数字化、智能化的文化基础设施,为个人提供丰富多样的民族民间文化资源的智能化服务,与创意设计等专业化生产服务力量相结合,使几千年的优秀文化从田野、课堂、图书馆、博物馆中走出来、活起来,进入生活、走向世界"[②]。

可以预期,"中原文化和华夏文明文化基因库"的建设将推动华夏文明文化基因与郑州地区旅游业、文化创意产业、现代传媒业产业、艺术创造业的深度融合,使华夏文明丰富多样的内在价值借助郑州的旅游业、文化产业和现代传媒体系走出中原、融入全国,迈向全球。

文化产业是推动城市文化传播和提升城市文化软实力的重要动力。根据郑州市统计局提供的2018年最新统计,郑州文化产业增加值为288亿元,占全市国内生产总值的3.56%,人均文化产业增加值为0.3万元,文化产业增加值占国内生产总值的比低于全国平均水平。与东部、

---

① 张晓明:《文化产业的新思路、新形势、新战略》,《人民论坛》,2017年第S2期,第97页。

② 张晓明:《文化产业的新思路、新形势、新战略》,《人民论坛》,2017年第S2期,第97页。

南部一些大城市的对比，郑州在文化产业增加值总量、文化产业增加值占本市国内生产总值的比例、人均文化产业增加值等方面，均落后于其他9个城市（见表8.1）。

表8.1　2016年我国部分城市文化产业增加值比较

区域	文化产业/文化创意产业增加值/亿元	文化产业/文化创意产业增加值占GDP比重	本地常住人口/万	人均文化产业增加值/万元
全国	30785	4.14%	138271	0.22
郑州	288	3.56%	972.39	0.30
北京	3570.5	14.3%	2172.9	1.64
上海	3020	12.1%	2415.27	1.25
天津	802.28	4.49%	1562.12	0.51
杭州	2541.68	23%	918.80	2.77
南京	630	6%	827	0.76
武汉	477.28	4.01%	1076.62	0.44
长沙	811.2	8.67	764.52	1.06
深圳	1949.7	10%	1190.84	1.64
广州	2487.78	12.73%	1404.35	1.77

说明：本表中郑州市文化产业增加值为2018年最新统计数据；上海市文化创意产业增加值和常住人口数为2015年数据；北京市、上海市、杭州市、广州市相关数据为文化创意产业增加值。上述城市的文化产业或文化创意产业统计口径略有不同，但总体上仍具有可比性。

本表数据来源：

1.《统计局：2016年文化及相关产业增加值同比增13.0%》，人民网，2017年9月26日，http://finance.people.com.cn/n1/2017/0926/c1004-29559662.html。

2.《年终盘点:2017年全国各地文化产业发展大揭底》，中国经济网，2017年12月29日，http://www.ce.cn/culture/gd/201712/29/t20171229_27495182.shtml。

3.《郑州市16个重大文化项目集中开工》，《郑州日报》，2018年5月22日第8版。

4.《深圳文创产业成绩显著》，《深圳特区报》，2017年2月5日第2版。

5.《2017年广州人均文化消费为5040元 超过北京上海深圳》，新浪广东，2018年9月2日，http://gd.sina.com.cn/news/2018-09-02/detail-ihiixyeu2240725.shtml?from=gd_cnxh。

6.各地统计局公布的2016年本地常住人口统计数据。

郑州文化产业的部分发展指标不及全国平均水平，并落后于多数东部和南部的大城市，这是由郑州文化产业发展的产业基础、经济发展水平、人力要素、技术要素、金融资本和区位等多种因素决定的。在探索郑州文化产业发展的本土路径过程中，要积极借鉴我国东部和南部一些大城市的宝贵经验，又要避免简单照搬这些城市的发展模式。

从不同城市文化产业发展的差异性来看，表8.1所列的城市在文化产业发展的资源、禀赋和策略等领域各不相同，各自走出了其他城市难以模仿的发展路径。北京作为首都和国家文化中心，上海市作为长三角和长江经济带的龙头城市，各自在人才、艺术家集聚程度、技术、文化资源、文化产业资本、高等教育、信息产业与软件服务、设计产业和城市创意氛围等领域具有其他城市无法比拟的优势，各自发展出独具本地特色的文化创意产业，其规模和竞争力在国内遥遥领先。杭州作为我国民营经济最为活跃的浙江省的省会城市，以及阿里巴巴等互联网头部公司的总部所在城市，依托强大的民营资本和浙江本土文化企业的强大竞争力以及在国内互联网经济领域无可撼动的地位，一跃成为我国文化创意产业最发达的城市，其文化创意产业占国内生产总值的比例一度高达23%，远远超过北京、上海。深圳市作为我国改革开放的旗帜，依托锐意创新的改革意识，充分发挥本地在文化金融、创意人才、制度创新等领域的独特优势，不断创新产业发展模式，构建起了以内涵式发展为特征的现代文化产业体系，其创意设计产业、文化会展业实力雄厚，走出了文化创意产业发展的深圳之路。广州作为岭南文化、广府文化的中心，充分发挥对外开放前沿的区位优势和传媒、教育、文化、经济、金融、科技、人才、商贸等诸多领域的比较优势，以建设国际文化创新中心、国际文化贸易中心和国际文化交往中心为目标，不断拓展文化创意产业边界，大力推动数字文化与科技、商贸、旅游的跨界融合发展。其文化创意产业增加值占本地国内生产总值的比例高达12.73%，比肩北京与上海，走出了文化创意产业的广州之路。天津在发展文化产业过程中，结合本地大力发展高端制造的需要，着力推动文化产业与高端制造业的融合，积极推动京津冀文化产业协同发展。武汉充分发挥教育和科研优势，依托省会城市和长江中游经济中心的地位，积极推动文化创意和设计服务业等新兴业态快速发展，形成了独特的竞争优势。长沙在文化产业发展过程中，一方面依托"电视湘军""出版湘军"等文化产业优势部门开拓构筑文化产业的竞争优势，一方面积极培育城市创意网络，打造媒体艺术之都，成就斐然，在中部城市中分外显眼。

上述国内文化产业发展较好的城市对郑州的启示是：第一，在文化发展过程中，要充分发挥本地竞争优势，并通过政策创新、制度创新不断强化这些优势，从而形成文化创意发展的本土模式。

在探索文化产业发展的本土路径的过程中，郑州需要对自身发展文化产业的基础条件、支撑环境和社会环境进行全面分析，找到郑州文化产业独特的竞争优势。同时，要通过政策创新和基础环境的优化，持续强化和提升这种竞争优势。

第二，郑州作为中原城市群核心城市，应当学习北、上、广、深、杭等城市，积极发展先进文化科技和文化创意产业。在全球范围内，以大数据技术为基础，以软件设计和数字内容产业为代表的文化创意产业已经成为增长最快、发展空间巨大的文化部门。因此，郑州文化产业的发展，一方面要寻求本土化发展路径，另一方面要瞄准数字文化科技和文化创意产业，打造文化创意产业的中部高地，通过发展先进的数字化文化科技、建设中原文化基因库、建立中原城市群文化创意城市联盟等方式引领中原城市群完成文化创意产业发展的"中原突围"，开创中原城市群文化创意产业发展的新格局。

只有积极探索文化产业发展的本土路径并积极开拓数字文化科技和文化创意产业的发展空间，郑州才能在国内文化创意产业城市间竞争中形成独特优势，确立切实担负起引领中原城市群文化产业发展及传承弘扬中原优秀传统文化和"华夏文明"的历史责任。

（三）郑州历史文化资源传承转化要处理好与周边历史名城的关系

近年来，中原地区的文化发展受到国家高度重视。2016年年底，经国务院批准，国家发改委下发的《中原城市群发展规划》在对中原城市"绿色生态发展示范区发展"定位中指出：传承弘扬中原优秀传统文化，推动历史文化、自然景观与现代城镇发展相融合，打造历史文脉和时尚创意、地域风貌和人文魅力相得益彰的美丽城市，建设生态环境优良的宜居城市群。2016年12月，国家发改委发布的《促进中部地区崛起"十三五"规划》提出，要把推动打造"郑汴洛焦国际旅游文化名城"作为促进中部崛起的重大工程。2018年1月，郑州市出台了《中共郑州市委办公厅郑州市人民政府办公厅关于加快国家中心城市重大项目建设的意见》，明确提出，将华夏历史文明传承创新中心确立为郑州建设国家中心城市的六个定位之一。

郑州作为中原城市群的核心城市，在推动中原文化复兴和打造华夏历史文明传承创新中心过程中，负有重要的历史使命。根据《中原城市群发展规划》，中原城市群包含河南、河北、山西、山东、安徽5省30座地级以上城市。具体有郑州市、开封市、洛阳市、南阳市、安阳市、商丘市、新乡市、平顶山市、许昌市、焦作市、周口市、信阳市、驻马店市、鹤壁市、濮阳市、漯河市、三门峡市、济源市，山西省有长治市、晋城市、运城市，山东省有聊城市、菏泽市，安徽省有宿州市、淮北市、阜阳市、亳州市、蚌埠市，河北省有邢台市、邯郸市。这些城市大都是具有悠久历史的中原文化历史名城，在中原文化和华夏文明发展的历史过程中产生过重大影响。建设文化郑州，打造华夏历史文明传承中心面临的一个重大问题就是解决好郑州与这些城市的关系。这需要从两个面着手。

其一，要解决好郑州与洛阳、开封之间的各自历史文化资源和传统的讲述关系。郑州在中原文化区是一个"少年老城"，它在华夏文明创生时期和中原文化形成期扮演过重要角色，但在随后的2000多年中，却淹没在洛阳、开封等历史文化名城的光芒中，在华夏文明根系延展中的地位几乎消失。近代以来，郑州从铁路枢纽发展为省会城市、中原城市群核心城市及国家中心城市，在中原城市群中的文化影响力和辐射力不断上升，但却不得不面临历史文脉失传、历史叙事需要重构的尴尬。尤其是，由于行政区划调整的原因，在城市历史文化叙事领域，郑州面临着与洛阳、开封等城市的叙事冲突。郑州在中原文化和华夏文明历史叙事节点上近乎消失超过2000年，这期间的中原文化和华夏文明重大历史节点和事件几乎都由汴、洛两座古都承担。如果郑州要从历史文化资源地域归属的角度，以自身为主体进行历史叙事，必然会与汴、洛两座古都争抢历史文化资源，并与其他两座古都的历史文化叙事形成冲突。为此，郑州在历史文化资源和传统的讲述领域，必须突破以自身为主体，以当代行政地域归属为依据的叙述模式，转而寻求一种新型的以郑汴洛为共同主体的区域性历史文化叙事模式。这种历史陈述模式强调区域内中原文化和华夏文明传统发展历史叙事的整体性、有机性，既能使郑州避免与相邻古都争夺历史资源和历史叙事统一性的矛盾，又能为郑州传承与弘扬中原优秀传统文化提供更为完整与有机的历史文化形态。

其二，要解决好郑州与诸多中原城市在中原文化和华夏文明传承发展领域的关系问题。根据《中原城市群发展规划》，中原城市群划分为核心发展区的城市和联动发展区的城市，这些城市各自从不同脉络和节点上展示着中原文化的多彩风貌和不同侧面。在历史文化资源叙事方面，郑汴洛区域应当发挥区域历史文化叙事中心的角色，对各个节点城市的历史资源和文化脉络进行有机组织，形成中原城市群的整体性历史文化叙事结构，从而使中原文化的内在统一性和丰富的地方性得以整体展现。

在创意经济时代，中原城市群本身就是一个庞大创意网络，郑州作为中原城市的核心城市和文化传承发展能力最强的城市，是中原城市群责无旁贷的创意网络的组织者、中原文化传承的引领者。

在这种新型结构中,郑州事实上已经成为中原城市群的文化凝聚中心、辐射中心、文化传播中心和文化遗产传承与转化中心,一方面整合分散在各个城市中的文化资源,另一方面为这些资源的传承、开发、激活和利用提供相应的咨询、培训、创意、展示、传播、科技支持等服务。针对中原城市群文化内容生产和传媒影响力在国内相对较弱的格局,郑州需要努力提供本地传媒机构的传播力和影响力,要着力提升影视、动漫、音乐等内容产品生产传播能力,打造国内文化内容生产和传媒影响力的新高地。通过这些方式,郑州与中原文化区其他历史文化名城的关系将不再是资源争夺和历史叙事上的冲突关系,而是一种和谐有机的依赖关系。这对于郑州履行华夏文明传承创新中心的职责意义重大。

（四）郑州旅游文化设施区域布局及旅游产品开发要强调差异化

旅游文化产业是建设文化郑州的重要组成部门,也是郑州履行弘扬中原优秀传统文化和建设华夏文明传承创新中心的重要途径。郑州地处中原文化的核心区,历史文化资源丰富,城市综合实力较强,具有强大的旅游吸引力。

根据《郑州市2017年国民经济和社会发展统计公报》和《河南省2017年国民经济和社会发展统计公报》,2017年,郑州市全年实现旅游总收入1195亿元,高于洛阳市（1043.0亿元）和开封市（483.2亿元）,占全省17.7%,比上年增长13.4%;接待旅游人数1.01亿次,低于洛阳市（1.24亿人次）,高于开封市（0.59亿人次）,占全省总量的15.17%,比上年增长12.9%;年末全市共有4A级以上景区16个,少于洛阳市（26个）但多于开封市（7家）,占全省总量的10.1%。

从统计数据来看,郑州文化旅游业总收入在河南省内城市中占首位,但与洛阳等城市相比,优势并不突出。这种现状与郑州作为中原城市群核心城市与国家中心城市所应承担的文化引领和文化辐射作用不匹配。因此,加大投入,深耕旅游文化产业,提高旅游文化产业在中原城市群中的影响力、辐射力和带动作用，就成为文化郑州建设的当务之急。

从国内文化旅游业发展的现状和普遍呈现问题来看，在"一带一路"倡议和建议国家中心城市的背景下，郑州需要重视旅游文化设施区域布局及旅游产品开发过程中的差异化。

在旅游文化设施的区域布局方面，要在重大旅游文化设施立项过程中充分运动大数据等科技手段，对项目的市场需要、消费趋势、相邻区域竞争项目等因素进行充分调研，科学评估。在中原文化城市群核心区或中原城市群联动发展区、中原城市群发展轴等不同层面，避免高度竞争的重大项目重复建设。

在旅游文化产品开发方面的差异上，郑州需要从两个方向着力。一是要立足中原文化和华夏文明的悠久传统和博大内涵，结合郑州本土文化和中原城市群各个历史文化名城的本土文化，开发富含中原文化特质和华夏文明历史蕴含的旅游观光和体验产品，使郑州旅游成为令人难忘的中原文化和华夏文明体验之旅。二是要策划建设富有特色的科技含量高的现代旅游体验项目。郑州正着力建设的"郑州国际文化创意产业园"面积达132平方公里，以文化创意、时尚旅游和高端商务为产业发展主轴，已经引入了方特旅游度假区、华谊兄弟电影小镇、海昌极地海洋公园、荷兰冰雪世界、野生动物园、王潮歌"只有"河南主题乐园、华强"美丽中国三部曲"、绿化博览园、韩国泰迪熊小镇等大型创意旅游项目，提高了郑州文化旅游产品的整体品格和吸引力。在下一步的发展中，郑州要高度强调项目内容、特色和体验的差异性、创新性。特别是要充分运用当代文化科技的新成果，通过出色的创意、精密的策划、卓越的设计和优良的设施，为旅游者提供独一无二的体验，把为游客创造独特的旅游体验作为打造郑州旅游业声誉的基本途径。

（五）文化郑州建设需要一个具有科学规划和监督功能的专家系统

文化郑州的建设是一项长期的、高强度的战略任务。为保证这一战略任务始终科学决策、优化决策，需要搭建一个具有科学规划和监督功能的专家系统。

这样一个专家系统，应当包括旅游、文化战略、文化产业、品牌、商业文化、艺术设计、城市规划、著名艺术家、历史文化专家等多种文化创意人才与文化管理专家，其遴选范围应该面向全球。

这样一个专家系统的存在及运行，其意义绝不止于只是推动文化决策的科学化。对于郑州而言，在建设国家中心城市和"一带一路"节点城市背景下，这一专家系统的建设同时也是优化文化治理、践行文化民主的重要方式。这种制度设计，从决策机制上为郑州文化建设的决策体系提供了自我学习、自我批评和自我调整的动力，也为郑州文化建设中保持战略目标持续性、稳定性提供了保障，避免政府部门单独决策过程中容易出现的政随人变的弊端。这一方式，在国外也被称为"创造性授权"[①]。例如，法国里昂市在推动城市文化发展过程中，为促进文化政策与城市发展政策的结合，成立了一个负责文化合作的委员会。该委员会作为市级行政机构的组成部分，受到文化和区域发展代表团的监督，旨在"促进文化机构、城市政策的行动者、重大活动、独立公司、非政府组织，以及大众教育、卫生、城市复兴和新经济等方面的网络之间的合作"[②]。

二、内聚人才：提升郑州城市文化软实力的当务之急

"一带一路"倡议和建设国家中心城市为郑州提供了前所未有的发

[①] 查尔斯·兰德利：《创意城市：如何打造都市创意生活圈》，杨幼兰译，清华大学出版社，2009，第262页。

[②] 查尔斯·安布罗西诺、文森特·吉隆：《法国视角下的创意城市》，贾奇丽、刘海龙译，载于《创意城市实践：欧洲和亚洲的视角》，唐燕、（德）克劳斯·昆兹曼等著，清华大学出版社，2016，第243页。

展机遇。郑州将通过"一带一路"和国家中心城市建设这两个纽带与全球经济文化交流体系联结在一起，从而完成对区域性内陆城市这一经济地理身份的超越，踏上建设国际化都市的道路。面对历史机遇，郑州能否乘势而起，化蛹成蝶，最为关键的因素是能否提供有力的人才支撑。

（一）时不我待：郑州腾飞的历史机遇与人才需求

世界范围内，任何城市的历史性崛起都是众多内外因素共同作用的结果。在城市崛起的过程中，除了城市自身努力而外，重大历史机遇的作用往往必不可少。对于郑州而言，履行中原城市群核心城市的影响和辐射职能、建设国家中心城市、作为重要节点城市参与"一带一路"经济文化交往、打造国际化都市，都需要进行全方位的人才储备。因此，为历史性崛起进行战略性人才储备，推动人力资源升级，是建设文化郑州的重中之重。

作为一座传统的内陆城市，郑州正面临多种历史性、趋势性变革带来的压力与机遇。从全球科技发展的角度，人类正在经历以人工智能、清洁能源、机器人技术、量子信息技术、虚拟现实等领域的重大突破为代表的第四次工业革命。这是继蒸汽技术革命（第一次工业革命），电力技术革命（第二次工业革命），计算机及信息技术革命（第三次工业革命）之后，人类科技和生产力发展的又一重大革命。

第四次工业革命是人类信息技术革命不断量变积累的结果。从20世纪80年代开始，我国通过对外开放，成功实现了对第三次工业革命的追赶，并在21世纪发展成世界最大的ICT（信息通信技术）生产国、消费国和出口国，成为全球信息技术创新领域的领先者。抓住历史机遇，全面参与第四次工业革命，将促使我国科技进步领域实现蛙跳式发展，历史上首次在技术革命领域与美国、欧盟、日本等发达国家站在同一起跑线上，充分享受第四次工业革命的技术红利。2015年5月19日，国务院正式印发《中国制造2025》，提出到2025年，实现制造业整体素质大幅提升，创新能力显著增强，全员劳动生产率明显提高，两化（工业化和信息化）融合迈上新台阶，形成一批具有较强国际竞争力的跨国公司和产业集群，在全球产业分工和价值链中的地位明显提升。这是我国参与第四次工业革命的重要宣示。

在这一进程中，包括郑州市在内，我国所有经济科技和教育相对发达的城市，都将面临重大的发展机遇，如果能够通过对新技术革命的深入掌握而形成新的竞争优势，将使自身在国内城市体系中脱颖而出，获得重新定位。

从区域发展的角度，我国正处于东部地区向中西部进行产业转移的经济升级进程中。东部发达地区大都进入工业化向后工业化转型阶段。一些大都市已经进入后工业化阶段，服务经济在经济部门中占有绝对主导地位。郑州作为中原城市群的核心城市，在引领全省和其他中原城市高效地承接东部产业转移以及国际产业转移，提升中部地区产业形态方面，负有不可替代的示范带动作用。从郑州市本身的经济阶段来看，截至2016年，全市三次产业占比分别为1.93%、46.79%、51.28%，第三产业增加值的比例大体与全国平均水平相当，但与北京、上海、广州等东部经济发达城市比，仍有不小差距；与西安、重庆、成都、武汉等中西部城市相比，郑州市第三产业占比显著低于西安市，与其他三市差别不很明显。但郑州市第二产业相比较弱，占GDP的比例仅比西安略高，低于其余三市（见表8.2）。这些情况说明，郑州市第三产业和现代服务业在经济结构中还没有形成明显优势，不利于全市产业结构提升以及更好辐射带动中原城市群，也不利于充分发挥国家中心的影响力和辐射力。郑州在下一步发展中，一方面需要加大投入，培植新兴战略产业，加强现代制造业实力；另一方面，要加快发展现代服务业，提升第三产业在经济结构中的比值，以便更好发挥中原城市群核心城市和国家中心城市的辐射作用。

表 8.2 我国国家中心城市 2016 年国内生产总值三次产业构成比较

区域	2016 年 GDP 总量/亿元	第一产业占 GDP 比例	第二产业占 GDP 比例	第三产业占 GDP 比例
全国	74412 亿元	8.6%	39.8%	51.6%
郑州市	8114 亿元	1.9%	46.8%	51.3%
北京市	24899.3 亿元	0.5%	19.2%	80.3%
上海市	27466.15 亿元	0.4%	29.1%	70.5%
天津市	17885.39 亿元	1.2%	44.8%	54.0%
重庆市	17558.76 亿元	7.4%	44.2%	48.4%
广州市	19610.94 亿元	1.2%	30.2%	68.6%
成都市	12170.2 亿元	3.9%	43.0%	53.1%
武汉市	11912.61 亿元	3.3%	43.9%	43.9%
西安市	6257.18 亿元	3.7%	35.1%	61.2%

数据来源：根据各市、各直辖市 2016 年国民经济与社会发展统计公报整理。

可以看到，无论是主动参与第四工业革命，融入全球新一轮技术革命和技术创新浪潮、主动参与"一带一路"倡议，还是引领中原城市群更好地承接东部产业转移、促进区域产业升级，或是优化自身产业结构、在国家中心城市群中寻求更为突出的经济影响力，对于郑州而言，都是任重道远的挑战。

面对种种挑战，郑州需要迎难而上，来为自己和中原城市群最终赢得一个通向辉煌明天的历史性机遇。在这一过程中，无论采取何种路径或何种对策，郑州都要为赢得这些机遇做好人才储备。这一人才体系内，面向创意城市、未来城市的文化创意人才、高科技以及新兴战略产业人才无疑是最为重要的人才准备。在很大程度上，高端人才的数量将决定郑州的未来前景和它在中国城市体系中的身份。

（二）从人口红利到人才红利：郑州提升城市文化软实力的必然选择

我国是人口大国，劳动力资源丰富，改革开放以来，我国经济经历近 40 年的要素驱动型增长，大量劳动力从农业部门转移到工商业部门，加之城市化进程的持续进行，人口红利为我国经济增长提供了强大动力。从全国看来，人口净流入地区经济增长水平和社会发展水平明显高于人口净流出地区。河南省在长时间里属于人口净流出地区，但作为省会城市，郑州一直保持了对外来人口的吸引力。从1990年到2016年，郑州城市建成区面积从112平方公里增长到443平方公里，常住人口从557.8万人增加到956.9万，GDP从116亿元增长到8114亿元[①]。这其中有经济发展质量提升的内因，更有人口增长带来的增量式增长。

近年来，随着每年人口增量的下降以及城市化水平的不断提升，我国劳动力供给已经逐步接近刘易斯拐点。一方面每年新增劳动力持续下降，企业招工难成为普遍现象，一方面全社会劳动力成本不断上升，人口红利正在消失。由此，人口和劳动力就成为城市间重要的争夺对象。近年来，各地频频出现大中城市降低落户门槛，大量吸引大学生等高学历人口及专业技术人员落户的事件。2017年以来，杭州、西安、武汉、成都、南京等大城市，纷纷出台种种优惠政策进行"抢人"，上演了国内城市间人才争夺战的生动剧情。"抢人"之风如此强劲，甚至一线城市北、上、广、深也纷纷卷入其中。入户门槛甚高的上海出台新举措，规定清华北大毕业生可直接落户。

国内城市间的"抢人"大战背后有着强烈的利益动机。在改革开放过程中，我国逐渐形成了以大城市特别是区域中心城市和国家中心城市带动城市群和区域整体发展的战略。人口增长对城市经济发展带来巨大的规模效应、乘数效应、聚集效应。在这种城市发展模式中，人口和经济规模的不断提升会持续强化中心城市在城市群中的综合影响力，提升其在城市群中的首位度。而首位度的提升又会进一步增加核心城市对人口、资金、投资和科研活动、文化活动和教育资源的吸附力，从而形成

---

① 数据来源：《郑州统计年鉴（2017）》，郑州市统计局、国家统计局郑州调查队编，中国统计出版社，2017，第7页。

城市规模增长与总体影响提升的正向循环。对于特定城市而言，只有通过优惠方式，吸引到更多劳动力和人口，特别是教育程度高的人口，才能拥有更多优势，从而在城市间经济、文化、科技竞争中脱颖而出。

郑州是国内城市间"抢人"大战的积极参与者。2017年11月，郑州市委、市政府联合发布《关于实施"智汇郑州"人才工程 加快推进国家中心城市建设的意见》，通过7项人才计划、19条保障举措，延揽对象包含从两院院士到大学专科以上毕业生和职业(技工)院校毕业生的各个层次的人才，被称为"史上最强人才政策"。

这一"最强人才政策"的核心是从被动享受人口红利到自觉追求人才红利的重大转变。人才红利意味着劳动力整体文化素质和创新、创意能力的大幅提升，意味着城市劳动人口中科技、建筑和设计、教育、艺术、音乐以及娱乐、商业和金融、法律、卫生保健、管理等领域的"创造性专业人员"[①]或者创意阶层的大量增加。国内外城市的大量事例已经证明，文化创意人才与现代服务业发展程度互为表里，相互支撑。文化创意对现代服务业创新发展的影响作用已经不亚于科技因素。对于郑州而言，人才红利的大量集聚及开发也意味着城市的文化创造力、文化消费力和文化多样性的全面提升。因此，从人口红利到人才红利的转型，不仅对郑州经济社会发展和进步产生重要影响，而且对郑州城市文化软实力具有重大的提升作用。

在积极参与国内主要城市之间"抢人"大战的背景下，郑州的城市人才战略需要完成三重突破。其一是突破对人口红利的依赖，将城市发展的人力资源开发重点从增加数量转向提升质量，使人才红利成为郑州经济社会发展水平全面提升以及城市文化软实力增长的重要动力。其二是要通过全面优化郑州城市教育体系，使人力资源的内生性增长成为经济社会发展水平全面提升以及城市文化软实力增长的重要保证。其三是

---

① 佛罗里达：《创意阶层的崛起》，司徒爱勤译，中信出版社，2006，第9页。

是要通过制度创新,全面激发各类人才的创造性,使人才潜力充分释放,成为经济社会发展水平提升以及城市文化软实力增长的重要方式。

（三）教育立市：提升郑州城市文化软实力的根本之举

人才是最具有弹性系数和增值能力的生产要素,也是城市文化软实力的基本要素和支撑面。在郑州打造中原城市群和国家中心城市的过程中,需要坚持教育立市,全面提升促进人口素质。这是实现从享受人口红利向发掘人才红利的关键,也是提升郑州城市文化软实力的根本举措。

教育立市意味着要把教育水平的全面提升作为推动郑州城市实现"五个发展"核心动力,并举全市之力实现郑州教育发展水平全面腾飞。综合郑州现阶段经济、社会、教育等领域的发展现状以及郑州所面临的历史机遇和重大挑战,郑州的教育立市战略,除了持续加大教育投入、完善职业教育体系、打造具有郑州特色的终身教育体系等常规发展举措外,还需要抓住三个重点。

一是要把全面提升高等教育发展水平作为教育立市的核心举措。郑州是我国第一人口大省的省会城市,由于历史原因,长期以来,高等教育发展规模和高等院校数量与周边省会城市及高教强市相比,都存在着一定差距。近年来,郑州高等教育发展迅速。从相关指标来看,郑州在高校数量、高校在校学生数量、高等学校专职教师数量、全市每人万中拥有高校在校学生人数等方面,已经与其他国家中心城市基本处于同一阵营；但从全市拥有国内知名优秀大学的数量看,郑州与其他城市之间依然具有明显的差距（见表8.3）。因此,在文化立市的背景下,郑州高等教育发展面临的重要任务就是加大资源配置力度,打造名校集群,推动高等教育实现内涵式发展,把郑州建设成为全国高教强市。

表 8.3 郑州市与国内部分国家中心城市 2016 年高等教育发展指标比较

城市	全市拥有普通本专门科学校/所	当年全市高等学校在校人数/万	每万人普通高校在校生人数/人	普通高校专任教师人数/万人	拥有全国知名高校的类型与数量
郑州	56	88.93	1155.87	4.62	建设世界一流大学或一流学科大学1所；211高校1所
武汉	84	94.87	1417.32	5.78	建设世界一流大学或一流学科大学7所；985高校2所；211高校7所
西安	63	83.1	1080	4.71	建设世界一流大学或一流学科大学8所；985高校3所；211高校8所
成都	56	79.16	569.5	4.95	建设世界一流大学或一流学科大学8所；985高校2所；211高校5所
重庆	65	78.46	305.9	4.06	建设世界一流大学或一流学科大学2所；985高校1所；211高校2所
广州	82	105.7	1214.6	5.97	建设世界一流大学或一流学科大学2所；985高校2所；211高校4所
天津	55	51.38	1083	3.05	建设世界一流大学或一流学科大学2所；985高校2所；211高校4所

数据来源：各市、直辖市2017年统计年鉴。成都市每万人普通高校在校人数为推算结果；建设世界一流大学或一流学科大学为2018年数据。

二是要坚持科教融合，把郑州建设成为全国重要的科教创新中心。要通保护创新、保护知识产权、设立科研成果孵化基金、鼓励发明成果商业开发、促进高校科研人员智力成果市场化、推动校企合作与研企合作、大力培育各种类型的风险投资基金等方式，着力推动高校和研究机构成果的快速转化。在公共服务领域，要从新兴战略产业和基础科研的需要出发，以公共财政打造共享实验平台，为广大中小企业和高校科研与创新提供技术支持。同时，要推动郑州成为国内重要的文化创意与技术创新之城。

三是要革新理念，树立以培养人的创造力为核心的教育理念。在人工智能时代，教育活动最重要的使命已经不是帮助学生积累知识本身，而是培养学生自主学习、创造性解决问题的能力。这一理念应当贯穿郑州国民教育体系各个领域，成为全市教育事业发展方向的指南。

（四）从国家中心城市到国际都市：建构全球性人才集聚高地

在全面深化改革，不断扩大对外开放广度和深度的时代大势下，我国与世界的连接将更为紧密，郑州作为国家中心城市、中原地区对外开放高地、"一带一路"重要节点城市、重要的国际电子商务港，正在迎来前所未有的国际化机遇。无论是经济、文化、贸易、科技、教育等对外交流密切的领域，还是公共决策、城市规划、公共服务等城市治理领域，都将更为开放。国外经验、中外文化差异与协商规则等各种国际元素必然越来越多地进入郑州，推动郑州从国家中心城市迈向国际都市。

从人才汇聚的角度，郑州从国家中心城市迈向国际都市的过程由两阶段组成。第一个阶段是郑州从本土城市转变为移民城市的过程。这一过程从改革开放之初郑州吸纳农民工进城开始，一直在进行中，大量外地人口通过在郑州求学、经商、购房、落户等方式融入郑州，成为新郑州人。郑州从改革开放前完全由本地人口组成的城市转变为由本地人口和大量国内移民人口共同组成的移民城市，汇聚了大量各类高学历和高端优秀人才。郑州经济社会各项事业的发展和城市建设的巨大成就，包含着外来"移民"巨大的智慧奉献。2017年颁布实施的"智汇郑州"人才工程充分展现了郑州吸引优秀高端人才的态度和决心。在郑州迈向国际化都市的第二个阶段，是郑州由国内移民城市转变为国际都市的过程。这一阶段中，随着各个领域对外交流不断深化，国际化的人员交往和思想观念交流成为城市生活的常态。随之，郑州的人才战略将从面向国内"移民"人员扩大到面向全球聪明大脑。如果说2017年颁布实施的"智汇郑州"人才工程是"智汇郑州"的"1.0版"，那么，面向全球聪明头脑的人才战略将是"智汇郑州"的"2.0版"。

"智汇郑州"的"2.0版"一方面鼓励全球聪明头脑移民郑州，一方面鼓励全球聪明头脑的智慧与郑州本土智慧在网络空间相撞与汇聚。与"智汇郑州"的"1.0版"的利益驱动策略不同中，"智汇郑州"的"2.0版"将更多地采取诱致性策略，以创意郑州为依托，以优美亲和的城市环境和无限可能的发展机遇来吸引全球聪明头脑的到来。

"智汇郑州"的"2.0版"将搭建一座以郑州为中心的全球智慧网络。这一网络中，既有创意工作者们在轻松氛围中随意交流而碰撞的智慧火花，也有把个人灵感与海量数据相连接的人工智能网络。这样一个网络，将把源自郑州的智慧与面向郑州的智慧紧密相连，使郑州成为一座充满创新观念，拥有强大创意能力、独具魅力的智慧型国际都市。

建设国家中心城市和国际都市都是不断尝试不断创新的过程。无论是实施"智汇郑州"工程，还是面向全球汇聚智慧，都需要通过持续、稳健的制度创新，不断突破现有体制机制对人才的束缚，从而更好地释放人才红利。

三、重塑传播力：郑州文化软实力提升的必由之路

城市文化软实力是一个城市的文化特质及生活方式所产生的文化影响力、吸引力和文化产业竞争力的综合。按照软实力这一概念的提出者约瑟夫·奈的观点，软实力的本质是吸引力。城市文化软实力的核心是由文化体验和文化价值认同而产生的内部凝聚力对外吸引力。在当代，文化软实力是城市综合竞争力的重要组成部分。构建科学高效的现代城市文化传播体系，是郑州在融入"一带一路"倡议、打造中原城市群"三

个高地"以及建设国家中心城市过程中经营城市文化软实力的必选科目。

（一）小传统化：中原文化的地位变迁与当代传播危机

中原文化处于华夏文明地理枢纽，是华夏文明形成及传承发展的原核。华夏文明肇始之初的黄帝故里，夏、商王城都在以郑州为中心的中原腹地。中原文化孕育了中华文明传统发展的核心文化基因——汉字，贡献了"天下之中""和合""大一统""天人感应"礼乐制度、宗法制等华夏文明中最具根源性和基础性的价值观念。以"四书五经"为代表的中华文明早期的文化原典、先秦诸子的思想学说、二程理学等都产生于中原地区。在华夏文明大传统形成和发展过程中，中原文化具有无可替代的重要地位。"中华民族统一政治体制及价值观念的形成，在很大程度上就是中原地区制度文化和精神文化的放大"。[1]

西晋之后，中原文化的地位在华夏文明的文化地理版图中不断下降。第一次下降从东晋开始，由经济、文化重心南迁，中原地区在华夏文明体系中核心地位逐渐弱化。第二次下降从元代开始，全国政治重心转移到北京，而经济、文化重心长期处于南方。加之国家疆域的扩大，在华夏文明体系中，中原地区的政治、经济、文化和区位重要性持续下降。在这一过程中，中原文化作为价值内核和生长基因在华夏文明形成和发展中的奠基性地位，及其在中华道统文化传承发展中的引领性、统摄性、主干性影响力都逐渐被湮没和遗忘。第三次下降发生在近代以来，在中华民族走向现代化的过程中，东部沿海地区和部分沿江城市最早被迫与西方列强国家进行通商，逐渐发展成国内工商、教育、文化、通信、经济等相对发达的城市，广大中原地区地处内陆，经济、文化、商贸、教育相对落后，处于发展劣势。

区域对外经济贸易地位的下降与文化衰落之间的内在关联并非偶

---

[1] 刘成纪：《关于中原文化的三个基本问题》，《郑州大学学报（哲学社会科学版）》，2007年第6期，第73页。

然。"从公元422年罗马帝国的崩溃到1100年左右的中世纪早期,也就是所谓的黑暗时代,出现了跨地区贸易和投资的大规模收缩……在这一时期,建筑、写作、阅读和视觉艺术的水平都出现大幅下降。"[①] 与西方中世纪早期由于封建主义和神权垄断造成的文化全面衰落不同,中原文化的历史性衰落是中原地区对外经贸交流区位变化、中华文明的文化重心和经济重心转移综合影响的结果。因而在很大程度上,中原文化的衰落主要是其在中华文明的文化地理中相对地位不断下降所导致的。

近代以来中华民族一度处于文化自信危机中,中原文化作为华夏文明的区域性典型,在全国文化版图中的地位进一步下降,最终在文化地理意义上蜕化成为一种地域性文化。

这一逻辑进程一直持续到21世纪初。改革开放以来,我国对外开放也从东部沿海开始,逐步向内地扩展,东部地区由于对外开放之利和本土传统商业文化的影响,经济、文化发展迅速,在国家区域政治格局中地位相对上升,中原地区与东部地区的经济、文化差距扩大,中原文化的影响力和地位随之下降。

改革开放以来直到21世纪初国家提出中部崛起战略的20多年中,中原文化的传播实际上陷入一个怪圈:经济发展落后导致传媒话语权相对落后,加之认识上的模糊,中原地区的核心城市也始终未能建立起对中原文化在华夏文明大传统意义上的整体性表述。与此相对应的是,在旅游业全面崛起的过程中,商业性传播实际上掌握了对中原文化的表达权,而这种表述基本是从小传统出发,以实现商业利益为指向。以商业电影《少林寺》为代表,层出不穷的少林武术题材影视成为一种文化传播现象,令嵩山、登封乃至整个河南名扬海内外。但从文化传播层次而言,少林武术影视文化只是与港台武侠小说、海外中国功夫片进行了跨

[①] 泰勒·考恩:《创造性破坏:全球化与文化多样性》,王志毅译,上海人民出版社,2006,第16~17页。

越时空的遥相响应，其文化品格并未脱离人们对中国武术小传统层面的猎奇与想象。

作为一种传媒现象，少林武术影视产品映射出中原文化在当代传播中面临的一个无法回避的尴尬现象：长期以来，主流媒体对中原文化在大传统意义上的整体性、结构性、根系性表述缺失，现代商业文化特别是旅游文化扮演了中原文化被肢解和碎片化的重要推手。在开发旅游文化资源的动机下，中原文化的地理范围内，各地纷纷以本地或本区域为中心，对历史文化资源进行带有排他性的属地化叙事。近年来成为热点话题的宋都文化、河洛文化、嵩山文化、商都文化等，都是对中原文化进行区域化、本土化叙事的事例。在以本土地域为中心、以旅游文化资源聚拢和开发为隐性话语的中原文化叙事中，中原文化被进一步引向小传统化的表述。其典型叙事模式是对文化存在进行显态化和感性化表述，而对文化存在的抽象价值和内在结构则采取疏离或漠然态度。如把中原文化表述为戏曲文化、汉字文化、姓氏文化、武术文化等，使中原文化仅仅成为显性文化的集合体。对旅游文化的这种叙事方式与政府开发地域文化资源发展本地旅游经济的动机相契合，一直受各地政府大力推动。

小传统化的中原文化叙事固然满足了现代传媒图像化和现代旅游业体验式消费的要求。但从文化传承和文明发展的角度，小传统的文化形态无法担当传承文明内核的功能，也无法有效传递一种文化的核心价值、内在规范与道统承续。

文化是当代城市发展的重要动力。实现中原文化的历史性复兴，需要站在面向世界、面向"一带一路"、面向中华民族伟大复兴的时代制高点，打破长期以来中原文化叙事小传统化的被动局面，重构中原文化的大传统叙事。只有这样，才能让中原文化为区域创新发展提供丰富的价值基础和灵感源泉，推动中原文化重新站上与人类先进文化对话交流的历史平台。

（二）实施"一带一路"倡议给中原文化复兴提供了重大机遇

如果对中原文化对外传播的历史进程进行考察，就会发现中原文化的衰落与"一带一路"的历史命运休戚相关。从公元2世纪张骞凿空开辟中原地区与西域、中亚的商贸和文化交流线路以来，在很长时间里，丝绸之路一直连结着作为华夏文明核心地带的中原与中亚、欧洲地区。这种文化交流一直持续到明朝初期。14世纪帖木儿帝国在中亚兴起以及15世纪奥斯曼帝国在欧亚大陆中部崛起这两个历史事件导致陆上丝路被阻断。而明代的海禁政策、清代闭关锁国政策又几乎中断了海上丝路。

南宋以来，在我国经济、文化重心南移的同时，宁波、泉州、广州等海上贸易港口城市扮演了对华夏文明对外交流窗口的功能。直到近代，沿海地区在对外贸易和交流中都占有绝对主导的地位。在这一过程中，中原文化不可避免的地位下降与海陆丝路的相继断绝有着直接的关联。在中原文化不断小传统化的过程中，除了中原地区文化创造力和经济地位的衰退，中原文化对外交流端口相继堵塞也是一个重要因素。

"一带一路"背景下，中原地区的文化交流与文化创造活力的位势正在发生重大改变，中原文化迎来了当代复兴的历史契机。首先，"一带一路"倡议发生在信息化时代，即时代化、网络化、个人终端、大数据通信等信息传播方式，高铁、飞机等高速交通工具，共同填平了沿海港口与内陆地区在对外文化交流上的时空鸿沟。在与"一带一路"沿线数十个国家和地区的文化传播与交流领域，中原地区已经不存在地理区位的劣势，而是与国内其他区位处于同一竞争线上。这是古代丝绸之路和海上丝路开辟以来前所未有的改变。其次，"一带一路"背景下，中原文化必然随着中原城市群的对外开放走向与世界各国文化交流的前台。在中华民族重树文化自信，"五个发展"代表人类先进文化前进方向的背景下，中原文化丰富厚重的价值内涵、哲学理念及其蕴含的中华民族独特的历史经验和政治智慧，必将为"一带一路"沿线的国家和各种文明所重新认识。作为华夏文明肇基者和价值内核的中原文化也将在广泛、深入的文明互鉴中获得新的动力和滋养。第三，"一带一路"背景下，中原地区现代文化创意产业将迎来巨大的发展，中原地区与"一带一路"沿线国家间的教育、旅游、文化交流和技术合作都将达到新的高度，这将为中原文化的创新发展引入源源不断的活力和灵感。

面对"一带一路"带来的中原文化复兴重要契机，以郑州为核心的中原城市群需要抓住机遇，在传承保护中原历史文化资源的同时，有效构建中原文化的解释与传播的主动权。要对中原文化的丰富内涵进行现代阐释，提炼中原文化的包容性、创新性、开放性等价值内涵，提炼当代中原人民团结和谐、爱国报国、自强不息的时代精神。要从文明对话、文明互鉴的高度和文化创新的立场，推动中原优秀传统文化创造性转化和创新性发展。

推动中原文化复兴，对建构郑州城市文化软实力、推动中原城市群崛起以及中华文明当代发展都具有重大的时代意义。

第一，中原文化复兴意味着在中华民族伟大复兴历史进程中，中原文化找回了失落已久的历史地位，和中华文明的其他文化－地理板块一起，重新站在了中华文明传承创新的发展前沿，并通过全球"流通"获得新的生命。流通性是文化的生命线，"一个传统如果不能全球流通，它就很难继续流传下去"[①]。

第二，中原文化复兴意味着在中原地区实现"五个发展"发展过程，人民的创新精神、爱国精神、开放包容精神、锐意开拓精神等价值追求将以大传统的方式被书写和传播，成为中华民族当代价值追求的重要组成部分。

第三，中原文化复兴意味着广大中原地区建立先进的文化生产力，

---

① 李河：《传统：重复那不可重复之物——试析"传统"的几个教条》，《求是学刊》，2017 年第 5 期，第 41 页。

重新成为中华文明最具创新力和传播力的地区之一。以郑州为代表的中原城市群内部各城市的文化软实力必将在这一过程中获得极大的提升。

（三）打造数字化时代全新的郑州文化传播体系

文化软实力的来源是价值内涵与审美认同所产生的吸引力，但是没有文化的有效传播，这种吸引力就无法实现。因此，文化传播力是构建城市文化软实力的重要使命。

"一带一路"的战略性地位和长期性存在，使得"一带一路"所涉及的国家、地区和主题性事件都将成为我国国内以及"一带一路"沿线国家媒体长期关注的热点。这一传媒现象决定了作为中原城市群核心城市的郑州，必将长期成为中外媒体关注和传播的焦点。同时，由于郑州的文化传播能力在中原城市群中具有无可替代的突出地位，使得它成为中原文化对外交流与传播的重要整合者。这两种传播上的优势，在"一带一路"倡议实施之前，郑州从来不曾拥有过。

在"一带一路"背景下，郑州需要充分利用自身所获得的传播优势和位势，建构全新的文化传播体系，以提升自身的城市文化软实力。这一全新的文化传播体系，应当包括两个模块：现代传媒体系和旅游体验传播体系。

现代传媒体系包括传统媒体和数字媒体。传媒媒体包括图书、报刊等纸质媒介，以及广播、电视、电影等电子媒介。新媒体则包括数字电视、移动电视、网络电视、智能手机、新闻网站、搜索引擎、数字地图、视频网站、即时通信、各类App、社交软件、手持移动终端，等等。与传统媒体相比，新媒体具有即时传播、互动传播、大容量传播、分散化和个人化传播、低成本或零成本等诸多优势。在"一带一路"背景下，建构郑州文化传播体系需要做好以下事项。

第一，建构新媒体与传统媒体相结合的传播体系。要突出新媒体的重要作用，同时要充分利用传统媒体的优势和作用来开展城市文化传播。

第二，构建官方媒体与非官方媒体相结合的城市文化传媒体系。要充分发挥官方媒体的权威性、稳定性、专业性和内容制作方面的优势，建立若干以传播郑州城市文化、中原文化、华夏文明为使命的专业卫视频道、网站、App，等等。同时，要充分发挥非官方传媒和个人自媒体灵活、敏锐、注重细节、接地气、数量众多、信息来源丰富等特点，引导和鼓励其参与城市文化生活和文化信息的传播。

第三，建构立体化的城市文化传播体系。要鼓励杰出艺术人员、非物质文化传承人员和公共文化服务机构通过微博、微信公众号、媒介平台等多种方式，参与城市文化信息传播和文化空间的营构，形成门户媒体传播、专业机构传播和自媒体传播等媒介共同参与的立体化城市文化传播体系。

第四，筹建专门性的城市文化传播测评机构，负责郑州与"一带一路"沿线国家文化交流、中原文化复兴、华夏文明创新传承、郑州城市文化形象营构、城市文化产业传播等领域的大数据统计和效果评估，进行趋势分析并提出建议。

第五，把走出去传播、本土化传播和靶向传播融合起来，建立高效灵活，贴近"一带一路"国家当地文化特点的本地化传播模式，充分利用"一带一路"国家的本地媒体、本地语言，进行城市文化传播。

"一带一路"背景下，郑州城市文化传播还需要搭建体验传播体系。体验传播主要是针对外来游客的文化传播方式，强调个人经验的直接获得。搭建城市文化传播的体验平台，需要从两个方面着力。一是充分开发旅游体验传播体系。要通过创意设计、环境搭建、氛围营造、城市物理空间建构等途径，让城市文化生命化、鲜活化、感触化，为游客创造浸入式体验，实现城市文化的体验式传播。二是要建构城市文化的人际传播模式。要通过城市文化资源的社区化、本土化、课程化传播，使公共文化服务机构、文化市场主体、普通公众都成为城市历史的承载者和传播者。

（四）文化为魂：打造郑州文化传播的特色内容

"一带一路"不仅是开展国际经贸合作的路线，更是不同国家和地区、不同民族之间文化艺术的交流与传播之路。民心相通，亲诚惠容，建立有机的文化交流机制，是"一带一路"倡议的重要维度。在"一带一路"背景下，郑州应自觉把握自身作为中原城市群文化传播中心、文化创意产业研发中心、科教中心、区域经济中心等优势，开发城市软实力传播的特色内容。这一特色内容包括两个互为支撑的层面：一是由郑州本土历史文化、中原文化和华夏文明所构成的特色历史文化内容；二是由当代郑州本土优秀文化和当代中原地区先进文化所构成的当代文化内容。历史文化特色内容的传播要向世界展示优秀传统文化对中华民族生存发展的根基性意义，以及对世界的启示意义。当代文化内容的传播则应当向世界展现当代中原文化和中华文化所蕴含的奋发昂扬、开拓进取的时代风貌和优秀成果。

为了有效地传播这些特色内容，还需要充分开发文化传播的不同形态。例如，如基于郑州本土文化的文化创意产品开发，基于历史人物的影视传媒开发，基于文化遗址的旅游产品及信息数据的开发，基于中原乡土文化的教材的编写，基于传统文化经典的翻译出版活动，等等。

在这些特色文化内容的传播过程中，还应根据传播对象不同，采取针对性的价值引导策略，以提升传播效果。如，对于中原城市群广大市民，应当加强对中原文化的精髓、当代价值和古今杰出人物的传播，树立人们的本土文化自豪感，激发人们自觉传承创新优秀本土文化的责任心；对于国内其他地区的人民，应当加强对中原文化的特色及其对华夏文明传承发展重要性的传播，以培养人们进一步深入了解、认识和体验中原文化的兴趣；对于港澳台同胞和海外侨胞，应当以促进人们的中原文化和中华文化认同为目标，加强炎黄文化、姓氏文化、宗亲文化等认同文化的传播；对于"一带一路"沿线国家，应当从加强文化交流，促进彼此文化认知和文明互鉴的角度，着力传播汉字文明、非物质遗产、中原历史文化题材影视、武术、中华美食、艺术等传统文化，增厚中华文明的吸引力。对于文明对话中的世界，郑州文化传播要通过影视传媒内容的生产，以及优秀传统文化经典著作的对外翻译出版，加强对中原文化及华夏文明的内涵和当代价值的阐释和传播。例如，中国古人在个人层面的弘毅、仁爱、立诚、舍生取义、明德等价值选择；又如，自然层面的天人合一的价值原则；政治层面的大一统、大同、天下等价值追求和观念认知，等等。

习近平总书记指出，"一个民族、一个国家，必须知道自己是谁，是从哪里来的，要到哪里去，想明白了、想对了，就要坚定不移朝着目标前进"①。在"一带一路"背景下，郑州文化传播的一个重大使命就是向世界传播和讲述当代中国发展道路、发展模式和价值理念的历史文化根源、文化基因和未来指向，以及打造人类命运共同体的必然性。要通过讲中国故事和艺术审美等方式，以古释今，以今参古，为当代中国的价值选择和道路选择提供文明基因的解释和文明对话的支撑。"对不同文明的文化基因考察，将揭示特定文明国家及其人群的特殊奥秘。换言之，需要从思想模式和价值观方面说明中国为什么是中国，中国人为什么是中国人。"②在"一带一路"建设背景下，对外传播中原文化要能够有力促进世界对中国的理解，为中华民族的伟大复兴开拓良好的文化交往与文化传播环境。

（五）内外兼修：让郑州成为中原文化和华夏文明的国际展示平台

在打造城市文化软实力的过程中，郑州作为中原文化城市核心城市和传播中心，需要内外兼修，自觉担当中原文化和华夏文明国际展示平

---

① 习近平：《青年要自觉践行社会主义核心价值观——在北京大学师生座谈会上的讲话》，《人民日报》，2014年05月05日02版。

② 叶舒宪：《神话观念决定论与文化基因说》，《吉首大学学报》（社会科学版），2017年第5期，第38页。

台的角色。

首先,要以打造文化郑州为目标,充分发挥郑州在文化科技、资本、教育科研、影视传媒、文化基础设施上的综合优势,提升城市公共文化服务水平,培育富有竞争和文化创意的产业集群,营构活力充沛的城市文化空间。要不断优化旅游者的文化体验,使郑州成为中原城市群中具有强大文化影响力的样板城市。其次,郑州要自觉担当中原文化和华夏文明传播的主导者角色,引领中原城市群各自发挥本土文化资源优势,打造中原文化特色风貌之城和中原文化特色区域,共同推动中原文化和华夏文明有机传承与创新发展。第三,要打造数字郑州,建构中原城市群文化创意产业大数据平台,为中原文化和华夏文明传承创新提供决策依据和信息支撑。第四,要着力建构支持中原文化和华夏文明传承创新的功能平台:包括文化会展平台、演艺平台、出版与翻译平台、艺术品交易平台、文化版权交易平台、文化科技公共服务平台、文化遗产与文化基因大数据平台、文化传播公平服务平台,等等。要以这些平台为支撑,推动郑州成为具有全球影响力的中原文化和华夏文明传承创新中心。

四、"五个郑州":文化郑州的多样面孔

文化郑州是郑州文化建设的根本目标。从城市建设与文化发展高度融合的角度,创意郑州、生态郑州、科技郑州、旅游郑州和幸福郑州这"五个郑州"构成了文化郑州的目标样本。

(一)创意郑州:文化郑州的城市灵魂

作为华夏文明传承创新中心和中原城市群的文化传播中心,郑州肩负着引领中原城市文化创意产业创新发展、全面提升城市文化软实力、打造区域核心创意城市的历史使命。

创意城市是 20 世纪 90 年代以来在全球出现的一种具有新特质的城市。创意城市理论强调创意阶层在城市中的创造性贡献,主张文化观念

的包容性和文化形式的多样性，强调城市创意基因，以及城市的活力和生命力。"创意城市概念所倡导的，是在城市利害关系的运作方式中，深植文化创意的必要性。"① 在创意城市理论倡导者们的认识中，成功营构城市的创意氛围或创意空间是经营城市的关键，而优越的资讯和媒介条件、发达的科技水平、丰富的本土文化资源和科技与艺术人才等因素，都是城市能够有"创意"的必要条件。

创意城市是一种典型的后工业时代的城市形态。它的出现，是后工业社会、后福特主义、学习型社会、知识经济、信息社会等多种因素共同叠加的结果。发达国家老工业区和工业遗产的复兴、文化多样性观念的倡导、全球本土文化的兴起、网络社会的崛起等力量也都为创意城市的出现推波助澜。

创意城市理论的提出时间是在20世纪90年代到21世纪初，同期恰逢文化创意产业在全球蓬勃发展。因此这一理论与文化创意产业理论一起，被全球众多国家和城市所接受，为推动全球城市发展模式创新提供了重要理论依据。在我国，创意城市理论为各个城市发展文化创意产业提供了有力理论指导和观念启迪。由于与"创新、协调、绿色、开放、共享"这"五个发展"理念有着诸多契合之处，创意城市的理论很快被各地广泛官、学、产、研等各方普遍接受，并成为国内众多城市推动文化创意产业发展和实现"五个发展"的重要抓手。

创意城市的基础是创意产业。文化创意产业发展是互联网普及和数字技术不断突破的结果。在互联网发展早期，一些拥有高超互联网应用技术且思维无拘无束的人，将互联网技术与讲故事或艺术天赋结合起来，成为数字创意产业的先驱者，他们被称为"技术型波西米亚人"②。早

---

① 查尔斯·兰德利：《创意城市：如何打造都市创意生活圈》，杨幼兰译，清华大学出版社，2009，第3页。
② 彼德·霍尔：《文明中的城市》（第三册），王志章等译，商务印书馆，2016，第1362页。

期的互联网技术使普通人能够使用数字技术参与传统上机构才能完成的出版、广播、通信和影视制作，使以数字化方式参与文化生产的人数和程度大幅增加，被称为"比特的长尾效应"①。随着互联网技术和各种新媒体技术的不断突破，传统的文化生产体系不断被打破，一种全新的文化生产系统正在形成。一方面，文化生产领域生产者和消费者相互融合，具有文化创意能力的生产性消费者成为文化内容生产的重要力量。另一方面，专业生产内容（PGC）和用户原创内容（UGC）相互合作的生产样态普遍化。由此，"人类历史上第一次出现了文化内容的创造者从小规模专业作者向大规模业余作者迁移的局面"②。

创意城市不仅是文化内容生产活跃的城市，也是创意性生产者"创客"汇集的城市。随着物联网技术和新媒体技术的进一步发展，出现了大量使用电脑桌面工具进行新产品设计并制作样品模型的"创客"。这些"创客"们在网络社区中分享设计成果、开展合作，并且根据自己的意愿运用先进的工业设备制造产品，或者"通过通用设计文件标准将设计传给商业制造服务商，以任何数量规模制造所设计的产品"③。正如用户原创内容（UGC）的出现标志着人类文化生产模式的重大变革，创客的出现也标志着人类工业生产模式出现重大变革，个人制造正在改变城市生活和工业形态。

郑州作为依托现代铁路交通发展起来的工商业城市，其经济规模、工业实力、科教水平、传媒影响力等在中原城市群中独占鳌头，且拥有丰富厚重的历史文化资源。但与国内外一些知名城市相比，郑州在城市面貌、发展理念、创新能力和文化软实力等领域都显得中庸，缺少特色和魅力。无论是从建构城市文化软实力的角度，还是从优化城市文化形

---

① 克里斯·安德森：《创客：新工业革命》，中信出版集团，2015，第84页。
② 张晓明：《文化产业的新形势新思路新战略》，《人民论坛》，2017年第S2期，第97页。
③ 克里斯·安德森：《创客：新工业革命》，中信出版集团，2015，第30页。

象、推动文化创意产业发展，以及开启郑州制造新时代的角度，打造创意郑州都显得十分必要。

打造创意郑州，需要从当代文化创意产业和创意城市发展的基本规律出发，对郑州文化资源、科技资源、创意资源、城市文化空间和文化生活等领域进行有机的搭建和塑造，为郑州注入城市灵魂，使郑州成为一座能够高效释放文化创意活力、充分履行自身文化使命的创意城市：

——创意郑州应当是一座处处充满中原文化气息，时时展露华夏文明风采，文化遗产保护与利用并重，历史文化传承与当代文化创新共振的华夏文明传承发展之城；

——创意郑州应当是公共文化服务全面覆盖，各类文化设施便利可及，市民文化娱乐活动丰富多样，艺术创造活动高度活跃的中原文化活力展现之城；

——创意郑州应当是文化创意产业繁荣发展，城市文化竞争力不断提升的创意之城；

——创意郑州应当是创意人才八方来聚、创意氛围无所不在、创意头脑处处相遇、创新思路与创意突破随时爆发的灵感涌动之城；

——创意郑州应当是文化创意力量贯穿于"五个发展"，文化的柔性渗透于治理过程的文化引领之城。

（二）科技郑州：文化郑州的动力引擎

创意是灵感的释放，但创意转化成创意产品、发展成产业需要科技的强力支撑。创意城市首先要是科技之城，离开现代科技的支撑，创意城市只能沦为特色小镇的放大版。全球创意城市的第一梯队是纽约、伦敦、巴黎、东京这类世界城市。科技发达的上海、香港、首尔等城市，在全球创意城市中也只能算作第二梯队。国内外著名城市尚且如此，其他建设创意城市的城市更无理由忽略科技的引领作用。建设创意郑州，必须建设一个与之相匹配、为之提供支撑的科技郑州。

建设科技郑州，需要围绕以下几个方面着力。

一是大力发展文化科技。文化科技是提供优质公共文化服务和发展文化创意产业所必须的动力支撑。推动中原文化当代复兴、建构华夏文明传承创新中心，需要一流的文化科技来支撑。文化基因的提取和存储、文物古迹的永久性保护、文化创意产业产品的开发、文化演艺节目的排演、影视动漫节目的制作、打造知名文化品牌，无不需要最前沿的文化科技。

二是发展智慧城市科技体系。智慧城市的核心含义是通过现代通信技术、大数据技术、人工智能技术、生态工程技术、物联网技术等最前沿的技术，对城市的交通、生态、人居环境、物流与人流、市政管理与公共服务、医疗、居民健康与就医等事项提供高科技、智能化的管理和服务，完善城市治理。创意城市必然是智慧城市。建设创意郑州，需要加快发展新一代通信技术、大数据通信与存储技术、人工智能技术等科技体系。

三是发展高端制造业科技和新兴战略产业科技，打造与国家中心城市综合影响力相匹配的科技硬实力。高端制造业与新兴战略产业是奠定郑州科技中心地位、发挥郑州科技辐射和带动作用的"定海神针"，能够从长远的角度为创意郑州储存更活跃的创意能力。同时，高端制造业和新兴战略产业的发展，也是进一步提升郑州作为国家中心城市的综合实力的重要途径。

（三）生态郑州：文化郑州的城市生命

创意城市是高度重视生态优化的生态城市。良好的生态是创意氛围形成的重要空间条件。创意城市理论认为，一个地区的人为与自然景观及生态多样性能激发灵感，孕育创意，是创意城市的"环境资本"[①]。创意城市首先是生态城市。打造创意郑州，先要建设生态郑州。

---

① 查尔斯·兰德利：《创意城市：如何打造都市创意生活圈》，杨幼兰译，清华大学出版社，2009，第33页。

生态城市的核心理念是达成城市环境下生态环境的可持续性，强调城市空间中人与环境、人与自然的和谐共处。此外，还主张以自然环境的承载力为坐标系，对城市的生态指标、环境容量、人口容量等要素进行合理规划与控制，从而实现生态环境可持续条件下的城市发展。

生态城市建设还主张打造宜居、舒适、亲和的城市环境，使城市与人的关系更加和谐、更加亲近。生态城市的这一价值原则可以上溯到19世纪。1898年，英国人埃比尼泽·霍华德出版了《明日的田园城市》一书，针对当时英国城市发展中出现的过度拥挤、生活环境恶化等问题，提出城市建设要保持城市与乡村景观的有机融合的观点。他指出："事实并不像通常所说的那样只有两种选择：城市生活和乡村生活，而有第三种选择。可以把一切城市生活的优点和美丽愉快的乡村环境和谐地组合在一起。这种生活的现实性将是一块'磁铁'，它将产生我们大家梦寐以求的效果——人民自发地从拥挤的城市投入大地母亲的仁慈怀抱，这个生命、快乐、财富和力量的源泉。"[1]《明日的田园城市》奠定了现代城市规划的一条重要伦理基础，就是城市建设要以从人自身的价值需求出发，以人的需求为尺度，与自然环境高度融合。

在我国，改革开放以来，各地经济高速发展，人民生活水平不断提高，但同时城市建设中也普遍出现了环境污染、交通拥堵、地下水位下降、生态质量下降等问题。实现城市的可持续发展和人居环境改善成为各地建设生态城市的基础动力。党的十八届五中全会提出了"创新、协调、绿色、开放、共享"五大发展理念，其中绿色发展的理念与生态城市的发展理念在内在精神上深度契合。绿色发展坚持保护生态环境，倡导人与自然和谐相处，以绿色低碳循环为主要原则，以生态文明建设为基本抓手，是建设生态郑州的重要理论依据。

---

[1] 埃比尼泽·霍华德：《明日的田园城市》，金经元译，商务印书馆，2016，第6页。

生态郑州为郑州建设国家中心城市提供生态支撑。建设生态郑州首先要深刻认识"青山绿水就是金山银山"的重大意义。要以实现绿色发展为重要目标，不断提高郑州城市环境治理水平，打造山清水秀、宜居宜业宜游、城乡一体的美丽郑州。其次，要通过降低能耗，淘汰落后产能，产业升级，发展文化创意和新兴战略产业等措施，建设低碳郑州，不断改善郑州城市环境。第三，要倡导简约环保的观念，大力推行绿色低碳、文明健康的生活方式和消费模式，并把这些观念和生活方式深入推广到学校、社区、企业、商场、公园、街道等城市生活空间和场景中，使之成为广大市民的行为规范。第四，要把生态郑州建设与推动中原文化复兴、打造华夏文明传承创新中心结合起来，从传统文化和历史文明中借鉴当代生态文明建设的思想资源，打造具有郑州本土特色的城市生态文明。

（四）旅游郑州：创意郑州的魅力指数

创意郑州的目标既包括建设一座充满创意和创新活力的文化之城、科技之城和生态之城，也包括建设一座充满魅力的旅游之城。打造世界级旅游名城，一直是郑州的奋斗目标。但是，由于长期以来旅游发展策略失当，投入不足，产品开发不力，优秀品牌缺乏等原因，郑州旅游产业长期停留在以文化遗产观光为主导内容的阶段，体验式旅游等深度旅游产品较少，发展水平与各方的期待都有一定差距，其游客人数、旅游收入甚至长期落后于洛阳。

在"一带一路"和建设国家中心城市的背景下，郑州市需要突破现有格局，对旅游业进行深度开发，进而提升创意郑州的文化魅力。

实现这一目标，首先要对郑州旅游文化身份进行再定位。要突破行政界线对郑州发展旅游业的约束，将郑州提升到"一带一路"国际旅游重要目的地、中原文化和华夏文明传承体验旅游核心目的地、中原城市群旅游集散中心和旅游首选目的地以及中原城市群旅游文化研究中心与旅游产业投资开发中心等地位，从位势上奠定郑州在中原城市群中旅游产业中的龙头地位,从而使郑州旅游业一举跳出"汴洛夹击、前后分流"的长期困境。

二是要进行郑州旅游文化资源的再开发。要全面提升郑州旅游产品文化内涵和体验深度,使郑州旅游产品开发的整体水平向优秀国际旅游城市看齐。

三是要对旅游文化设施进行全面提升。要运用文化科技和材料科技、信息科技等手段,对郑州旅游文化设施进行全面提升,全面打造国内一流、国际领先的文化旅游设施体系,为到郑州的旅游者创造一流的文化体验。

四是要全面优化旅游的文化空间。要把郑州城市旅游形象提升及城市文化空间塑造密切结合起来,通过精细化设计、差别化呈现、区域化特色、高科技表现等方式,打造具有鲜明文化个性的城市生态景观与人文风貌。坚持贯彻宜人、可接近、可体验、可互动、可延伸等原则,使郑州成为国内旅游体验指数较高的国家中心城市。

五是要全面提升郑州旅游服务水平。要从旅游产品营销、景区休憩设施建设、酒店预订与入住服务、餐饮服务、旅游交通服务等旅游服务的全链条着手,制订并推行高标准的旅游服务规范,使郑州成为引领中原城市群旅游服务标准样板城市。

(五)幸福郑州:文化郑州的价值坐标

建设幸福城市是当代城市治理的重要目标。在哲学的意义上,幸福来源于人对自身的德智或生命不断完善过程中的体验。获得幸福的前提是免于恐惧和短缺。从城市治理的角度,幸福就是要提供必要的福利保障或者公共服务产品,使人们感受到健康、安全、自由的有效保障,从而可以专注于自身完善和社会地位的提升。

21世纪初,在建设服务型政府的目标引导下,幸福城市的概念陆续被国内上百个地级以上城市引入施政目标。幸福城市的提出有着深刻的时代背景。21世纪第一个10年中,我国改革开放已经进行了30年左右。长期致力经济发展使我国经济发展取得了巨大成就,告别了短缺时代。但是,在人民物质生活提升的同时,社会治理并未充分跟进,分配不公、环境污染、社会保障缺失、普通民众缺乏尊严感等诸多矛盾日益突出。全社会都在期待一种更为优化的社会发展理念和治理方式。幸福城市正是在这种背景下进入我国城市治理的视野中。

"幸福城市"的核心是改善民生保障,促进人民群众的获得感和幸福感。这一目标被具体化为居民收入增长、生态改善、人居环境优化、环境治理、公共安全、公共医疗体系完善、公共教育服务、公共文化服务等社会保障体系的建立、迁移自由的提升等分项指标。幸福城市建设的实际是为社会全面进步和协调发展建立一套更合理的发展指标体系。

幸福城市理念的确立标志着我国城市治理的基本伦理从体现政治权威转向以人为本,从重点强调以经济建设为中心转向经济建设与民生改善相协调。"执政为民""以人民为中心""让人民生活得更加幸福、更有尊严",都是幸福城市建设的基本价值取向。对幸福城市内涵更为诗意的表述是2010年上海世博会的主题句:城市,让生活更美好。

在建设幸福郑州的过程中,既要不断增强城市经济实力,持续完善各种民生保障体系,让广大市民拥有充分的保障感和获得感,又要持续提升各类服务的水平和质量,不断增强广大市民的幸福感。

在当代城市治理的诸多因素中,文化发展直接诉诸人的精神世界,又能增进人们在选择上的自由,影响着人们的幸福体验。建设幸福郑州,一方面要发展文化创意产业,使广大市民充分享受现代科技和文化创意产业带来的文化生活和科技生活;一方面要保护和弘扬节庆、传统仪式、民间故事、方言、地方美食、审美偏好等郑州和中原地区本土文化脉络,使人们与传统生活和地方特色文化保持有机的联系。

无论是创意郑州、科技郑州、生态郑州,还是旅游郑州,都在保护和促进郑州本土文化在日常生活中的根系性传承,都在促进传统文化和历史文明的诗性激活,都在支持中原文化和华夏文明与当代文化创意产业的跨时空对话。在文化的意义上，它们指向同一个目标：建构幸福郑州的文化生活。可以说，幸福郑州是文化郑州的治理目标。

在华夏文明与当代郑州日常生活的对话过程中推进华夏文明的创造性转化和创新性发展，这是对华夏文明和郑州本土文化最好的传承，也是幸福郑州的文化根基。

第九章　地域特色文化产业与旅游业融合发展的创新与探索
——大理－丽江地区和黔东南州调研报告[①]

2013年7月至8月间，国家民族事务委员会文化宣传司和中国社会科学院文化研究中心组成的中国少数民族文化发展战略研究课题调研组对云南、贵州两省文化产业和旅游业发展现状进行了专题调研。调研的主题是"民族地区文化产业和旅游业与少数民族文化创新发展"。

本次调研地点包括云南省大理市、鹤庆县、丽江市、剑川县、巍山县、昆明市和贵州省贵阳市、黔东南苗族布依族自治州凯里市、雷山县、丹寨县、从江县11个市、州、县，其中，重点调研地区是云南省大理州、丽江市和贵州省黔东南州。调研组先后考察了大理市三文笔村、古城、喜洲镇、周城村、双廊古镇、鹤庆县新华村、丽江市大研古城、束河古镇、剑川县狮河村、沙溪古镇、巍山县巍山古城、巍宝山、东莲花村、雷山县西江千户苗寨、乌东村、从江县银潭村、岜沙村等近20个民族地域特色古城、古镇和村寨，以及昆明市云南民族村、凯里市民族风情园、凯里市九黎苗妹工艺品有限公司、丹寨县黔山古法造纸专业合作社、丹寨县宁航蜡染有限公司等10多个文化企业和产业园区。调研组还就文化产业开发、民族特色村寨保护与旅游产业开发与各地政府部门、学者专家、居民和企业家共举行了10多场座谈会。

[①] 本章系国家民族事务委员会文化宣传司与中国社会科学院中国文化研究中心合作开展的"中国少数民族文化发展战略研究"课题成果，发表于文化蓝皮书《中国少数民族文化发展报告（2014—2015）》，武翠英、张晓明、任乌晶主编，社会科学文献出版社，2015。

一、大理－丽江地区和黔东南州文化旅游业融合发展的现状与特点

文化产业和旅游业作为大理－丽江地区和黔东南州的优势产业，突出体现在两个领域的融合发展中，一是民族民间手工艺品为主体的民族地域特色文化产业；二是民族文化特色古城、村寨的旅游业开发。经过对调研地区的深入考察，调研组对云南省、贵州省及重点调研地区云南省大理州、丽江市和贵州省黔东南州文化产业和旅游业发展融合发展情况形成以下几点判断。

（一）文化产业与旅游业融合发展已经成为云南省和贵州省发挥地域特色资源优势，实现经济社会可持续发展、推动区域现代化建设的重要引擎

云南省和贵州省地处我国西南地区，都是生态多样性、地理多样性和民族文化多样性高度富集的地区，两省各自都具有丰富的历史文化资源。计划经济时期，由于地处西南边陲，交通不便、经济落后、民族众多、教育水平低等原因，云南省和贵州省工业化进程缓慢，经济发展水平在全国居于落后地位，各族人民生活水平普遍较低。改革开放以来，随着我国市场经济的逐步确立，以及对外开放的不断深化，云南省和贵州省逐渐融入全国统一市场和全球市场。在这种背景下，传统上制约两省工业化发展的交通区位因素、生态与地理多样性因素、民族与文化多样性因素成为发展旅游产业与文化产业等现代服务业的优势资源。云南、贵州两省都抓住我国旅游产业和文化产业快速发展的历史机遇，立足各自独特的生态、地理、历史和民族文化资源，大力发展文化产业和旅游产业，推动旅游业与文化产业融合发展，取得突出成就。两省都已经成为我国民族地区发挥地域和民族文化资源优势，推动文化与经济融合发展，实现转变经济增长方式和创新发展的典型省份。

根据调研组调研掌握的数据，云南、贵州两省及相关地、市旅游产

业发展速度都显著超过全国平均水平。从 2006 年至 2012 年，云南省、贵州省旅游业总收入占全国的比例分别从 5.59% 和 4.23% 提升到 6.57% 和 7.18%，已经成为云南省和贵州省在全国省域经济竞争中的优势产业。从经济和社会贡献来看，旅游业对云南、贵州两省经济社会发展贡献巨大。2011 年，云南旅游业增加值达到 550 亿元，占全省 GDP 的 6.3%，占第三产业增加值的 16.4%，成为继烟草及加工业之后的第二大产业，直接从业人员 72 万人，带动间接从业人员 350 万人。2012 年贵州省旅游业产值占第三产业的 17%，增加值达 536 亿元左右，占全省 GDP 的 7.8% 左右，全年带动社会就业 154 万人，受益人数超过 340 万人，对全省经济社会发展的贡献明显提升。

从两省文化产业发展态势来看，两省的文化产业都已经在本省经济发展中占有重要地位。2011 年，云南省文化产业增加值达到 534 亿元，占全省 GDP 的比例达 6.11%，成为全省支柱产业；同年，贵州省文化产业增加值为 140.23 亿元，占全省 GDP 的 2.46%，同样成为全省经济重要组成部分。

本次调研的重点地区大理州、丽江市和黔东南州分别是云南省和贵州省民族文化和自然与人文景观极为丰富的地区。大理白族自治州是全国白族传统文化保存最为集中完好的地区；丽江市是我国纳西族居住最为集中的地区，是东巴文化的中心；黔东南苗族侗族自治州是我国苗族和侗族集中居住地区，也是苗族和侗族传统村寨、民居和服饰等传统文化保存最完整的地区。它们各自在本省旅游产业和文化产业融合发展宏观背景推动下，依托民族文化资源和自然与人文景观资源在文化产业和旅游产业发展领域都取得了重要成就。2011 年，文化产业增加值在丽江市、大理州和黔东南州各自 GDP 中比例分别达 11.8%、6% 和 3.1%，均高于全国平均水平，其中，丽江市、大理州文化产业都为支柱产业，丽江市文化产业占 GDP 的比例更是远远超过中西部地区绝大部分城市，直逼国内一线城市的水平。黔东南州文化产业增加值占本地 GDP 的比例虽然略低，但作为发展水平较低的欠发达地区，人均文化产业增加值与全国平均水平的比例（占33.9%）也高于人均GDP与全国平均水平的比例（32.39%），这表明文化产业在黔东南州经济部门中已经初步确立相对优势（参见表9.1）。

从旅游业发展来看，2006年至2012年的7年间，大理州、丽江市和黔东南州人均旅游业收入增长率分别为22.3%、26.99%和29.35%，均高于全国和本省平均水平。2012年，大理州、丽江市和黔东南州人均旅游业收入分别为5489.80元、16736.13元和5716元，均显著高于本省和全国平均水平（参见表9.2）。

这表明，"十一五"以来大理州、丽江市和黔东南州的文化产业和旅游产业均实现快速增长，民族文化和地域自然人文资源的突出优势已经体现在产业优势中。文化产业和旅游产业已经成为三州、市发挥地域特色资源优势，实现经济社会可持续发展、推动区域现代化建设的重要引擎。

表9.1 调研地区2011年文化产业增加值与全国平均水平对比

区域	文化产业增加值/亿元	文化产业增加值占GDP之比/%	人均文化产业增加值/元	人均文化产业增加值与全国平均水平的比例/%
全国	13479	2.85	1000.4	100
云南省	534	6.11	1153.1	115.3
贵州省	140.23	2.46	404.24	40.4
昆明市	259.5	8.62	3972.1	397.1
贵阳市	34.21	3.05	916.8	91.6
大理州	34	6	635.0	63.5
丽江市	21	11.8	1674.5	167.4
黔东南州	11.747	3.1	339.5	33.9

数据来源：文化产业增加值来自各调研地区政府部门汇报材料；其中贵阳市文化产业增加值为2010年；昆明市文化产业增加值为2012年全市的初估值。

说明：各地文化产业增加值为国家统计局2004年统计标准；人均文化产业增加值、人均文化产业增加值与全国平均水平的比例是根据各地区当年常住人口计算得出,其中大理州人口数据为2011年全州户籍人口。

表9.2 "十一五"以来云南省、贵州省及相关市、州旅游业增速比较

区域	2006年			2012年				2006—2012年
	常住人口/万	旅游业总收入/亿元	人均旅游业总收入/元	常住人口/万	旅游业总收入/亿元	人均旅游业总收入/元	人均旅游业总收入与全国平均水平的比例/%	人均旅游业总收入增长速度/%
全国	131448	8935	679.74	135404	25900	1912.79	100	18.82
云南省	4483	499.78	1114.83	4659	1702.54	3654.30	191.03	21.88
昆明市	615.2	156.37	2541.77	653.3	426.68	6531.15	341.45	17.03
大理州	348.6	57.2	1640.84	355.86	195.36	5489.80	287.00	22.30
丽江市	115.4	46.29	4011.27	126.2	211.21	16736.13	874.95	26.88
贵州省	3690	387.05	1048.91	3484	1860.16	5339.15	279.12	31.16
贵阳市	396.66	84.54	2131.30	445.17	602.7	13538.64	707.79	36.08
黔东南州	387.52	47.29	1220.32	347.27	198.5	5716.01	298.84	29.35

数据来源:中国旅游统计年鉴历年数据及各地国民经济与社会发展公报历年数据。其中,大理州2012年人口数为户籍人口数。

(二)云南省和贵州省在文化产业和旅游业融合发展中,分别开创了独特的发展路径

根据调研所取得的数据,调研组对云南省和贵州省文化产业和旅游产业发展进行了比较。结果表明,云南省和贵州省在文化产业和旅游业领域各自开拓了不同的模式,形成了各具特色、相互竞争、互有优势的格局。

在文化产业领域,相对于贵州省,云南省起步更早,优势突出。云南省通过精心打造新闻出版、影视动漫、民族演艺、文化旅游、休闲娱乐、工艺美术、珠宝玉石、节庆会展、茶文化、体育十大主导产业,实施大集团牵动、大园区带动、大品牌驱动、大开放促动战略,以及积极促进

文化与旅游融合发展,创造了民族地区文化产业发展的"云南现象"。无论是按旧的文化产业统计指标(参见表9.1),还是按新的文化产业统计指标(参见表9.3),云南省文化产业增加值总量、文化产业增加值总量占全省GDP的比例,以及人均文化产业增加值都显著高于贵州省。

表9.3 新统计标准下调研地区2012年文化产业增加值与全国平均水平对比

区域	文化产业增加值/亿元	文化产业增加值占GDP之比/%	人均文化产业增加值/元	人均文化产业增加值与全国平均水平的比例/%
全国	18071	3.48	1334.60	100
云南省	380.27	3.70	816.21	61.12
贵州省	152.03	2.22	436.37	32.70

数据来源:国家统计局、云南省和贵州省公开发布的数据。
说明:云南省、贵州省文化产业增加值包括规模以上文化单位和个体经营者;全国文化产业增加值的统计数据仅包括法人单位。

在旅游业发展领域,贵州省充分发挥后发展优势,形成对云南省的全面超越之势。"十一五"以来,贵州省抓住新交通、新平台、新改革、生态文明、美丽乡村五大机遇,围绕"多彩贵州"文化旅游品牌,深入实施"文化旅游发展创新区""国家公园省""大西南旅游门户和集散中心""世界知名、国内一流旅游目的地、休闲度假胜地和文化交流的重要平台"等战略,积极推动全省旅游业与文化产业融合发展,取得了突出成就。在"十一五"开局的2006年,贵州省、贵阳市和黔东南州的旅游产业发展还全面落后于云南省、昆明市、大理州和丽江市。在经过7年的加速发展,2012年,贵州省旅游业无论是年均增长速度、总收入还是人均收入,都已经实现对云南省的全面赶超,创造了旅游业创新发展的"贵州现象",成为我国民族省、区中发展旅游产业的新样板(参见表9.2)。

对大理州、丽江市和黔东南州文化产业与旅游产业发展数据的考察也印证了云南省和贵州省在相关领域的发展逻辑。2011年,黔东南州文化产业占本地GDP的比例为3.10%，不及大理州的1/2和丽江市的1/4，人均文化产业增加值也明显落后于大理州和丽江市（参见表9.1）。大理–丽江地区文化产业相对于黔东南州，具有突出的优势。

2012年，黔东南州2012年人均旅游收入达到5716.01元，超过云南旅游业大理州的5489.80元（参见表9.2）。"十一五"以来7年间黔东南州人均旅游收入平均增速29.35%，超过同期大理市的22.3%和丽江市的26.88%。这表明，在旅游产业发展的战略举措和政策保障机制上，黔东南州采取了比大理州和丽江市更为有力的措施，找到了适合自身特点的旅游产业与文化产业融合发展路径，旅游业的发展潜力得到快速实现。

通过对"十一五"以来两省旅游业发展数据的进一步比较，调研组发现，尽管2006年以来，贵州省旅游业总收入和人均旅游收入增长速度比云南省更快，但云南省在吸引境外游客的数量上，仍然远多过贵州省（参见表9.4）。2011年，云南省入境旅游人数和收入继续保持全国八强、西部地区首位。这一数据表明，云南旅游业发展速度虽然相对贵州更加平缓，但国际知名度比贵州更高，原因在于云南相对强大的文化产业提升了旅游业的品牌和知名度。

云南省与贵州省在文化产业与旅游业领域的相互交错的竞争态势表明，对于贵州省而言，文化与旅游业融合发展的关键在于以旅游产业倒逼文化产业升级发展，弥补文化产业发展的短板；而对于云南省而言，文化与旅游业融合发展的关键在于充分发挥文化产业的优势，进一步以文化产业提升旅游产业。这一结论得到黔东南州和大理州、丽江市文化与旅游业深度融合发展现象的有力支持。

表9.4 2006—2012年云南省和贵州省国内外游客增长比较

区域	2006年		2012年		2006—2012年国内游客增长率/%	2006—2012年境外游客增长率/%
	国内游客数/万人	境外游客数/万人	国内游客数/万人	境外游客数/万人		
全国	139400	12494.21	296000	13240.5	13.37	0.97
云南省	7721	394.4	19600	886.4	11.80	14.45
昆明市	2169	70.75	4580.5	113.74	13.27	8.23
大理白族自治州	766	20.93	1791	56.20	15.21	17.89
丽江市	429	30.87	1514.4	84.70	23.76	18.32
贵州省	4716	32.14	21330.68	70.50	28.60	19.35
贵阳市	1845	8.9168	6332.59	11.62	22.81	4.51
黔东南苗族侗族自治州	630	4.77	2389.5	20.40	24.88	27.40

数据来源：中国旅游统计年鉴和云南省统计局、贵州省统计局历年公开发布的数据。

（三）民族特色村镇在大理-丽江地区和黔东南州文化产业和旅游业融合发展中具有突出的引导性作用

民族特色小镇、村寨是云南省和贵州省发展民族地域特色文化旅游业重要组成部分。2009年，在旅游业二次创业的大背景下，云南省提出将推动40个重点旅游市县、60个旅游小镇、200个旅游特色村、10个国家公园、50个休闲度假点等旅游目的地建设。2012年，《贵州省生态文化旅游产业发展规划》明确提出，要以"一个旅游中心、六条旅游走廊、七大旅游区以及八个枢纽节点"的基本格局，串联、支撑、带动70个旅游小镇、100余个特色村寨。足见特色小镇和村寨在云南、贵州新一轮旅游产业升级发展中的重要地位。

对沙溪古镇（寺登村）、银都水乡新华村、双廊镇、西江千户苗寨等4个特色村、镇的旅游业考察表明，民族和地域特色村镇是云南贵州文化产业与旅游业融合发展中增长速度快、带动作用强的排头兵，也是旅游业发展中的综合性增长极。4个村镇中，沙溪古镇由于开发较晚，节奏也较为平缓，所以旅游收入还不是十分突出，但其未来的增长前景乐观；双廊镇由于位于大理-丽江旅游热线上，又处于环洱海旅游观光圈，外来投资和旅游者涌入迅速，人均旅游收入增长很快，2012年已经达到全国平均水平的4倍以上；鹤庆县银都水乡新华村76.2%的农户从事金、银、铜工艺品加工销售，加工销售收入8845万元，占全村经济总收入的81.5%。如果将银都水乡新华村投资公司的收入计算在内，新华村2012年日均接待游客7300多人，村域人均旅游收入达到了全国平均水平的45倍。这一惊人成绩背后是民族特色手工艺银饰的产业化开发与旅游体验相融合的商业模式，新华村金银铜器的声誉、大理-丽江旅游热线上每天进村观光购物的游客是最关键的因素。贵州省黔东南州雷山县西江千户苗寨2012年1—10月接待游客238.7万人次，实现旅游综合收入22亿元，按全寨5600多位居民计算，人均综合旅游收入达到全国平均水平的54倍，村民的人均纯收入也实现了快速增长（参见表9.5）。

如何妥善保护、有序开发各类民族地域特色村寨，将在很大程度上影响到大理、丽江、黔东南州乃至云南、贵州两省文化产业与旅游业融合发展的整体前景。

表9.5　部分调研地区2012年人均旅游业收入与全国平均水平的比例

区域	旅游业总收入/亿元）	人均旅游业收入/元	人均旅游业收入与全国平均水平的比例/%
全国	25700	7259	100
沙溪古镇（寺登村）	0.2	7680.5	105.81
银都水乡新华村	18.7	330272	4549.83
双廊镇	1.1	29729	409.55
西江千户苗寨	22	392857	5412

数据来源：全国、云南省、贵州省和相关城市、州的数据来自国家统计局网站和各地2012年国民经济与社会发展公报。沙溪古镇、新华村和双廊镇的数据来自当地政府部门汇报材料。西江千户苗寨旅游综合收入来源于媒体公开报道，为2012年1—10月数据。

（四）民族民间工艺品的生产和开发成为村民增加收入和就业发展的重要部门

民族民间特色工艺品是云南、贵州两省文化产业和旅游产业融合发展的重要组成部分。"十二五"期间，云南省民族民间工艺品生产销售企业发展到7000多家，年销售额超过80亿元。形成了建水紫陶、鹤庆银器、会泽斑铜、永仁石砚、个旧锡器、大理石器等著名工艺品牌和鹤庆新华银器村、腾冲荷花玉雕村、石林阿着底刺绣村、剑川狮河木雕村、大理周城扎染村和昆明国贸民族民间工艺品交易市场等一大批专业市场。贵州省刺绣、蜡染、织锦、银饰加工、木雕、石雕、骨角雕、竹编、藤编、古法造纸等10多个大类旅游商品体系正在加快形成。

调研过程中，调研组特别关注民族民间工艺品对当地群众就业的促进作用。仅从调研组获得的文化产业领域相关数据来看，其就业带动作用十分明显。给调研组印象最深刻的是贵州省丹寨县10000多人在从事民族民间工艺品的生产。云南省大理州剑川县的木雕产业也创造了7000多个就业岗位。鹤庆县新华村仅依靠银饰工艺就创造了1600个以上的就业岗位。丹寨县晟世锦绣公司走出了一条"农户＋合作社＋企业"的路子，2012年刺绣销售产值达到了800万元，带动每位社员每月收入700~2000元，占社员家庭收入的一半以上。调研组考察过的凯里市苗妹银饰有限公司、丹寨县宁杭蜡染有限公司等中小企业，在带动当地少数民族群众就业方面也都有不俗的表现（参见表9.6）。

在不用地方政府大规模投资的情况下，依靠本地民间资本和分散的小企业就创造了如此众多的就业岗位，充分说明了开发传统民族民间工艺品的重大经济带动作用和就业促进作用。

表9.6 调研地区2012年部分民族民间工艺品生产创造产值和就业的情况

地点	产业或企业规模（年产值）/万元	产业发展模式或方式	创造就业/人
丹寨县	——	民族手工艺品生产从业者	10000余
剑川县	22000	全县木雕工业总值	7000多
凯里市苗妹银饰有限公司	3000	家族企业，生产、销售、设计研发一体化	70多
丹寨县晟世锦绣刺绣合作社	300	组织妇女进行以刺绣为主的手工艺品制作	300余
丹寨县宁杭蜡染有限公司县	540	公司+基地+农户，从事蜡染产品开发和销售	70余
鹤庆县银都水乡新华村	8845	"一村一品""前店后厂"方式进行银器及工艺品加工销售	1600
大理州周城镇璞真综艺扎染坊	300多	公司+农户	400余

数据来源：各地汇报材料提供及调研组访问企业取得的数据。

（五）文化产业和旅游产业融合发展成为推动大理－丽江地区、黔东南州新农村建设和新型城镇化建设的重要角色

调研过程中，调研组深刻感受到，文化产业和旅游产业已经成为大理－丽江地区和黔东南州民族地区新农村建设和新型城镇化建设的重要推动力。黔东南州雷山县上乌东村和从江县银潭村在"联合国—西班牙政府千年发展目标基金项目"的推动下，依托旅游业和文化产业开发建设特色村寨的道路、旅游厕所、旅游标识、停车场、传统民族风格的家庭式酒店，维修保护传统民居和大院，培训村民从事旅游服务的知识和能力，等等。云南大理州的喜洲镇、双廊镇、沙溪镇、新华村，丽江市的束河古镇，贵州省雷山县的西江千户苗寨，都已经成为全国知名的旅游文化小镇，村镇旅游公共设施齐全，现代服务业发达，原来的居民经济收入和生活水准大幅提升，生活方式实现了现代化转型。

以上现象表明，文化产业和旅游业的融合发展，使云南和贵州民族

地区广大乡村找到了一条充分发挥自身民族文化、历史文化资源和生态环境优势，跨越工业化发展阶段，直接与现代服务经济对接，实现经济、社会和生产方式跨越式发展的道路。这种发展方式，不仅对云南、贵州这样的民族文化资源富集区具有重大意义，而且对于我国其他民族地区的发展道路选择也具有重要的启示意义。

二、文化产业与旅游业融合发展对当地民族文化传承发展的影响

考察文化产业与旅游业融合发展对少数民族文化发展的影响，是本次调研一个重要目的。通过深入考察，调研组得出以下几点判断。

（一）文化产业与旅游业融合发展对云南、贵州少数民族文化的保护和传承产生了积极而深远的影响

文化产业与旅游业的融合发展使云南、贵州各级政府和广大群众从不同角度认识到保护文化遗产和传统文化的重要性，对少数民族文化的保护和传承产生了深刻影响。各级政府部门对非物质文化遗产保护的积极性很高。云南、贵州两省都建立起了比较完善的非物质文化传承人认定和扶持体系，以及系统的非物质文化遗产保护名录。各地政府认识到民族文化资源在促进可持续发展和跨越式发展中的地位，格外重视民族文化和民族传统建筑、服饰的保护和利用。

因文化产业与旅游业融合发展引发的对民族文化和传统文化的自觉珍惜，表现在当地文化生活的方方面面。云南沙溪古镇旅游产业开发中，政府对世界濒危建筑遗产寺登街古镇文化资源倍加保护。当地政府与瑞士联邦理工大学合作，从2003年至2010年，历时7年对古街的维修和保护先后实施三期工程，严格按传统工艺进行修复寨门、街道、古街临街立面、兴教寺壁画试验性修复、景区水电基础设施改造等一系列工作，为沙溪古镇的旅游有序发展奠定了良好基础。在大理巍山古城，调研组

看到当地政府和群众对古城的由衷爱护，政府将130多座传统民居纳入保护体系，进行严格保护，并有计划地迁移古城内生活的人口，为古城保护减压。贵州省雷山县西江千户苗寨历史悠久，寨内民族文物众多。调研组看到，县政府在景区内建立了西江苗族博物馆，将苗族传统农耕、生活习俗、建筑、宗教、节庆、银饰刺绣和服饰等文物进行集中保护和展示。景区内群众自发收集文物，建立了40多家"家庭动态博物馆"，每年从景区门票收入中提取18%（逐年增加）的资金设立民族文化保护基金，实行每季度评分发奖，2009年至2013年已累计发放金额超过1500万元，有效促进了民族文化的保护传承。在贵州省黔东南州从江县岜沙苗寨，调研组感受到当地导游对符合当代生态保护要求的岜沙树葬文化的自豪感。在从江县的座谈会上，一位深爱侗族大歌的侗族干部，直接提出对当前侗歌大歌传承方式的反思。他认为，学校的老师来教孩子们唱侗歌还不到位，由村寨中的歌师来教才能真正传承侗歌的精髓。

这些感受和经历让调研组深深体会到，文化产业和旅游业发展并没有让少数民族群众疏离自己的民族文化，相反，让他们更加热爱、更加努力、更加自觉地推动民族文化的保护和传承。

（二）文化产业和旅游产业融合发展为少数民族文化发展与创新提供了强大的推动力量

少数民族文化是少数民族群众精神世界的支撑，也是他们日常生活的文化意义世界。文化产业和旅游产业的融合发展，使少数民族文化的文化符号、服饰、建筑风格与手工艺品进入游客视野和外部市场，少数民族的文化符号在新消费时空中，获得了新的意义。在这个过程中，少数民族文化得到当代发展。

少数民族文化符号不只是直接进入现代市场。文化产业和旅游产业的融合为少数民族文化提供了强大的创新力量。少数民族文化符号通过与时尚设计和大众消费结合，借助现代设计和现代舞台，与其他文化的符号交融、整合，民族文化的内涵和边界得到新拓展。在昆明市云南民族风情园、雷山县西江千户苗寨、凯里市苗妹银饰有限公司等多个场合，调研组都看到传统的扎染、蜡染工艺和图案，已经与时装、时尚家具、家居床品的设计和生产相结合，民族文化遗产重新焕发光彩，成为日常生活和时尚的组成部分。同样，在调研组看来，《印象丽江》《云南印象》《多彩贵州风》等一系列产生了重大影响、取得重大经济收益的少数民族题材实景演出，都对少数民族文化的展示、传播和发展作出了重要贡献。它们本身都是少数民族文化艺术在当代的鲜活样态。

（三）文化产业与旅游业的融合发展，对少数民族传统文化保护与传承提出了新的要求

民族地域特色文化产业与旅游业的发展，是将少数民族文化由传统社会的文化空间带入现代文化市场的过程。这一过程，既为少数民族文化创新发展带来新的历史契机，也使少数民族文化面临现代文化市场和多元文化竞争的激烈冲击。在原有的相对封闭的文化生态快速瓦解的情况下，少数民族的各种物态文化日渐减少，非物质文化消亡进程加剧。这要求在促进民族地域特色文化产业和旅游业融合发展的同时，要加强公共文化服务，通过文化立法、财政保障、体制创新、教育培训等多种方式推动民族地域特色文化资源的保护和传承。

三、大理州、丽江市和黔东南州各民族地区文化产业和旅游产业融合发展中存在的突出问题

通过对大理州、丽江市和黔东南州文化产业和旅游产业融合发展进行深入考察，调研组也发现，这些地区的文化产业发展还存在着一些具有普遍性的问题，需要逐步解决。

（一）文化产业市场开放度较低，市场在资源配置中难以发挥主导性作用，从根本上制约了文化产业与旅游产业的融合发展

尊重市场规律，发挥市场在资源配置中的主导性作用，科学有序地

培育市场、预测市场、开发市场是民族地区文化产业和旅游产业健康发展的保证。但由于民族地区文化产业市场普遍存在市场开放程度低，市场机制发展缓慢等问题，市场投资多元主体发育不足，本省、区的国有文化资本在重大投资领域占据主导地位。这种市场格局造成两个方面的影响。一是市场资源主要流向国有投资主体，民营企业很难获得公平的市场投资机会和竞争条件，导致市场竞争不足，从整体上抑制了文化产业和旅游产业发展的竞争力。二是由于市场投资主体竞争性不足，造成市场规律对投资行为约束不足，项目开发中求大求全、论证草率，造成投资效率低下。调研组在调研过程中发现，当前云南、贵州各地在发展文化产业和旅游产业时，一些由国有资本投资的重大项目缺乏科学、严谨的论证，给投资带来很大隐患。在新华村文化旅游投资已经具备相当规模、旅游收益规模相对稳定的状态下，2012年，云南省文化产业投资控股集团又联合鹤庆县，在新华村投资50亿元，打造新华民族文化旅游小镇，并预估在项目建成后，每年可增加新过夜游客100万人，就业岗位5000个，税收2个亿。在这个项目中，如果过夜游客实际达不到预期目标，就意味着项目的巨额投资无法收回。调研组在巍山县调研了解到，该县打算引进省级国有投资集团，斥资63亿元打造南诏国历史文化旅游景区。这几个投资巨大的文化旅游项目，究竟投资风险如何，有待市场证明。

（二）文化产业和旅游产业开发中急功近利、无序开发现象比较突出

在调研中，调研组发现，一些旅游景区开发中存在着急功近利、无序开发的现象，对景区的可持续发展造成重大威胁。这种现象在双廊镇表现为道路和景区规划滞后，家庭式客栈和旅馆开发中不注意保护传统民居，使景区核心资源受损，严重影响景区各项产业的长期可持续发展。在雷山县西江千户苗寨，这种现象表现为部分村民不遵守景区的检票规则，用私车私搭游客进寨，破坏景区管理秩序，另有一些村民则在山上

私建房屋出售或出租，对景区生态和环境造成严重破坏。在丽江市大研古城，这种急功近利的现象表现为过度追求商业利益，把古城的原有居民绝大部分迁出古城，交给商业者经营。这些无序的现象，影响着旅游和文化产业的品质，需要政府部门介入来帮助克服。

调研地区旅游产业与文化产业融合发展过程中的无序性还体现在一些政府行为中。在调研中，调研组了解到，政府一方面要推动民族地域特色文化产业与旅游产业发展，实现发挥地域资源禀赋的可持续发展，但另一方面，又对文化产业和旅游产业的经济收益信心不足。为快速提升本地GDP，贵州省一度要求全省加快工业化，每个县都要建工业园区，吸纳东部产业转移。从可持续发展的角度，这种做法仍然是急功近利的表现。能不能坚持绿色发展、可持续发展，能不能坚持走发挥地域特色文化和生态地理资源优势，考验着地方政府和官员的定力。调研组了解到，在整个黔东南州，只有雷山县顶着压力，坚持走文化与旅游相结合的发展道路，没有建立工业园。

（三）文化产业与旅游产业发展融合中的利益分配格局不平衡，不利于和谐发展

调研中调研组发现，在云南省和贵州省文化产业和旅游产业融合发展过程中，利益分配格局不平衡现象也较为突出。在民族特色村寨开发中，这一现象最为明显。如在从江县岜沙苗寨，由于处于产业化开发初期，没有资金积累，几乎全寨的村民都无力筹资建设家庭旅馆，所以有着巨大收益预期的家庭旅馆只有外来投资者开办，这意味着本地居民在收益分配格局中处于不利地位。在鹤庆县新华村，旅游集团通过每日近万游客获取的商业收益与村民通过家庭式银器和销售获得的收益相比，高到远远不成比例。在巍山县，政府相关部门一方面希望云南省文化产业投资集团大手笔投资，开发建设"南诏王宫"，另一方面又担心面对强势的云投集团，本地政府和民众的利益得不到保护。

本地居民在文化产业与旅游产业开发的收益起跑线上与外来投资处

于不平等地位，这对增加本地居民家庭的经济收入十分不利。如果这种利益上的不平衡长期存在，就会抑制少数民族群众保护传统文化资源、积极参与文化与旅游资源开发的积极性，最终也不利于民族地区文化与旅游产业的长期发展。

（四）文化产业与旅游产业融合发展面临品牌提升瓶颈制约，发展潜力受到限制

民族地区文化产业与旅游产业融合发展的重要途径就是通过现代创意与设计，给古老的民族文化符号注入新的时代内涵。在这一过程中，逐步形成新的品牌，获取稳定的品牌收益，是实现民族特色文化旅游业可持续发展的重要方式。对于一些享有地名声望的品牌，需要解决好地名品牌的共享和企业自有品牌的关系，形成地名品牌和企业自有品牌相互支撑、相互提升的利益格局。但是，品牌提升往往需要大量的导入资金。由家庭和个人创办的文化企业和旅游服务企业，通常都是小微企业，资本较小，很难承担更多的品牌打造费用。在这种情况下，民族地域特色文化产业和旅游业融合发展的空间受品牌提升的瓶颈性制约，发展潜力受到限制。

（五）民营文化企业融资困难，产业升级受到制约

通过与相关文化旅游企业家的交流，调研组深刻感受到当前云南和贵州地区民营文化企业和旅游企业普遍面临着融资困难的问题，企业扩大生产和提升产品设计开发受到很大制约。由于缺乏抵押品，不仅小微文化企业面临着贷款融资难的问题，就连最具代表性的民营文化企业"云南印象"集团，也因缺少合适的抵押物而无法从银行获得发展所需要的资金。从整体上讲，民营文化企业这种融资困难已经成为制约云南、贵州民族地区文化产业和旅游产业融合发展、全面升级的巨大障碍。

（六）创意开发人才与经营人才缺乏，制约企业发展

人才因素也是制约云南、贵州各地文化产业与旅游产业融合发展的又一个重要因素。调研组看到，在民族民间工艺品开发领域，由于缺乏

设计人才和经营管理人才，产品的同质化和低端化问题十分突出，企业的经营管理水平提升也受到很大限制，小微企业成长为中小企业的机会也受到很大限制。由于经营能力和现代商业服务能力的缺乏，许多少数民族家庭无法成为农家乐和家庭旅馆的经营者，外来投资者成为最大的利益获得者。创意开发和企业经营人才是当前民族地区文化创意企业最为短缺的两类人才，必须下大力气解决这两类人才的短缺问题。

四、对促进民族地区文化产业和旅游产业融合发展的政策建议

云南省、贵州省、大理州、丽江市和黔东南州在推动文化产业与旅游产业融合发展的道路上，各自形成了不同的发展模式和特点。但它们所遇到的问题，对于我国民族地区文化产业和旅游产业的发展来说则具有普遍性和代表性。调研组从促进民族地区文化产业和旅游产业深度融合发展的角度提出以下对策建议。

（一）大力提高民族地区文化产业和旅游产业的市场开放度，进一步完善文化产业与旅游产业发展的市场环境

建议相关省、区在建设全国统一市场的宏观背景下，大力推动民族地区文化产业和旅游业市场的开放度，进一步完善文化产业和旅游产业发展的市场环境。一是要确立市场在资源配置中的决定性地位，形成市场主导资源配置、充分开放的市场发展环境，为民族地区文化产业与旅游产业融合发展奠定坚实的市场基础。二是要进一步优化民族地区文化产业和旅游产业融合发展的产业环境，纠正对国有文化企业特别是国有大型文化企业在投资、银行融资、税收减免和财政支持上的偏向，使各类所有制企业不分大小都能公平享有金融、税收、财政、土地等市场资源，公平参与市场竞争。三是要把培养民族地区文化和旅游产业融合发展的内生力量和促进居民家庭收入提升融合起来，大力支持民族地区家

庭或个人参与文化产业和旅游产业开发，实现包容式发展。

（二）创新民族地区政府部门政绩考核方式，建构有利于民族地区文化产业和旅游产业融合发展的政策环境

建议突破以 GDP 增长考核地方发展成就的原有模式，建构有利于民族地区实现绿色发展、可持续发展和有利于少数民族文化创新发展的区域发展指标体系。从而使民族地区各级官员和政府部门能够抛开 GDP 考核的压力，专注于研究和实施推动本地区实现科学发展的战略目标和推进节奏，促进民族地区实现适合自身特点、自身节奏的绿色可持续发展，以自身独特的发展模式融入国家整体现代化的进程。

（三）建构融合式公共文化服务，搭建民族地区文化产业与旅游产业协同创新平台

建议根据民族地区培育内生性文化与旅游产业力量的要求，全面升级公共文化服务方式，推动融合式公共文化服务，使公共文化服务介入文化产业和旅游产业融合发展的产业辅导，成为民族地区"文化富民"重要推手。

在融合式公共文化服务的框架下，可以建立公共文化服务部门引领，由政府、艺术设计院校、设计师、文化企业、特色村寨、少数民族群众、社会志愿者共同参与的协同创新平台。协同创新平台主要在两个领域发挥作用。一是推进民族地区文化产业和旅游产业与科技实现深度融合发展，全面提升民族地区文化产业和旅游产业品质、品牌和附加值。二是通过协助规划编制，培育和建设民族地区特色文化产业和旅游产业集聚区，带动民族地区文化传承传播与产业化协同发展。

（四）加强政府部门对中小文化企业和旅游企业的辅导与支持

建议根据民族地区中小文化企业自身发展能力较弱的特点，加强对中小文化企业和旅游企业的产业服务和辅导。包括向中小文化企业提供市场信息，对当地从业者进行传统内容创意和形式创新能力培训，鼓励文化产业和旅游产业的从业者成立行业协会，提高行业自律水平，等等。

（五）加强民族特色文化产业和旅游产业融合发展的人才培养

根据民族地区文化产业和旅游产业融合发展中出现的人才缺乏问题，建议建立由政府专项培训、普通高校和职业院校培养、大型文化企业挂职培养、志愿者、公开招聘等多种途径构成的创意设计和管理人才培养及支持体系。依托这一体系，全面提升民族地区中小文化企业和旅游企业的产品开发能力和管理运营水平，推动文化产业和旅游产业在民族地区实现加速融合发展。

第十章　2019—2020年中国乡村文化振兴报告*

乡村是中华文明的基本载体，是中华优秀传统文化传承发展的深厚土壤。弘扬中华优秀传统文化，既要积极开展传统农耕文明优秀成分的继承和创新性发展、创造性转化，也要着力推进乡村文化生活的丰富和乡村文化创造力的提升。

2019—2020年，在乡村振兴的战略目标下，我国乡村优秀传统文化的传承发展、传统村落保护、文明乡风建设、乡村公共文化服务体系完善，以及乡村教育水平的提升等领域，均开创了良好局面。

一、优秀传统文化传承保护体系化推进，成为文化自信的源泉

中华文明根植于农耕文化，农耕文化的特点是高度依赖和尊重自然环境，通过维持自然生态的平衡和环境持续稳定，获得长期的生存条件。在数千年的农耕文化史上，我国农耕文明的地理区域由黄河流域不断向周边扩大，但全国范围基本实现了生态平衡、环境可持续，生物多样性也得到很好的维持。遵时守位、节气时农的气候与时令观念，套作、换作休耕制的优化种植观念，桑基鱼塘、稻渔共作等农林养殖复合生产观念，保护森林、水源、草原的敬畏自然观念，节制渔猎的生态再生与可持续观念等，都蕴含着丰富的生态和谐理念。习近平总书记指出，"中

---

* 本章节选自《中国乡村振兴蓝皮书（2019—2020）》一书（冯颜利、刘岳主编，经济管理出版社，2020）"总报告"《全面推进乡村振兴战略，开创城乡融合发展新格局》，由笔者和中国社会科学院哲学研究所冯颜利研究员合作完成。

华文明根植于农耕文明。从中国特色的农事节气,到大道自然、天人合一的生态伦理;从各具特色的宅院村落,到巧夺天工的农业景观;从乡土气息的节庆活动,到丰富多彩的民间艺术;从耕读传家、父慈子孝的祖传家训,到邻里守望、诚信重礼的乡风民俗,等等,都是中华文明的鲜明标签,都承载着中华文明生生不息的密码,都彰显着中华民族的思想智慧和精神追求"[①]。我国农耕文化的生态和谐理念,对于发展绿色农业、保护生物多样性和建设当代生态文明都具有重要的启发意义,是中华文明奉献给世界文明的宝贵财富。

我国高度重视传统农业文化遗产的保护和传承。2012年农业部启动中国重要农业文化遗产遴选工作,并于2013年公布第一批中国重要农业文化遗产名单。2016年12月,农业部办公厅印发《关于公布2016年全国农业文化遗产普查结果的通知》,向社会公布408项具有潜在保护价值的农业生产系统[②]。至2018年4月,我国共有15个项目进入联合国粮农组织认定的全球重要农业文化遗产保护名单,位居世界第一。2019年12月,农业农村部公布第五批中国重要农业文化遗产公示名单,河北宣化传统葡萄园、天津津南小站稻种植系统、湖南永顺油茶林农复合系统等项目入选。至此,全国入选中国重要农业文化遗产的项目达到118个。2020年12月,农业农村部启动了第六批中国重要农业文化遗产发掘认定工作。

2004年,我国加入联合国教科文组织主导的《保护非物质文化遗产公约》,开始推动国内非物质文化遗产保护工作。建了县、市、省和国家四级非物质文化遗产保护体系,各级各地政府都对非物质文化遗产

---

① 习近平:《走中国特色社会主义乡村振兴道路》,《习近平关于"三农"工作论述摘编》,中共中央党史和文献研究院编,中央文献出版社,2019,第124页。

② 《中国重要农业文化遗产保护工作成就》,中国农业展览馆、全国农业博物馆网站,http://www.ciae.com.cn/detail/zh/16403.html。

保护投入了大量的财力。截至2019年末，全国共有非物质文化遗产保护机构2453个，工作人员1.7万人，工作队伍基本完备，工作基础逐步夯实①。2006年至2014年，我国共公布民间文学、传统音乐、传统舞蹈、传统戏剧、曲艺、传统体育、游艺与杂技、传统美术、传统技艺、传统医药、民俗等十大类1372个国家级非物质文化遗产代表性项目，共计3145个子项②。2007年至2018年间，国家文化主管部门先后命名了五批国家级非物质文化遗产代表性项目代表性传承人，共计3068人。此外，全国各地还认定了省级非物质文化遗产代表性项目15777项，省级非物质文化遗产代表性传承人16432名。40个非遗代表性项目列入联合国教科文组织非遗名录（名册），居世界第一。非物质文化遗产传承保护体系已经成为我国优秀传统文化传承与发展的重要实践领域。

此外，我国还建立了国家级文化生态保护实验区和文化生态保护区。至2018年，我国共设立了21个国家级文化生态保护实验区，146个省级文化生态保护区。2019年12月，我国正式公布7个国家级生态保护区名单。文化生态保护区已经成为我国非物质文化遗产保护的重要方式。

传承人是"非遗"传承保护的关键力量，根据《国家"十三五"文化发展改革规划纲要》，我国于2015年开始实施"中国非物质文化遗产传承人群研修研习培训计划"，组织非遗项目持有者、从业者等传承人群到高校学习专业知识、研究技艺和技术、开展交流研讨与实践，帮助非遗传承人提高专业技术能力和可持续发展能力。截至2019年6月，全国有110余所高校积极参与研培计划，举办研修、研习、培训670余期，培训传承人群近2.8万人次；加上各地延伸培训，全国参与人数达9.7

---

① 《文化和旅游部关于政协十三届全国委员会第三次会议第0957号（文化宣传类047号）提案答复的函》，文化和旅游部网站，2020年8月26日，http://zwgk.mct.gov.cn/zfxxgkml/zhgl/jytadf/202012/t20201204_907034.html。

② 数据来源：中国非物质文化遗产网，http://www.ihchina.cn/project.html#target1。

万人次。

经过多年努力,我国初步形成了优秀传统文化传承保护与社会生活全面融合的格局。在教育领域,我国各地开展了形式多样的"非物质文化遗产"进校园活动。邀请各级非物质文化遗产传承人,走校园,向青少年学生介绍、演示非物质文化遗产技艺,培养他们对非物质文化遗产的兴趣。许多艺术院校纷纷邀请或聘请优秀的非物质文化传承人走进课堂,担任专业导师,推进"非遗"与艺术教育的融合。2020年底,由中国曲协和辽宁科技大学合作、历经8年编写的首批全国高等院校曲艺本科系列教材由高等教育出版社出版,其中包括《中国曲艺艺术概论》《评书表演艺术》《相声表演艺术》《山东快书表演艺术》《中国少数民族曲艺艺术》《苏州评弹表演艺术》等,这是我国"非遗"传承与高等教育融合发展的重大突破,具有标志性意义。

在文化产业领域,我国积极推动非物质文化遗产的产业化应用,借助市场流通激活传统文化资源。实施中国传统工艺振兴计划,发布第一批国家传统工艺振兴目录,对14类383个传统工艺项目予以重点支持,设立了15个传统工艺工作站,推动现代设计走进传统工艺,推动传统工艺融入现代生活[1]。非物质文化遗产与文化创意产品和时尚设计相融合,已经深刻影响了我国文化创意产业发展。在扶贫攻坚过程中,各地政府积极利用"非遗"扶贫,截至2020年6月,全国393个国家级贫困县和150个省级贫困县共设立2000多个非遗就业工坊,带动近50万人在本地就业,帮助20万建档立卡贫困户实现脱贫[2]。2020年6月,文化和旅游部会同商务部、国务院扶贫办共同支持多家电商平台联合举

---

[1] 《文化和旅游部举行第七届中国成都国际非物质文化遗产节发布会》,国务院新闻办公室网站,2019年9月11日,http://www.scio.gov.cn/xwfbh/gbwxwfbh/xwfbh/whb/Document/1664446/1664446.htm。

[2] 新华社:《文化和旅游部、国务院扶贫办大力推进非遗扶贫就业工坊建设》,中国政府网,2020年1月8日,http://www.gov.cn/xinwen/2020-01/08/content_5467602.htm。

办"非遗购物节",推动非遗相关企业复工复产,助力决战决胜脱贫攻坚。"非遗购物节"当天,平台非遗产品下单数超过300万笔,销售非遗产品超过800万件,成交金额近4亿元[①]。

在传媒领域,近年来我国涌现了一批收视率高、口碑良好的以弘扬优秀传统文化为主题的电视节目。2019—2020年,《中国诗词大会》(第四季、第五季)、《我有传家宝》、《经典咏流传》(第二季、第三季)、《国家宝藏》、《非遗公开课》等节目延续了以往的热播效应,在激发公众对优秀传统文化的兴趣和热情方面发挥了重要作用。2020年,新冠肺炎疫情期间,四川省、北京市等地的文化旅游部门,以及《中国旅游报》《中国文化报》、央广网、新华视频等国家级媒体,纷纷以各种形式开办线上"非遗公开课",引导公众走近和了解"非遗"。在民间,许多"非遗"传承人和视频发布者纷纷利用B站、微信、抖音、快手等新媒体平台,以更接地气的方式发布和传播"非遗"内容,这种大众化的生产与传播,进一步拉近了普通公众与"非遗"的距离,使"非遗"与人们的日常生活形成了更好的对接。

2019年至2020年,国务院办公厅和科技部、文化和旅游部、国家发展改革委员会、商务部等部门分别发布了《国务院办公厅关于印发体育强国建设纲要的通知》(2019)、《国务院办公厅关于进一步激发文化和旅游消费潜力的意见》(2019)、《关于促进文化和科技深度融合的指导意见》(2019)、《国务院办公厅关于加快发展流通促进商业消费的意见》(2019)、《文化和旅游部关于推动数字文化产业高质量发展的意见》(2020)等文件。这些文件分别从体育文化建设、文化与旅游融合发展、文化与科技融合、文化消费、优秀传统文化与数字文化产业融合发展等角度强调了非物质文化遗产与我国社会发展各个领域的深

[①] 文化和旅游部:《文化和旅游部2020年第四季度例行新闻发布会》,https://www.mct.gov.cn/vipchat/home/site/2/325/。

度融合。

多年来，我国优秀传统文化保护与传承领域陆续实施了一系列重大工程。至2020年，我国已经或正在实施的国家级文化保护和传承工程包括：传统中华文化资源普查工程、国家古籍保护工程、中国传统村落保护工程、中华民族音乐传承出版工程、中国民间文学大系出版工程、戏曲振兴工程、中国经典民间故事动漫创作工程、中华文化电视传播工程、中华老字号保护发展工程、中国传统节日振兴工程、中华文化新媒体传播工程、《曲艺传承发展计划》，等等。它们与非物质文化遗产传承发展体系共同构成了中华优秀文化传承发展工程的主体。

在全社会的共同努力下，传承和发展优秀传统文化已经成为中华民族深刻的文化自觉意识和强大的文化自信力量。

二、传统村落保护工作持续推进，中国经验走向世界

乡村是中国传统社会的基本形态，而村落则是其基本单位。中国乡村的生活世界由家庭居家空间、农耕生产空间和自然环境有机融合而成。中国传统社会依托村落而发展。20世纪30年代，梁漱溟先生在《乡村建设理论》一书中用"伦理本位"和"职业社会"等概括中国乡村社会的特点。十多年后的20世纪40年代，费孝通先生在《乡土社会》中将中国传统社会的特点概括为"熟人社会""差序格局""礼治秩序"等。传统村落是中华优秀传统文化生产、传承和发展的基本地理和空间单元。近代以来，工业化、现代化进程使我国传统村落急剧减少。改革开放以来的城市化进程加剧了传统村落的消失。传统村落的大量破坏和消失，不仅带来数千年来农耕文明所积累的丰富多样的文化生活空间和生活形态的消失，使中国特色社会主义先进文化失去传统根基，成为无根的文化，也使当代中国人普遍失去传统文化的精神根系，从文化上的"根系

式生存"堕入精神上的"漂泊式生存"①。

新世纪以来,传统村落大量消失的时代之殇日益被人们所意识,保护日益减少的传统村落,守护中华文明的传统根系渐成社会共识。2006年6月,由中国文联、中国民间文艺家协会主办的中国古村落保护国际高峰论坛在江南古镇——浙江嘉善的西塘举行,会议发布了《中国古村落保护西塘宣言》,呼吁立刻开展中国古村落及其文化的调查,摸清文化家底,建立古村落名录,全面整理村落遗产,分类保护,揭开了我国全面保护传统村落的序幕。2012年12月,住建部、文化部、国家文物局、财政部发布《关于加强传统村落保护发展工作的指导意见》,明确指出:"传统村落是指拥有物质形态和非物质形态文化遗产,具有较高的历史、文化、科学、艺术、社会、经济价值的村落。传统村落承载着中华传统文化的精华,是农耕文明不可再生的文化遗产。传统村落凝聚着中华民族精神,是维系华夏子孙文化认同的纽带。传统村落保留着民族文化的多样性,是繁荣发展民族文化的根基。"根据该《意见》,我国开始对全国范围内的传统村落进行摸底调查,着手建立传统村落保护名录。至2019年,我国分5批共认定了6819个传统村落,并从人才培养、村落发展规划编制、村落保护的技术与规范、人居环境改善等方面对这些传统村落保护与利用进行了全方位支持②。从2014至2019年,中央财政分批次投入130多亿元,给予每一个传统村落一次性补助300万元,支持4350个村落传统村庄的基础设施建设、人居环境整治、传统建筑修缮和利用、文物保护和非物质文化遗产传承等方面的保护工作③。为鼓

---

① 李河:《从根系式生存到漂泊式生存——中国城市化进程的生存论解读》,《求是学刊》,2018年第2期,第26页。

② 《31省市全覆盖!2019年度中国传统村落数字博物馆村落单馆名单公布》,中国传统村落数字博物馆网站,http://www.dmctv.cn/zxShow.aspx?id=150。

③ 《中国已对4350个传统村落给予财政补助130多亿元》,搜狐网,2019-09-24,https://www.sohu.com/a/343114963_123753。

励各地政府积极开展传统村落保护工作，财政部办公厅和住房城乡建设部办公厅于2020年6月发布了10个传统村落集中连片保护利用示范市，包括大理白族自治州、渭南市、黄南藏族自治州等。中央财政分别向这10个传统村落集中连片保护示范市拨付1.5亿元额外补助，用于传统村落传统建筑改造、公共基础设施建设、对民间资本投资改造传统村落给予奖励等[①]。

为推动民族地区传统村落保护，2009年，国家民族事务委员会与财政部共同启动少数民族特色村寨保护与发展试点工作。2012年，国家民族事务委员会颁布《少数民族特色村寨保护与发展规划纲要（2011—2015年）》。2020年1月，国家民族事务委员会发布了第三批595个"中国少数民族特色村寨"。2014年至2020年，国家民族事务委员会共命名三批1652个"中国少数民族特色村寨"，并通过多种方式对这些村寨的保护与发展进行支持。

经过10多年不懈努力，传统村落保护已经成为我国乡村发展的重要动力。2019年5月首届联合国人居大会在肯尼亚内罗毕召开，浙江松阳县受邀参会向全球各国介绍了以传统村落保护为基础的乡村振兴的"松阳经验"。同年6月，"乡村振兴眉山经验"通过联合国教科文组织在我国四川省眉山市主办的"文化2030｜城乡发展：历史村镇的未来"国际会议走向世界。我国传统村落保护事业，正在为人类可持续发展提供重要的参考标的。

三、文明乡风建设与时俱进，推动乡村走向文化自觉

文明乡风是引领农村社会风气健康和谐，促进人民群众精神面貌积

---

① 《2020传统村落集中连片保护利用示范市评审结果公示》，中国建设新闻网，2020年6月2日。

极向上的重要保证，也是乡村振兴中文化建设的重要目标。习近平总书记指示，"要推动乡村文化振兴，加强农村思想道德建设和公共文化建设，以社会主义核心价值观为引领，深入挖掘优秀传统农耕文化蕴含的思想观念、人文精神、道德规范，培育挖掘乡土文化人才，弘扬主旋律和社会正气，培育文明乡风、良好家风、淳朴民风，改善农民精神面貌，提高乡村社会文明程度，焕发乡村文明新气象"①。

2019—2020年，我国各地政府和文化部门以社会主义核心价值观为引领，遵循习近平总书记的相关指示，以多种方式积极推动文明乡风建设，积累了丰富的实践和经验，取得了良好的社会效益。

一是以家庭文明建设为抓手，推动农村思想道德建设。家庭是社会的细胞，也是乡村社会道德文明的基础。习近平总书记指出，"我们要重视家庭文明建设，努力使千千万万个家庭成为国家发展、民族进步、社会和谐的重要基点，成为人们梦想启航的地方"②。2019—2020年，各地广泛开展了文明家庭创建，建设"五星级文明户"，好家风好家训展示，好夫妻、好儿女、好父母评选表彰活动等，弘扬温馨关爱的家庭氛围，推动农村传统美德和优良家风家教的建设。

二是关注农村空巢老人，加强对农村老年人口的精神关怀。各地完善乡村敬老院和幸福院基本条件，通过过集体生日、组织老年文艺活动队等方式，解决农村老人精神寂寞、日常生活缺乏关心关照等问题，为乡村老人创建安度晚年的幸福居所，引领尊老爱老的文明乡风。

三是以丰富的文化、体育和娱乐活动，陶冶人的精神，建设阳光乡村。各地在乡村文化建设中，积极发掘乡村综合文化站、村文化中心以及新时代文明实践所和新时代文明实践站的文化引领作用，组织农民书

---

① 习近平：《在参加十三届全国人大一次会议山东代表团审议时的讲话》，《人民日报》，2018年3月9日第1版。

② 习近平：《习近平谈治国理政·第二卷》，外文出版社，2017，第353页。

画摄影展、乡土诗歌征集展示、"我的书屋我的梦"农村少年儿童阅读实践、新时代乡村阅读季、经典诵读、乡村体育健身活动、乡村篮球队、村广场舞队等丰富多样的乡村文化活动，打造村级、镇级和县级特色文化活动品牌，激发农村文化内生活力，培养广大村民的乡土文化自豪感，提升村民的精神品位，使广大乡村成为陶冶心灵的阳光乡村。

四是积极培养各类乡村自治组织，发挥乡村自治组织的道德约束和风尚引领作用，扫除农村公共生活的"灰色空间"（如非法地下宗教、赌博、吸毒现象），破除攀比、铺张浪费以及各种陈规陋俗，树立新风尚，推进乡风文明建设。

乡贤是具有深厚的爱村爱乡情怀，热心家乡乡村公益事业，积极推动乡村经济发展和乡村治理的人员。乡贤包括具有城市工作背景的退休或在职专业人士，以及立足乡村发展的各类优秀人士。他们眼界开阔，思想活跃，社会资源和商业人脉络广泛。乡贤参与乡村发展和治理，能够丰富乡村的思想资源、经济资源和社会治理资源。近年来，全国各地把汇聚乡贤人才作为乡村振兴的重要途径，大力吸引乡贤人才参与乡村治理和乡村发展，形成了乡贤参与乡村德治与法制建设、乡村公共文化服务建设、乡村教育促进，以及担当乡村产业"领头雁"等乡村合力共建方式。

五是利用村史馆等方式，打造乡村历史记忆。近年来，各地农村以建设村史馆为抓手，建设本村历史和农耕文化展示平台，通过旧时生产生活用具、乡贤名人、村规民约等内容展示，为村民提供了解村庄历史文脉、回忆田间乡愁的文化空间，为后代留下珍贵的历史展示空间。

六是依托有机农业和特色农业品牌打造，培养提升村民的市场诚信和个人信用观念。2019—2020年各地利用农业合作社、打造有机农产品品牌等市场机制，引导村民建立市场诚信意识和个人信用积累观念。一些地方推动"星级文明户"荣誉与村民信用挂钩的方式，支持"星级文明户"优先获得家庭农业产业发展贷款，激发村民建设"星级文明户"

的热情，取得良好效果。还有一些地方，通过建立村民"道德银行"引导村民积极向善，参与乡村公益事业，形成良好乡风。

四、乡村公共文化服务体系进一步完善，文化治理水平普遍提升

公共文化服务是实现公民文化权益的重要制度。我国已经初步建成覆盖城乡的公共文化网络。截至2019年年底，全国共建有博物馆5535个、美术馆559个、公共图书馆3196个、文化馆3326个、文化站40747个、基层综合性文化服务中心564277个，公共文化产品和服务日益丰富[①]。同年，全国农村广播节目综合人口覆盖率为98.84%，农村电视节目综合人口覆盖率为99.19%。其中，农村有线广播电视实际用户数0.73亿户，直播卫星公共服务有效覆盖全国59.5万个行政村、1.43亿用户[②]。

着力推动农村公共文化服务体系进一步完善是2019—2020年我国文化建设的基本主题。2019年11月，《中共中央关于坚持和完善中国特色社会主义制度 推进国家治理体系和治理能力现代化若干重大问题的决定》提出，完善城乡公共文化服务体系，优化城乡文化资源配置，推动基层文化惠民工程扩大覆盖面、增强实效性，健全支持开展群众性文化活动机制，鼓励社会力量参与公共文化服务体系建设。文化和旅游部会同中宣部等制定《关于提高基层文化惠民工程覆盖面和实效性的意见》，提出要推动基层文化惠民工程提档升级，更好发挥服务民生的作用。同年，中央宣传部会同有关部门在新出台的《国家基本公共服务标准（2020年版）》中，将服务内容和服务重点向农村基层倾斜。在深

---

① 《中国初步建成覆盖城乡的公共文化设施网络》，中国新闻网，https://baijiahao.baidu.com/s?id=1686849533698608488&wfr=spider&for=pc。
② 《中国数字乡村发展报告（2020年）》，http://www.moa.gov.cn/xw/zwdt/202011/P020201129305930462590.pdf。

入推动乡村振兴的历史背景下，我国乡村公共文化服务体系进一步完善，公共文化服务的内容更加优化。

一是农村公共文化服务供给机制进一步完善，公共文化服务优质资源和服务向农村下沉。2019年，全国共有2325个县（市、区）出台公共文化服务目录，占比83%；494747个行政村（社区）建成综合性文化服务中心，占比86%；1649个县（市、区）建成文化馆总分馆制，1711个县（市、区）建成图书馆总分馆制，分别占比68.5%、73.8%[①]。始于2017年的"戏曲进乡村"工程实施以来，取得良好社会效益，许多地方的传统戏曲剧种得到有效传承，一些边远地区的小剧种逐渐恢复了生机和活力，各地戏曲品牌活动和戏曲传承基地影响越来越大，实现了丰富乡村人民精神生活和促进优秀传统文化传承发展的双丰收。2019年，中央财政投入3.89亿元，共为12984个贫困地区乡镇配送约8万场以地方戏曲为主的演出。

2020年，仅中央财政就安排152.9亿元资金，用于支持地方公共文化服务体系建设补助。各地落实国家基本公共文化服务指导标准，推进广播电视户户通、公共数字文化建设、县级应急广播体系建设、贫困地区村综合文化服务中心设备购置等项目，开展各类基层群众性文化活动和文化志愿服务。同时，中央文明办会同有关部门制定实施了《关于提高基层文化惠民工程覆盖面和实效性的意见》，推动将农村文化礼堂等基层文化惠民工程纳入新时代文明实践中心和县级融媒体中心建设体系，加大支持力度[②]。

近年来，我国乡村应急广播体系建设不断推进。中央财政资金支持

---

① 文化和旅游部官网：《文化和旅游部召开第四季度例行新闻发布会》，2019年12月25日，https://www.mct.gov.cn/whzx/whyw/201912/t20191225_849877.htm。

② 《农业农村部关于进一步建好管好用好农村文化礼堂的建议答复》，惠农网，2020年11月13日，https://news.cnhnb.com/sannong/detail/424919/。

443个深度贫困县应急广播建设,32042个符合条件的行政村综合文化服务中心广播器材体系配置获得中央财政资金补助。2020年,在新型冠状肺炎疫情防控期间,全国各省使用127.2万个农村应急广播终端设备,展开疫情防控政策和知识宣传,涉及(区、市)调动6182个乡镇、近10.5万个行政村(社区),覆盖2亿多农村人口,为农村疫情防控织密了"安全网"①。

二是农村公共文化数字化升级。2019年4月,文化和旅游部印发了《公共数字文化工程融合创新发展实施方案》,以国家公共文化云为统一界面,将原来的全国文化信息资源共享工程、数字图书馆推广工程、公共电子阅览室建设计划纳入统一管理,统称为公共数字文化工程,向全国提供一站式数字文化服务。

2019年,由文化和旅游部等部门共同推动的"我和我的祖国"——文化新生活全国广场舞展演活动、"2019年全国乡村春晚百县万村网络联动"等活动在全国蓬勃开展。公共文化服务部门依托国家公共文化云、地方云共同打造"云上群星奖""云上广场舞"等专题,推动公共文化服务活动的线上与线下联动,取得良好效果。其中"云上群星奖"总访问量超过5000万人次,"乡村春晚"网络联动吸引3078.7万人次在线观看,春节元宵节期间各地群众文化活动网络参与超过4.65亿人次②。

2020年,全国数字图书馆推广工程服务内容辐射全国2744个县级馆,共享服务的数字资源超过140TB。此外,全国已经建设230多个不同层次的地方文化云,为群众提供了共享直播、场馆导航、视听空间、

---

① 《中国数字乡村发展报告(2020年)》,http://www.moa.gov.cn/xw/zwdt/202011/P020201129305930462590.pdf。
② 文化和旅游部:《2019年全国文化和旅游公共服务工作情况》,2019年12月24日,https://www.mct.gov.cn/vipchat/home/site/2/317/abstract/201912 2403585035.html。

在线培训等订单式、菜单式公共数字文化服务[①]。同年 5 月，中央网信办等四部门联合印发《2020 年数字乡村发展工作要点》，提出打造乡村网络文化阵地，全面推进县级融媒体中心建设，加快建设中国历史文化名镇、名村数字博物馆，构建乡村文物资源数据库等目标，重点推动我国公共文化服务数字化水平的提升。

三是优化农村公共文化服务的内容，增加吸引力。国家广播电视总局在全国实施"新时代记录工程""新时代精品工程""网络视听节目精品创作传播工程"，支持鼓励"三农"题材网络视听作品生产，全国涌现了一批受农村群众欢迎的网络剧、网络电影、网络栏目。2020 年上半年，118 部农村题材重点网络影视剧通过拍摄规划备案，十余部"三农"题材作品纳入重大题材网络影视剧项目库。

为提升我国公共文化服务绩效，鼓励各地立足地方特点，开创各种富有地域特色、贴近本地人民群众文化娱乐需求的公共文化服务模式和内容，"十二五"期间我国开始创建"国家公共文化服务示范区"。2019 年 2 月，根据《文化和旅游部 财政部关于公布第三批国家公共文化服务体系示范区（项目）名单的通知》，北京市石景山区公共文化服务目录制作等 54 个项目列入第三批国家公共文化服务体系示范项目名单，其中河北省迁安市基层公共文化服务中心社会文化资源共享项目、广东生省梅州市建设"三多三促"模式农村文化俱乐部、甘肃省陇南市康县"乡村舞台"建设、新疆维吾尔自治区哈密市村级公共文化服务"九位一体"建设项目等多个乡村公共文化服务创新项目入选。这些项目是近年来我国各地公共文化服务以人民为中心，锐意创新，在形式和内容上不断提高实效的见证。国家级公共文化服务示范区——浙江省嘉兴市多年来坚持创建"具有嘉兴特色、东部地区示范、全国领先的现代公共

---

① 《2020 中国数字乡村报告》，http://www.cqxumu.com/upload/2020/11/637423294227055808.pdf。

文化服务体系"。2020年嘉兴市第十四届"乡镇文化艺术周"主题为"城乡一体 共奔小康",由全市"三团三社"(三团指艺术团、合唱团、民乐团,三社指书画社、摄影社、文学社)和村级民间精品文艺节目展演、农民画大赛、2020嘉兴市村歌大赛等活动构成。各类活动以农民为主体,农民参与,农民创作,农民表演,特色浓郁、生动鲜活,展示当地城乡一体化背景下乡村发展新风貌,深受广大群众欢迎。

公共文化服务体系的完善和内容的优化,使广大农村群众以更积极主动的方式参与本地公共文化事务和文化内容提供的决策过程,农村地区的文化民主和文化治理水平实现普遍提升。

五、乡村旅游增长旺盛,成为重要的经济增长点

乡村是具有特定的自然区位、生态景观、人文积淀的以农业生产为主要生活方式的人居环境。乡村形成于人类农业社会发展过程中,在漫长的历史中曾经长期是人类最主要的物质生活和精神生活家园。在我国社会快速工业化和城市化的过程中,乡村的人文生态价值日益凸显,日益成为人们守望精神家园,亲近自然环境,连接传统文化的重要精神纽带。"青山绿水就是金山银山""望得见山,望得见水,留得住乡愁"的美丽乡村观念不断深入人心。

2017年我国实施乡村振兴战略以来,大力发展乡村旅游成为乡村环境优化和产业提升的重要动力。2019年中央一号文件提出,要强化规划引导,采取以奖代补、先建后补、财政贴息、设立产业投资基金等方式扶持休闲农业与乡村旅游业发展。2020年中央一号文件进一步提出,要开发休闲农业和乡村旅游精品线路,完善配套设施。

2019年至2020年,国家相关部委持续发力,推动乡村旅游发展。农业农村部先后两批公布了506个中国美丽乡村,中国美丽乡村总数达到1216个,累计推出精品旅游线路1000条。这些美丽乡村在引领各地

农村一、二、三次产业融合，促进乡村生态宜居、人文和谐、兴业富民方面发挥了重要示范作用。2019年7月和2020年9月，文化和旅游部、国家发改委先后联合发布了第一批和第二批全国乡村旅游重点村名单，北京古北口村、北京门头沟区斋堂镇爨底下村、浙江余村、贵州云舍村、四川战旗村、新疆生产建设兵团第四师可克达拉市62团3连等1000个乡村入选。文化和旅游部通过多种方式，在旅游规划、创意下乡、人才培训、宣传推广、投融资等方面对全国乡村旅游重点村和精品项目予以支持。2020年12月，文化部和旅游部公布了第二批97个国家全域旅游示范区名单。至此，国家全域旅游示范区总数达到168个。这些示范区在文旅融合发展、旅游扶贫富民、城乡统筹、生态依托、边境开发开放等方面为各地不断优化全域旅游提供了借鉴。

在各方力量的推动下，我国乡村旅游市场持续扩大。根据农业农村部、文化和旅游部在全国休闲农业和乡村旅游大会上发布的数据，2019年，我国乡村休闲旅游业接待游客33亿人次，营业收入超过8500亿元，直接带动吸纳就业人数1200万，带动受益农户800多万户。

2020年，受新冠肺炎疫情影响，国内外旅游业均大幅下滑。2020年1—8月中国休闲农业和乡村旅游接待人数为12.07亿人，同比下降62.5%。面对疫情，各地政府和旅游主管部门积极应对，在严格防控疫情的同时，积极促进乡村旅游复工复产，利用休闲农业、生态观光农业、乡村游、红色旅游、研学旅游、民宿度假等各种方式推动乡村旅游恢复和发展。以北京市为例，2020年，全市观光园和乡村旅游的总接待人次为1877.5万人，总收入为25亿元。在新媒体应用和乡村旅游转型升级推动下，休闲农业与乡村旅游人均消费水平提升，全市全年乡村旅游人均消费增长25.5%[1]。

---

[1] 数据来源：北京市统计局，http://www.moa.gov.cn/xw/qg/202102/t20210222_6361906.htm。

我国乡村旅游市场大规模兴起的时间还比较短。无论是各个景点的整体规划设计水平和水、电、路、网络、游乐等基础设施的完善情况，还是从业服务人才的专业素养和旅游体验感的良好程度，都需要不断提升和完善。2020年11月，文化和旅游部等十部门联合印发《关于深化"互联网+旅游"推动旅游业高质量发展的意见》，提出利用智慧旅游提升村镇旅游业升级发展。通过数字技术、财政和税收扶持、金融支持多种方式，进一步提升乡村旅游的市场规模和整体发展水平，促进乡村就业和农民收入增长，是我国乡村旅游下一步发展需要着力解决的问题。

六、乡村教育资源进一步优化，城乡之间的教育公平问题受到重视

农村地区教育资源短缺，生均教育经费和教育水平与城市差距较大，一直是我国教育事业发展的短板。2017年，我国地方农村幼儿园、小学、初中、普通高中生均教育经费支出分别为6897.31元、11365.24元、15514.66元和14610.14元，分别是全国平均水平的70.8%、93.3%、88.4%和76.5%[1]。全国城乡之间各级学校间的教育经费差别更大。优化农村地区教育资源，提升农村地区教育水平，促进城乡教育公平一直是我国教育事业面临的重大挑战。

"十三五"期间，国务院相关部门加强政策扶持，通过推进城乡义务教育一体化，提高农村教育整体水平，缩小城乡教育发展差距。2014年以来，教育部通过教育现代化推进工程、义务教育学校建设项目、义务教育薄弱环节改善与能力提升项目等途径，加大对农村义务教育的资金扶持，全国累计新建、改扩建校舍2.6亿平方米、运动场地2.5亿平方米，

---

[1] 教育部财务司、国家统计局社会科技和文化产业统计司：《中国教育经费统计年鉴（2018）》，第610~628页。

购置设施设备超 1100 亿元，乡村教育基础条件得到显著改善①。

"十三五"期间，全国各地积极推动城乡义务教育一体化发展，着力解决县域义务教育"乡村弱、城镇挤"问题。2019—2020 年，我国持续实施农村中小学数字教育资源全覆盖项目，通过卫星和宽带网络免费推送优质数字教育资源，帮助薄弱学校和教学点开齐开好国家规定课程。国家数字教育资源公共服务体系接入各级上线平台 177 个，数字教学资源共计覆盖中小学 85 个学科 873 个教材版本，总数近 5000 万条②。教育部加强优质在线课堂建设，晒课 2012 万余堂，遴选部级免费优课近 7 万堂。截至 2000 年 9 月底，全国中小学互联网接入率达 99.7%，配备多媒体教学设备的普通教室达 413.8 万间，93.5% 的学校已拥有多媒体教室。在各类教育资源数字化工程的推动下，我国农村地区教育资源不断优化。

高等教育是教育脱贫攻坚的重要一环，贫困家庭子女接受高等教育是阻断贫困代际传递的关键环节。十八大以来，全国累计有 514.05 万建档立卡贫困学生接受高等教育，数以百万计的贫困家庭走出了首个大学生③。为促进高等教育公平，我国持续实施重点高校招收农村和贫困地区学生专项计划，通过"国家专项计划""地方专项计划""高校专项计划"，多方位构建保障农村和贫困地区学生上重点高校的长效机制。这些项目实施以来，计划招生人数由 2012 年的 1 万人增至 2020 年的 11.7 万人，累计已有 70 万名学子通过专项计划走进重点大学④。

---

① https://baijiahao.baidu.com/s?id=1678137456651831087&wfr=spider&for=pc。

② 《2020 中国数字乡村报告》，http://www.cqxumu.com/upload/2020/11/637423294227055808.pdf。

③ 《创造更为公平的受教育机会（新数据 新看点）》，中国共产党新闻网，http://cpc.people.com.cn/n1/2021/0302/c64387-32039920.html。

④ 《创造更为公平的受教育机会（新数据 新看点）》，中国共产党新闻网，http://cpc.people.com.cn/n1/2021/0302/c64387-32039920.html。

结　语

"十三五"期间，我国乡村振兴战略从提出到全面实施，取得巨大成就。在乡村振兴战略的推动下，我国农村的产业发展、生态与人居环境、文化生活、党的建设和社会组织发展、人力资源的重新集聚，以及长期以来形成的城乡二元结构等各个领域正在发生着日新月异的变化，广大农村人口是这场历史变革的最大受益者。

2020年10月，《中共中央关于制定国民经济和社会发展第十四个五年规划和二〇三五年远景目标的建议》把优先发展农业农村，全面推进乡村振兴列为"十四五"期间我国全面发展的战略目标之一。2020年12月28日，习近平总书记在中央农村工作会议上强调，"脱贫攻坚取得胜利后，要全面推进乡村振兴，这是'三农'工作重心的历史性转移"[①]。2021年1月，《中共中央 国务院关于全面推进乡村振兴加快农业农村现代化的意见》提出，要坚持把解决好"三农"问题作为全党工作重中之重，把全面推进乡村振兴作为实现中华民族伟大复兴的一项重大任务，举全党全社会之力加快农业农村现代化，让广大农民过上更加美好的生活。

乡村振兴已经成为中华民族伟大复兴的强力助推器。随着"十四五"期间5G技术应用和数字乡村建设的推进，我国乡村振兴将迎来数字化时代。大数据应用将渗透到乡村建设和治理的方方面面。在文化领域，随着农村经济活力显著增强，乡村文化发展的内生性动力因素将更加充分。乡村的文化生活内容和方式、历史村落和文化遗产保护、文明风俗建设、乡村教育整体发展，都将迈上更高的水平。

---

① 习近平：《习近平在中央农村工作会议上强调：坚持把解决好"三农"问题作为全党工作重中之重 促进农业高质高效乡村宜居宜业农民富裕富足》，人民日报，2020年12月30日第1版。

附录一　创新推动现代文化市场体系建设*

现代文化市场体系是社会主义先进文化建设的重要保障，对于建设文化强国、提升国家文化软实力、完善公共文化服务体系和促进文化产业繁荣发展都具有重要的基础性作用。党的十八届三中全会《决定》就我国现代市场体系和现代文化市场体系建设分别做出了论述。《决定》指出，建设统一开放、竞争有序的市场体系，是使市场在资源配置中起决定性作用的基础，必须加快形成企业自主经营、公平竞争，消费者自由选择、自主消费，商品和要素自由流动、平等交换的现代市场体系，着力清除市场壁垒，提高资源配置效率和公平性。对于建立健全现代文化市场体系，《决定》指出，要完善文化市场准入和退出机制，鼓励各类市场主体公平竞争、优胜劣汰，促进文化资源在全国范围内流动。

文化市场体系仍处于创建阶段，发育水平滞后于全国市场体系发展的一般水平

我国现代文化市场体系建设肇始于 20 世纪 80 年代。进入新世纪以来，随着社会主义市场经济体系不断成熟和文化体制改革不断深入，文化市场体系建设无论在深度还是广度上都取得了重要突破。但从总体上看，我国文化市场体系仍处于创建阶段，发育水平滞后于全国市场体系发展的一般水平，与建设文化强国和提升国家文化软实力的战略要求不相适应。我国现代文化市场体系建设存在的问题具体表现在以下方面：

---

* 本文由笔者与中国社会科学院中国文化研究中心张晓明研究员合作完成，发表于《人民日报》2013 年 11 月 26 日第 14 版。

首先是市场开放度低，个人表达权利、企业自主经营权利、消费者自我选择权利都有限。市场配置资源的程度低、效率差，与此同时，政府作为资源配置的主体，习惯于按照行政系统分配资源，造成文化市场条块分割，布局不合理。

其次，开放度低造成价格信号扭曲，由此导致市场结构不合理。开放度高的部分过度竞争、供大于求，开放不足的部分竞争不足、供不应求，造成短缺和过剩同时存在。一个鲜明的表现就是，市场中思想性强的文化内容产品由于开放度低而供应不足，搞笑低俗的产品由于开放度高而有些泛滥。

第三，由于开放度低，政府在资源配置上居于主导地位，对于微观主体管办不分，这便造成按照行政分割模式监管市场，市场监管手段滞后，形成多头监管、交叉监管等现象。

第四，由于开放度低，文化市场中体制性、行业性壁垒突出，市场分割严重，阻碍着文化资源的流动，令各类文化企业难以做大做强。

现代文化市场体系建设过程中存在的这些突出问题，需要我们有所侧重，从顶层设计入手，选择关键性的突破口，重点着力，不断扩大市场配置资源的范围和作用，以全面创新带动文化市场体系建设取得突破。

以激发内容原创为突破口，进行顶层设计，推动内容生产领域的改革，打造新型市场主体

《决定》指出，要"以激发全民族文化创造活力为中心环节，进一步深化文化体制改革"。激发内容原创是文化改革发展的核心目标之一，也是我国现代文化市场体系建设的灵魂。抓住这个灵魂，就为现代文化市场体系建构提供了顶层设计的关键性突破口。

顶层设计在文化体制改革中发挥着主导和引领性作用，是现代文化市场体系的核心理念和基本原理的集中体现，服务于激发民族文化创

造力最核心和最敏感的部分。从文化繁荣发展的角度看，内容原创的核心是先进思想的生产和提供，而灵活的市场资源配置机制最适合思想观念的创新。历史事实已经反复证明单纯依靠行政手段，很难激发思想的创造性，只能造成"思想僵化"。只有"百花齐放，百家争鸣"才是文化繁荣的根本条件，只有推动内容生产领域的改革，打造新型市场主体，才能构建一个有益于激发思想创新观念的"市场环境"。

以转化政府职能为突破口，推进统一市场的建立，促进文化资源的自由流动

统一市场是我国现代文化市场体系建设的基本目标，也是现代文化市场体系的标志。我国的文化市场中，行业壁垒、部门利益和行政管辖壁垒、区域流通壁垒等影响市场统一性的因素，都与计划经济时期就已经成型的分业管理、竖井式管理、属地化管理有着很大关系。在新的市场环境下推动统一市场的建立，需要从转化政府职能入手，推动分业式管理、多头式管理、包揽式管理向综合式管理、简约化管理和市场化管理转型。

实现这一目标，关键在于全面贯彻党的十七届六中全会和十八届三中全会精神，解放思想、实事求是、与时俱进、求真务实，一切从实际出发，总结国内成功做法，借鉴国外有益经验，推动政府部门从"办文化"向"管文化"转型。一方面要继续深化中央和省级层面的文化管理大部制改革，按照政企分开、政事分开原则，减少政府对文化市场的直接干预，"把市场还给市场"，形成文化法制保障下的市场自律机制；另一方面，要推动党政部门与其所属的文化企事业单位进一步理顺关系，使国有文化企业成为归属清晰、权责明确、保护严格、流转顺畅的国有文化资产，从而形成各种所有制文化企业公平竞争、自主发展的格局，建立各种文化资源在全国范围内跨地区、跨行业、跨所有制自由流动的统一市场。

以文化法制建设为突破口，推动市场管理机制的转型，逐步建立法制化的市场监管体系

文化法制建设的目标是形成文化领域的法制化管理。法制化管理是现代文化市场体系的重要标志，也是全国统一文化市场形成的重要保障。法制化管理同时也是激发文化原创、保护市场活力的优化机制。文化市场管理的法制化能够为个人、企业、社会团体的文化权利公平实现提供保障，使文化表达的多样性、创造性受到法律保护，从而在根本上保护文化市场的原创力。以法制化管理建设为突破口，全面推动文化市场管理机制的转型，有利于从根本上改变文化市场管理高度行政化带来的周期性治理、运动式执法、擦边式博弈等现象，对保障文化市场有序和稳定发展具有重要意义。

从我国文化市场发展的现状来看，加强文化法制建设的突破口主要有三个方面：一是加强文化立法，特别是全国人大层面的高位阶法律的文化立法，优化文化法制的法律基础；二是建构法制化的文化内容监管机制，加强影视、动漫、网络游戏等领域的内容研究，适时出台相关制度，实现内容监管的分层化；三是大力培育文化市场自律组织和行业协会，推进行业自律，形成以文化法律为基本规范，以行业自律为主体，以行政干预为补充手段，以事后监管为主，以事前监管为辅，以全面监管为特例的市场管理体系。

以兼并重组为突破口，发展和壮大市场主体，打造具有全球竞争力的文化企业和品牌

全球范围内，具有重要影响力的大型文化企业及品牌，在文化软实力竞争中发挥着先锋和主导作用，而这些企业无不在市场中经历了"九死一生"，才成长为真正的大型企业甚至是跨国企业。我国现代文化市

场体系建设，也必须经过兼并重组、多次洗牌这个"炼狱"，才能真正壮大为知名企业和国际名牌。十八届三中全会提出，要推动文化企业跨地区、跨行业、跨所有制兼并重组，提高文化产业规模化、集约化、专业化水平，无疑为我们指出了这个方向。

发展和壮大市场主体，打造知名文化企业和品牌，扶持重点企业和龙头企业是重点。一是要以建立现代企业制度为目标，推进国有文化企业改革，全面建立国有文化企业的法人治理制度，实现产权清晰、权责明确、政企分开、管理科学，为国有文化企业发展壮大奠定基础。二是要全面完善文化领域的市场机制，着力打造与现代市场体系相适应的文化资产价格体系、金融体系、税收体系、市场流通体系和市场中介体系，形成有利于各类文化企业做大做强的宏观机制。要在充分竞争的基础上，打破市场分割，促进国有文化资本自由流通，推动社会资本进入文化生产的核心领域，鼓励各种所有制的文化企业进行跨所有制、跨地域、跨行业的资产兼并重组，打造具有全球竞争力的文化企业和品牌。

附录二　中国流行文化产品：如何更好地"走出去"

面向建设文化强国和实现中华民族伟大复兴中国梦的时代主题，如何推动中国流行文化产品更好地"走出去"，从而提升中国的文化软实力？2021年9月正式开业的北京环球影城也许能为我们提出部分解答。

北京环境影城是全球第五座环球影城，也是迄今为止中国规模最大的电影主题娱乐园区。这是继2016年上海迪士尼建成开业之后，中国内地引进的又一个全球知名主题公园。作为享誉全球的电影主题娱乐公园，环球影城不仅会给北京带来大量的国内外游客和相应的文化旅游收入，提升北京的城市文化创意氛围，加强北京作为国家文化中心的地位，而且向世界展示了中国在文化领域的开放、包容与进取的态度。北京环球影城一期由7个主题景区组成，包括好莱坞景区和哈利·波特的魔法世界、变形金刚基地、小黄人乐园、侏罗纪世界努布拉岛、未来水世界、功夫熊猫盖世之地。这些景区所依赖的核心要素是好莱坞创造的一个个全球流行的IP（创意知识产权）。

从全球文化竞争的角度，一个国家的文化软实力取决于其文化创造力和文化传播力。文化创造力主要体现文化产品创造能力、学术思想创造能力、社会文明贡献能力等领域。而文化传播力则是本国学术思想和文化产品在全球传播和流通的能力。只有借助文化传播力的推动，文化创造力才能"变现"，转化为国家文化软实力。流行文化产品娱乐性强，跨文化传播阻力小，传播快捷，影响力大，既能创造商业价值，又能负载一定的学术与思想创造成果、社会文明成果，因而被认为是引领一个国家文化产品"走出去"的先锋。

因此，推动中国流行文化产品"走出去"、提升中国文化软实力，要积极借鉴环球影城、好莱坞电影等国外流行文化产品占领世界市场的经验。

充分利用文化科技提升本国流行产品的魅力。流行文化产品的魅力在很大程度上来自文化科技的加持。只有充分运用最新文化科技，流行文化产品才能插上翅膀，飞向远方。在历史上，光电技术突破带来的屏幕视觉效果冲击感、特效技术的持续突破、数字技术对3D动画的优化等，都对好莱坞大片和全球电子游戏产品的流行发挥了重大促进作用。而联网社交媒体也为各国流行文化的全球化传播发挥了重大推动作用。全球上千万国外人士正是通过YouTube平台观看了李子柒的视频节目，了解并喜欢上了中国传统的田园生活和农业时代的中华文明。

在5G时代，大数据、VR、AR、AI等新一代文化科技的持续突破为流行文化产品创新发展打开了巨大空间。中国文化企业要抓住新技术带来的产业扩容空间，高效利用各种技术创新和微信、快手、抖音、Facebook、YouTube等社交传播平台，创造富有吸引力的流行文化产品和文化消费场景，推动中国流行文化走向世界。要推动中国创意和中国制造的高度融合，使中国成为流行文化的世界工厂，使中国的文化产业成为世界的文化产业。

善于开发利用全球文化资源。好莱坞的一个突出特点是善于开发世界范围内的文化资源。从希腊神话故事、圣经故事、罗马帝国历史、莎士比亚戏剧、格林童话、安徒生童话、《一千零一夜》到中国的功夫、熊猫、花木兰传说，几乎世界各国的历史与文化都成为好莱坞电影的表现对象。来自世界各民族的经典与文化资源，经过好莱坞式的想象与电影叙事改编，并与各个时期最新文化技术相融合，就成为深受全球观众喜爱的创意制作，在全球范围内获得新的生命活力并生产强大的流通价值，为好莱坞带来丰厚的投资回报。

北京环球影城中的功夫熊猫盖世之地主题景区正是以涉及中国题材的《功夫熊猫》系列电影为IP原型打造的。2008年，由美国梦工厂动画公司出品的动画电影《功夫熊猫》首度面世。这部电影将中国功夫和熊猫这两种最具中国风的文化形象结合起来，融入大量中国文化的要素和场景，通过好莱坞电影的叙事技巧和表现手法，讲述了一只笨拙的熊猫阿宝成为武林高手的传奇经历。《功夫熊猫》上映后，在包括中国在内的全球市场取得了巨大成功，憨态可掬、贪吃又怀着功夫梦的熊猫阿宝和他的功夫动物朋友们则被全球观众牢牢记住。在《功夫熊猫》的基础上，梦工厂动画公司分别在2011年和2016年，推出了《功夫熊猫2》《功夫熊猫3》，在票房上都取得了成功。由此，功夫熊猫阿宝和他的功夫动物朋友们的形象深入人心，成为蕴含着巨大创意开发潜力的IP。由好莱坞电影创造的IP资源是美国文化软实力的重要组成部分，它们被开发成动漫、网络游戏、玩具、图书、主题公园、授权图标等各种文化产品，其商业价值和文化影响力经久不衰。

因此，在推动中国流行文化产品走向世界时，不仅要善于开发中国文化的题材、中国元素，讲好中国故事，向世界展示中华文化的魅力，更要善于开发利用国外的文化资源、文化符号，运用国外受众熟悉的故事和文化要素生产他们喜欢的流行文化产品。

广泛吸纳全球专业人才参与流行文化产品生产。好莱坞电影的竞争优势不仅源自其对尖端文化科技的自觉应用、庞大的资金投入和工业化的方式生产，而且来自其在演员、导演、剧本创作、电影科技等各个领域对全球各国优秀专业人才的全面吸纳。通过这种方式，好莱坞影片成为世界各国优秀头脑和卓越创意的结晶。同时，生产过程的国际化也使好莱坞电影增加了异域色彩和跨文化气质，成为其票房召唤力的重要来源。

整体而言，与发达国家相比，流行文化产品生产过程中人才国际化程度不高是中国文化企业的短板，这制约了中国流行文化产品的全球竞争力提升。但在网络游戏领域，这一局面正在改变。近10多年来，在中国的网络游戏、手游等领域，中国的流行文化走出去取得了很大程度的突破。根据谷歌等专业机构的统计估算，2021年上半年中国游戏在海外市场里获得了81亿美元收入，增速达到47%，接近海外整体游戏大盘增速的两倍。同期，中国开发者的海外手游市场份额占比达到23.4%，为全球第一。近年来，众多由中国企业原创的精品游戏在欧美、日韩、东南亚等多个国家和地区获得畅销。这些成功，与中国游戏企业所采取的海外本土化生产和销售策略有着直接关系。通过在不同国家注册或收购本土游戏企业、大量采用当地人员进行游戏的开发设计和营销、对游戏中场景和人物进行本土化改造等方式，中国原创的游戏产品适应了不同国家和地区的文化习俗和玩家习惯，成功实现了"走出去"。中国游戏企业"走出去"的国际化路径，为国内其他文化企业提供了重要的启发。

突破跨文明屏障。文化内容产品在国外传播，遇到的最大挑战就是需要突破不同文明背景下的消费者的价值观念、文化习俗、审美习惯带来的接受障碍。

好莱坞电影在国外发行时，为了突破跨文明的屏障，吸引海外观众，往往会采取迎合策略。例如，将故事发生地设置在美国之外某个地点，在环境、场景和内容上突出异国情调，为特定地域和特定文明背景的观众创造"熟悉感"。好莱坞电影制片公司每年单独拍摄近200部的外语版本土电影，这些影片很少在美国发行，目标就是海外市场的商业收益。为适当不同市场，也会对一部电影拷贝进行多样化开发，形成不同语言、不同内容剪辑的多个版本。在很多情况下，好莱坞电影会刻意淡化故事发生的地点、文明背景等因素，回避特定政治观点和特定价值观，将故事和人物设置于某个幻想空间或童话世界中，从而使产品能够无障碍地进入尽可能多的国家，获得最大票房收益。

近年来，中国电视剧在海外取得不俗反响，已出口到全球200多个国家和地区。根据相关统计，截至2020年3月，在YouTube上播放量最大的5部中国电视剧分别是《微微一笑很倾城》《三生三世十里桃花》《锦绣未央》《延禧攻略》《甄嬛传》，点播量均过亿次，其中《微微一笑很倾城》总播放量达 4.5 亿次。

中国电视剧走向海外，一方面是因为中国的快速发展引起全球观众了解中国人生活方式和中国文化的强烈兴趣。另一方面，也得益于中国电视剧制作水平的全面飞跃，故事吸引力强、情节跌宕、场景宏大、服装道具精美华丽、表演精彩，这些方面都构成了中国电视剧对海外观众的吸引力。同时，互联网视频平台、社交媒体的快速发展也对中国电视剧大规模"出海"发挥了重要的推动作用。

但是，与美剧、日剧、韩剧相比，中国电视剧在 Netflix 等国外主流视频网站的上传数量、播出数量还相对较少，在海外电视台播出的单集售价远不及上述国家。中国电视剧影响力最大的地区是韩国、日本、越南、柬埔寨等东亚、东南亚地区等与中国历史联系较多、文化较为相近的地区。而在欧美地区，中国电视剧的整体影响相对较弱。同时，中国电视剧习惯于对中国的历史、文化、都市生活的表现，很少跳出中国题材去表现国外题材和其他文明的题材，很少生产以国外市场为主要目标的电视剧，这在很大程度上制约了中国电视剧全球市场份额的扩大。

因此，中国电视剧行业在进一步开拓海外市场的过程中，要借鉴国外影视剧和中国网络游戏海外发展所积累的经验，把瞄准生产国际市场、以国外观众为主要观看对象的电视剧作为重要的生产内容。要强化电视剧娱乐与情感色彩，淡化特定故事的历史、国家、文明等背景，通过冒险、发现、爱情、家庭伦理、灾难、自然、童话等主题，在剧情叙事过程中激发不同文化背景的观众的共鸣，从而突破文明间的壁垒，生产国外观众喜爱观看的电视片。同时，要加快培养出口导向型影视片创造与生产人才，加强国际合作拍摄项目。

为流行文化产品注入时代内涵。在"走出去"方面取得成功的流行文化内容产品总是把人们对时代气息的感受和对可能的生活的思考融入时尚、想象力和娱乐冲动之中。在很大程度上，好莱坞电影的魅力离不开其对人类命运的担忧和对时代挑战的想象式回应：如对人类或地球命运的想象（如外星文明入侵、核危机）、对人性的追问（如欲望与毁灭、精神变态）、生态关怀与灾难想象（如生态危机、怪兽入侵、动物伦理、地球的毁灭、海啸）、技术统治担忧（机器人或超级大脑统治地球）、制度反思、梦想与竞争精神、英雄与超人，等等。

中国流行文化产品要更好地走向世界，不仅要展示中国人民追求美好生活的奋斗精神与勤劳品质，以及开放、包容、进取、热爱和平的精神风貌。同时，更要展示中国发展和人类进步的时代内涵，让全球观众通过中国流行文化产品感受到中国人对人类处境、科技进步和未来前景，以及地球命运的思考，感受到中国人民创造人类文明新形态的美好愿望和推动人类命运共同体建构的崇高追求。

中国文化软实力的建构是一个长期的过程。建设文化强国，实现中华民族伟大复兴中国梦，意味着中国流行文化成为世界流行文化的重要组成部分。中国经济充满活力，且拥有世界上人口规模最大的文化市场和开放包容的文化政策，拥有基础良好且不断突破的文化科技，拥有众多善于创新的文化企业。历史将会见证，一个日益富有和开放的中国，一定会创造出世界一流的流行文化体系，也一定会把中国品牌的"环球影城"建到国外。

附录三　全民族精神富裕与公共文化服务提升

2021年是中国共产党成立100周年，我国已经完成全面第一个百年奋斗目标，全面建成小康社会，踏上了实现第二个百年奋斗目标和实现全体人民共同富裕的新征程。共同富裕不仅包括物质生活的共同富裕，也包括精神生活的共同富裕。习近平总书记指出："促进共同富裕与促进人的全面发展是高度统一的。要强化社会主义核心价值观引领，加强爱国主义、集体主义、社会主义教育，发展公共文化事业，完善公共文化服务体系，不断满足人民群众多样化、多层次、多方面的精神文化需求。"[1]

实现全民族精神共同富裕是中国特色社会主义的重要特征，也是中华民族伟大复兴的必然要求。早在2015年，习近平总书记就指出，"人民有信仰，民族有希望，国家有力量。实现中华民族伟大复兴的中国梦，物质财富要极大丰富，精神财富也要极大丰富。我们要继续锲而不舍、一以贯之抓好社会主义精神文明建设，为全国各族人民不断前进提供坚强的思想保证、强大的精神力量、丰润的道德滋养"[2]。实现中华民族伟大复兴中国梦，不仅要求我国科学技术发展和物质财富创造走在世界前列，也要求中华民族的精神文明创造走在世界前列。

实现全民族精神上的共同富裕，需要引导全体人民树立坚定的理想信念，坚定"四个自信"；需要传承弘扬中华优秀传统文化，推动优秀传统文化的创造性转化和创新性发展；需要以发达的国民教育体系、繁

---

[1] 习近平：《扎实推动共同富裕》，《求是》，2021年第20期。
[2] 习近平：《人民有信仰，民族有希望，国家有力量》，《习近平谈治国理政》（第二卷），外文出版社，2017，第323页。

荣的文化产业体系和完善的公共文化服务体系不断提高国民教育水平、丰富滋养人民群众的精神生活，提升全社会文化创造力。

公共文化服务体系是文化强国建设的重要基础，其目标是向广大城乡群众提供基本的文化娱乐与信息服务，满足人民群众不断增长的精神和文化娱乐需求，促进全社会的文化公平和文化发展潜力。

改革开放以来的40多年间，我国在经济、政治、社会、文化和生态建设各领域取得了举世瞩目的伟大成就。从我国经济社会发展的特点来看，人民群众对公共文化服务的需求正处于一个快速增长的时期。从全社会精神需求增长的角度看，新世纪以来的20多年中，我国人均GDP和城乡居民人均可支配收入快速增长。仅2013年至2020年间的7年中，我国人均GDP就从8705美元增至10500美元，城乡居民人均可支配收入和家庭平均财富总量均显著提升。同期，全国城镇居民人均交通通信消费支出和文化教育娱乐消费支出两项之和从4306元增至6066元，全国农村居民人均交通通信消费支出和文化教育娱乐消费支出两项之和从1630元增至3150元[①]。物质生活水平的提高，激发了人们文化消费的意愿和实际能力，也打开了人民群众精神上的自我提升的需求空间，对公共文化服务的总体水准和服务能力提出了新的要求。随着我国经济社会和科学技术的全面进步，全社会物质生活不断丰富，国民教育总体水平快速提升、全社会劳动者人均劳动时间总体降低，人均闲暇时间不断增加，全社会对公共文化服务的总体需求不断上升，人民群众参与文化创造活动、追求更高层次精神文化生活需求不断增长。与此同时，随着5G和移动互联时代的到来，以及微博、微信等新型社交媒体和抖音、快手等短视频社交软件的普及，新型文化生态与新型文化空间也激发了人们对文化消费与文化表达的新需求。而城镇化和城市化的快速扩张又

---

① 数据来源：国家统计局网站，https://data.stats.gov.cn/easyquery.htm?cn=C01&zb=A0A01&sj=2010。

为大量进入新兴城市社区的新老居民带来了打破陌生环境、建立全新社区和邻里文化交往关系的需求。庞大的需求空间对我国公共文化服务总供给提出了新时代的新要求。

近年来，我国各级各地公共文化服务部门围绕《中华人民共和国公共文化服务保障法》的贯彻落实，不断完善基础设施，提高服务绩效，增加经费和资源投入，创新服务方式。但是，与新形势下人民群众对公共文化服务体系的新需求和新期待相比，我国公共文化服务体系仍存在不少问题。这突出表现在：相对于社会文化生活方式的快速变化，公共文化服务的基础框架建构创新不足；公共文化服务与社区发展和社会治理融合不足；公共文化服务提供主体社会化程度较低；公共文化服务提供过程中精确性不足，效率有待提升；公共文化服务领域存在城乡、区域等领域不均等等问题。

面对公共文化服务需求的新形势和新要求，我国公共文化服务部门需要坚持以人民为中心的发展理念，全面检视公共文化服务体系运行过程中存在的突出问题，通过系统性创新来提升公共文化服务水平，从而更好地服务于推动全民族共同精神富裕的时代主题。

推动公共文化服务体系系统更新

我国公共文化服务体系最初建立时，其立足点在于满足人民群众基本文化需求，其技术基础是广播、电视、图书、报刊、演艺等传统媒介和文化活动。其实现方式则是在全国范围内创建村文化室（文化礼堂）、乡镇和街道综合文化站、区县文化馆等节点设施和服务实体，搭建起公共文化服务网络，并将图书馆、博物馆、报刊、广播、有线电视等公共文化设施以及电影放映、演出等文化内容资源纳入城乡公共文化服务网络，形成完整的公共文化体系。我国公共文化服务体系建立以来，对于有效满足城乡人民群众的公共文化需求发挥了巨大的保障和促进作用。

但是，随着网络视频、微博、微信、网络直播、抖音、快手等社交媒体成为全社会文化娱乐与信息传播的重要途径，以及 VR（虚拟现实）、AR（增强现实）、MR（混合现实）等文化技术对全新文化体验方式的开拓，公共文化服务体系与现实生活中文化传播形态之间形成了技术与内容的双重"代差"，其文化内容吸引力和宣传服务能力下降，服务功能受到很大冲击。因而，新形势下提升公共文化服务水平，首先需要从基础上更新公共文化服务的功能系统，把文化科技新突破带来的新型文化内容提供纳入公共文化服务体系，使公共文化服务的方式、内容、手法与文化产业发展的新业态相协调。要利用 5G 技术的普及应用这一重要契机，进行相应的基础设施布局，完成公共文化服务在内容上与网络平台、短视频、社交媒体平台等各类新兴文化技术的对接。同时，要进行公共文化服务站点的人才培训，使之能够顺利操作相关设施，开展新型内容服务。

促进公共文化服务与社会治理融合发展

新形势下提升公共文化服务水平，需要高度重视公共化服务的包容性。要大力推动公共文化服务与其他社会发展领域和社会治理领域的融合发展，充分激活公共文化服务的整体功能，实现综合效益最大化。在农村地区，要推动公共文化服务与传统村落保护、非物质文化遗产保护传承相融合，以公共文化服务促进乡村旅游和创意农业发展，为乡村文化振兴、生态振兴和产业振兴等领域创造红利。要推动公共文化服务与城市社区和乡村治理相融合，提升城市社区和乡村的文化凝聚力，促进城市社区治理的优化和乡村文明乡风建设。农村公共文化服务要对老人群体、留守儿童等人群提供针对性服务，缓解乡村老人群体过度依赖手机视频和乡村留守儿童手机游戏沉迷所带来的精神贫乏等问题。要不断提升乡村文化空间的精神价值与品格追求，增进乡村人口的幸福感。

拓展公共文化服务的社会化提供途径

在我国现行的公共文体服务体系中,政府是公共文化服务提供的责任主体,但由于公共财政和资源的约束,政府通常只提供有限的基本公共文化服务。要实现向社会提供更为优质高效的公共文化服务的目标,就需要拓展公共文化服务的提供途径,鼓励企业、社会力量和个人以捐赠和志愿方式向社会提供更多公共文化服务产品。公共文化服务提供社会化水平的提升对于克服我国公共文化服务区域不平衡、城乡不平衡,以及促进全社会精神层面的共同富裕具有重要的推动作用。广大农村地区、民族地区、革命老区和一些脱贫不久地区,是实现物质层面和精神层面共同富裕的重点区域。要促进各种社会力量广泛参与这些地区的公共文化服务产品提供,丰富当地人民群众的文化娱乐生活。要完善这些地区的公共化服务志愿者队伍体系,全面激活这些地方公共化服务的专业服务能力,促进全社会精神层面的共同富裕。

提升公共文化服务提供的精准化水平

新形势下提升我国公共文化服务的水平,还需要努力实现公共文化服务的精准化,提升公共文化服务效率,更好地服务于全民族共同精神富裕。要立足于公共文化服务需求的差异性,深化供给侧改革,建立因地制宜、因时制宜、动态调节的公共文化服务提供模式,从而准确掌握服务对象的需求特点,开展针对性的公共文化服务。公共文化服务精准化一方面要求供需双方开展积极的对话与沟通,赋予公共文化服务对象更大的内容选择权,一方面要完善公共文化服务绩效评估体系,让服务对象充分参与到公共文化服务决策过程、监督过程和评价过程中,为公共文化服务内容和目标的精准化实施和调适提供及时的反馈。

后 记

本书收录了我在 2013—2021 年间关于中国文化市场和文化发展研究的部分成果。其中大部分章节全文或部分公开发表过。

本书第八章《文化郑州：城市文化软实力提升的路径选择》曾收入中国社会科学出版社 2018 年 10 月出版的"郑州研究院丛书"《郑州文化传播与城市软实力——"一带一路"倡议下郑州建设国家中心城市研究》一书，为该书第五章。在该书"后记"部分介绍各章作者时，由于校对环节的原因，第四章和第五章作者署名发生错置。由于该书出版后尚未再版，故借本书出版的机会，征得该书第四章作者中国社会科学杂志社袁华杰同志和该书课题组负责人同意，对上述署名错置予以纠正。《郑州文化传播与城市软实力——"一带一路"倡议下郑州建设国家中心城市研究》一书相关章节正确的作者署名方式是：第四章《返本开新：现代进程中郑州文化的历史建构》由袁华杰撰写、第五章《文化郑州：城市文化软实力建设的路径选择》由惠鸣撰写。兹作说明。

多年来，我承蒙中国社会科学院哲学研究所、中国社会科学院文化研究中心各位领导和学术同仁们热情关照和大力支持，又幸得诸位恩师、挚友一路关怀鞭策。在此致以衷心感谢和敬意！

惠 鸣
2022 年 2 月于北京